Estudos Aplicados de Direito Empresarial

Estudos Aplicados de Direito Empresarial

TRIBUTÁRIO

2020

Coordenação:
Régis Fernando de Ribeiro Braga

ALMEDINA

ESTUDOS APLICADOS DE DIREITO EMPRESARIAL
TRIBUTÁRIO

COORDENAÇÃO: Régis Fernando de Ribeiro Braga

DIRETOR ALMEDINA BRASIL: Rodrigo Mentz
EDITORA JURÍDICA: Manuella Santos de Castro
EDITOR DE DESENVOLVIMENTO: Aurélio Cesar Nogueira
ASSISTENTES EDITORIAIS: Isabela Leite e Marília Bellio

DIAGRAMAÇÃO: Almedina
DESIGN DE CAPA: FBA

ISBN: 9786556270777
Outubro, 2020

Dados Internacionais de Catalogação na Publicação (CIP)
(Câmara Brasileira do Livro, SP, Brasil)

Estudos aplicados de direito empresarial :
tributário / coordenação Régis Fernando de Ribeiro Braga.
-- São Paulo : Almedina, 2020.

Vários autores.
Bibliografia.
ISBN 978-65-5627-077-7

1. Direito empresarial - Brasil 2. Direito tributário – Brasil 3. Empresas – Tributação 4. Tributos – Leis e legislação I. Braga, Régis Fernando de Ribeiro.

20-40238 CDU-34:338.93:336.2(81)

Índices para catálogo sistemático:

1. Brasil : Direito empresarial e tributário 34:338.93:336.2(81)

Cibele Maria Dias - Bibliotecária - CRB-8/9427

Este livro segue as regras do novo Acordo Ortográfico da Língua Portuguesa (1990).

EDITORA: Almedina Brasil
Rua José Maria Lisboa, 860, Conj.131 e 132, Jardim Paulista | 01423-001 São Paulo | Brasil
editora@almedina.com.br
www.almedina.com.br

APRESENTAÇÃO

Uma vez mais me toca a honrosa tarefa de apresentar artigos de alunos do Curso *LL.M* em Direito Tributário do Insper – Instituto de Ensino e Pesquisa, especificamente aqueles que compõem o presente volume da Coleção "Estudos Aplicados de Direito Empresarial – Tributário". Resultado da conclusão do Curso por parte de seus autores, como seu professor orientador tive o privilégio de acompanhar o desenvolvimento destes trabalhos, desde suas primeiras linhas até esta apresentação.

O trabalho que abre este volume, "**Análise da Constitucionalidade do Inciso IX do Artigo 30 da Lei nº 8.212/91**", é da autoria de **Alexandre Levinzon** e versa sobre a responsabilidade de grupo econômico em matéria tributária. Especificamente, trata da constitucionalidade da determinação legal no sentido de as empresas de um mesmo grupo responderem por contribuições devidas à Seguridade Social umas das outras.

Tal determinação, contida no artigo 30, inciso IX, da Lei nº 8.212, de 1991, possibilita ao Fisco Federal a incusão, em processos administrativos e judiciais, de empresas consideradas como pertencentes ao mesmo grupo econômico, possibilitando a cobrança, de forma solidária, dos débitos previdenciários umas das outras.

Diante desse cenário, analisa-se se o referido dispositivo cria ou não hipótese nova de responsabilização não prevista no ordenamento jurídico tributário, verificando-se se a responsabilidade de grupo econômico está implícita no ordenamento jurídico ou se ela deve estar, de forma clara e precisa, prevista em lei.

Na sequência, **Carla de Matos Assunção** nos apresenta **"A Problemática do Custo de Conformidade no Brasil"**, trabalho que aborda os problemas relacionados aos custos suportados pelas empresas brasileiras com a observância da legislação tributária brasileira e das obrigações que dela decorrem.

Afirma a autora que seu propósito na obra não só é o de explorar o custo diretamente relacionado ao pagamento de tributos, mas também demonstrar o quanto é árdua e cara a burocracia necessária para adimplir as normas do sistema tributário brasileiro. E ela o faz, por meio de levantamento de dados, de declarações de especialistas e também pela comparação dos trâmites legais estabelecidos em outros países com os nacionais.

Seguimos então com **"IPTU X ITR: Conflitos Existentes Entre o Critério da Localização e da Destinação do Imóvel"**, da lavra de **Ilion Fleury Neto.** Nele o autor demonstra que, apesar das hipóteses de incidência desses tributos não apresentarem semelhanças que possam confundi-las, na prática há diversas situações de conflito entre elas.

Tal conflito surge cada vez mais: em função de sua expansão urbana os municípios redimensionam seus perímetros urbanos, o que acaba por neles inserir determinados imóveis até então considerados rurais. Propriedades nas quais são desenvolvidas preponderantemente atividades rurais são inseridas nas zonas urbanas, em decorrência da expansão desta última.

Casos como esses vêm dando azo ao conflito entre o ITR e o IPTU, pelo fato de que a legislação não traz definição quanto ao critério relevante que deve balizar a hipótese de incidência tributária de cada desses impostos, se o da localização ou se o da destinação do imóvel.

Em continuação, **Karen Steuer Costa Murakami** nos traz o seu "**Rede Brasileira de Tratados Para Evitar a Dupla Tributação no Cone Sul: Aspectos Práticos**", que tem por objetivo analisar os tratados firmados pelo Brasil para evitar a dupla tributação na América do Sul, especificamente com a Argentina, com o Chile e com o Peru.

A autora se propõe a avaliar a aplicabilidade, eficácia e eficiência de tais tratados em termos de evitar a bitributação em matéria de impostos sobre a renda, analisando a hierarquia dos tratados frente à norma doméstica de cada jurisdição selecionada; os princípios de atribuição de competência tributária eleitos por cada uma delas; os seus elementos de conexão; a necessidade de adoção de mecanismos unilaterais para evitar a tributação; a problemática da interpretação; e a conjuntura para exercício dos procedimentos amigáveis entre os signatários dos tratados no caso de conflito.

Conclui a autora que a aplicabilidade desses tratados decorre de seus processos de recepção por cada jurisdição, bem como do fato de que, apesar de possuírem caráter infraconstitucional, eles prevalecem sobre as respectivas leis internas.

Este volume se encerra com o trabalho de **Marcelo Ferraz Pinheiro**, intitulado "**Preço de Transferência Nas Operações de Importação, Sob o Viés de Evitar a Bitributação Econômica**", no qual são confrontadas as normas brasileiras de preço de transferência aplicáveis às importações com aquelas elaboradas pela Organização para a Cooperação e Desenvolvimento Econômico (OCDE).

Sob o viés de evitar a bitributação internacional, analisam-se o preço de transferência e as principais diferenças entre o princípio de *Arm's Length* (adotado pela OCDE) e o princípio da praticidade (adotado na legislação brasileira).

Na sequência são examinados os métodos de preço de transferência aplicáveis no Brasil às importações e aqueles indicados pela OCDE para atribuir o tal preço em operações entre empresas vinculadas com sede em diferentes jurisdições. Após a comparação e a análise crítica destes métodos, propõe-se a utilização daquele julgado o mais adequado.

Encerrando esta apresentação, quero saudar os autores pelo empenho, dedicação e excelência na elaboração e apresentação dos trabalhos ora publicados, saudação que dirijo também ao Insper e à Almedina pela parceria que muito contribui para a divulgação de obras jurídicas possuidoras de inegáveis qualidades acadêmicas e de relevantes aspectos práticos.

São Paulo, agosto de 2020

RÉGIS FERNANDO DE RIBEIRO BRAGA
Professor Orientador – *LL.M* em Direito Tributário
Insper – Instituto de Ensino e Pesquisa
São Paulo, SP

PREFÁCIO

Com a presente edição da Coleção "Estudos Aplicados de Direito Empresarial", ultrapassada foi a marca de 120 artigos científicos de relevante valor doutrinário e prático, da lavra de discentes dos *LL.M* e do *LL.C* – pós-graduações *lato sensu* – do Insper Direito contidos em tal Coleção.

Sinto-me, pois, extremamente honrado em poder prefaciá-la, pois tive o privilégio, como um dos professores orientadores do Insper Direito, de acompanhar a elaboração de vários desses artigos, desde o momento de sua idealização até o momento em que foram encaminhados para a Almedina, parceira do Insper nessa notável Coleção, para sua edição e publicação.

Venho assim testemunhando o grande empenho havido na elaboração desses artigos. Se certo é que o processo de orientação no desenvolvimento dos trabalhos de encerramentos dos *LL.M* e do *LL.C* do Insper Direito em muito auxilia os discentes na elaboração de tais trabalhos, por outro lado é inegável que o lavor inigualavelmente desenvolvido pelos outros professores em sala de aula, ministrando as matérias que compõem a grade curricular dos cursos, foi a fonte de inspiração de boa parte desses trabalhos.

Nada disso teria valor, no entanto, não fosse a extrema competência e dedicação de nossos discentes: ela é para mim motivo de infindável orgulho!

A partir de suas experiências profissionais, ou mesmo da ânsia em ampliar e aprofundar conhecimentos, com o rigor acadêmico comparável somente com o dos mais destacados doutorandos e mestrandos, nossos discentes vêm continuamente pesquisando, analisando, debatendo, duvidando, concordando, concluindo e escrevendo.

E tal prática não empalideceu, mesmo depois de, lamentavelmente, o Ministério da Educação desta República ter dispensado a obrigatoriedade de apresentação de trabalho de conclusão como requisito básico para a obtenção do grau de especialista na pós graduação *lato sensu*. Contrariando as mais sombrias expectativas, nossos discentes continuaram a nos brindar com textos de grande qualidade acadêmica e profissional.

Tudo isto me leva a crer que o trabalho iniciado há 21 anos – quando o primeiro dos *LL.M* "foi ao ar" – foi um retumbante sucesso. Ao longo de todo este tempo, discentes e docentes, guiados por uma coordenação tão rigorosa quanto exemplar e por um apoio acadêmico efetivo, eficaz e eficiente, com o auxílio de um dos melhores times de bibliotecárias e bibliotecários do País, construíram uma Escola, cuja relevância e influência nos meios acadêmico e jurídico nacionais é inegável.

Destarte, quero congratular o Insper e a Almeidina por mais esta edição da "Coleção de Estudos Aplicados de Direito Empresarial", desejando a esta Coleção longa vida. Que ela continue a ser um canal de veiculação da qualidade e do esmero daqueles cuja obra ou influência se manifesta, explicita ou implicitamente, nos artigos que a compõem.

Régis Fernando de Ribeiro Braga
Professor dos *LL.M* em Direito
Professor Orientador dos *LL.M* em Direito Tributário
Insper – Instituto de Ensino e Pesquisa

SUMÁRIO

Análise da Constitucionalidade do Inciso IX do Artigo 30 da Lei nº 8.212/91

Alexandre Levinzon

Introdução

O objeto de estudo do presente trabalho é a constitucionalidade do inciso IX do artigo 30 da Lei nº 8.212, de 24 de julho de 1991, o qual determina que as empresas que integram grupo econômico de qualquer natureza respondem entre si, solidariamente, pelas obrigações decorrentes da referida lei, no que tange à arrecadação e o recolhimento das contribuições ou de outras importâncias devidas à Seguridade Social.

A norma em questão permite ao Fisco Federal incluir empresas consideradas do mesmo grupo econômico em autuações relativas a débitos previdenciários, bem como requerer ao Juízo das Execuções Fiscais Federais a inclusão de empresas que sejam reconhecidas como parte do mesmo grupo econômico da empresa executada no polo passivo de execuções fiscais.

A possibilidade de responsabilização de terceiros por tributos está prevista no ordenamento jurídico mais precisamente no Código Tributário Nacional, artigos 121, 124, 128, 134 e 135.

O Código Tributário Nacional, apesar de formalmente ser uma lei ordinária, é tratado pela jurisprudência e doutrina como materialmente lei complementar, portanto é necessário analisar se a responsabilização prevista no inciso IX do artigo 30 da Lei nº 8.212, de 24 de julho de 1991, trata ou não de matéria que precisaria ser veiculada por lei complementar, a qual requer um quorum de aprovação maior que a lei ordinária.

Além disso, é preciso analisar se o referido dispositivo cria (ou não) hipótese nova de responsabilização não prevista no ordenamento jurídico tributário.

Ademais, nesse ínterim, é necessário analisar o conceito de grupo econômico tratado pela doutrina e jurisprudência a fim de verificar como a legislação pode dar o devido respeito em questão de responsabilização de empresas consideradas do mesmo grupo (especificamente: como considerar se empresas são ou não do mesmo grupo).

Diante desse cenário, conforme aduzido, cabe analisar a legalidade e constitucionalidade do inciso IX do artigo 30 da Lei nº 8.212, de 24 de julho de 1991.

A pesquisa realiza-se através do método lógico-dedutivo por meio do qual se fará breve exposição bibliográfica a elucidação da temática abordada, mediante levantamento da literatura jurídica pertinente, tomando-se por base os preceitos abarcados pela Constituição Federal e pelo Código Tributário Nacional. Por derradeiro, expõem-se as considerações finais.

1. A responsabilidade prevista no artigo 30, inciso IX, da Lei 8.212/1991

A Lei nº 8.212/91 "dispõe sobre a organização da Seguridade Social, institui Plano de Custeio, e dá outras providências" e prevê em seu artigo 1º:

> Art. 1º. A Seguridade Social compreende um conjunto integrado de ações de iniciativa dos poderes públicos e da sociedade, destinado a assegurar o direito relativo à saúde, à previdência e à assistência social.

Na relação de custeio da Seguridade Social, é aplicável o princípio de que a cobertura dos riscos provenientes da perda ou redução da capacidade de trabalho ou dos meios de subsistência devem ser financiadas por todos que compõem a sociedade. A forma de financiamento da Seguridade Social está prevista nos artigos 10 e 11 da Lei nº 8.212/91:

> Art. 10. A Seguridade Social será financiada por toda sociedade, de forma direta e indireta, nos termos do art. 195 da Constituição Federal e desta Lei, mediante recursos provenientes da União, dos Estados, do Distrito Federal, dos Municípios e de contribuições sociais.
>
> Art. 11. No âmbito federal, o orçamento da Seguridade Social é composto das seguintes receitas:
>
> I – receitas da União;
>
> II – receitas das contribuições sociais;
>
> III – receitas de outras fontes.
>
> Parágrafo único. Constituem contribuições sociais:
>
> a) as das empresas, incidentes sobre a remuneração paga ou creditada aos segurados a seu serviço;
>
> b) as dos empregadores domésticos;
>
> c) as dos trabalhadores, incidentes sobre o seu salário-de-contribuição;
>
> d) as das empresas, incidentes sobre faturamento e lucro;
>
> e) as incidentes sobre a receita de concursos de prognósticos.

Por sua vez, o artigo 30 determinou as normas concernentes à arrecadação e ao recolhimento das contribuições ou de outras importâncias devidas à Seguridade Social, estabelecendo no inciso I as obrigações das empresas e no inciso IX que as empresas que integram grupo econômico de qualquer natureza respondem entre si, solidariamente, pelas obrigações decorrentes da Lei nº 8.212/91. Eis a redação do dispositivo legal:

> Art. 30. A arrecadação e o recolhimento das contribuições ou de outras importâncias devidas à Seguridade Social obedecem às seguintes normas:
>
> [...]
>
> I – a empresa é obrigada a:
>
> a) arrecadar as contribuições dos segurados empregados e trabalhadores avulsos a seu serviço, descontando-as da respectiva remuneração;
>
> b) recolher os valores arrecadados na forma da alínea a deste inciso, a contribuição a que se refere o inciso IV do art. 22 desta Lei, assim como as contribuições a seu cargo incidentes sobre as remunerações pagas, devidas ou creditadas, a qualquer título, aos segurados empregados, trabalhadores avulsos e contribuintes individuais a seu serviço até o dia 20 (vinte) do mês subsequente ao da competência;
>
> c) recolher as contribuições de que tratam os incisos I e II do art. 23, na forma e prazos definidos pela legislação tributária federal vigente;
>
> [...]
>
> **IX – as empresas que integram grupo econômico de qualquer natureza respondem entre si, solidariamente, pelas obrigações decorrentes desta Lei;**
>
> (Grifos nossos)

Assim, a seguir será realizado estudo e análise acerca da constitucionalidade do inciso IX supramencionado. Inicialmente será estudado o conceito dado pela doutrina e jurisprudência sobre grupo econômico e, posteriormente, será verificada constitucionalidade formal (possibilidade de veiculação dessa norma por lei ordinária) e material (se há compatibilidade com o princípio da livre iniciativa).

2. O conceito de grupo econômico

O direito brasileiro disciplina o conceito de grupo empresarial de dois modos, o de "direito" e o "de fato", cuja maior diferença é a sua previsão legal.

No tocante aos grupos econômicos "de direito", consta no artigo 265 da Lei nº 6.404/76, denominada "Leis das S.A.", que a sociedade controladora e suas controladas podem constituir, grupo de sociedades, mediante convenção pela qual se obriguem a combinar recursos ou esforços para a realização dos respectivos objetos, ou a participar de atividades ou empreendimentos comuns.

Importante salientar que os grupos econômicos "de direito" são raros no Brasil e tem pouca repercussão na jurisprudência, especialmente pelo fato de que o artigo 265 trata da constituição de grupo econômico por convenção, sendo mais comum a análise do grupo econômico pelas características fáticas, visando uma possível responsabilização.

Por outro lado, os grupos econômicos caracterizados como "de fato" constituem a parte majoritária dos litígios judiciais e administrativos em território nacional, pois não estão expressamente previstos em lei e dependem de diversos fatores para provar sua existência.

Assim, não está claro se o inciso IX do artigo 30 da Lei nº 8.212/91 trata de grupo econômico de direito ou de fato, uma vez que esse dispositivo não traz a definição de grupo econômico nem faz qualquer menção a outra legislação.

Segundo Maria Rita Ferragut[1] os grupos societários ainda podem ser colocados em duas categorias: (i) aqueles com unicidade e controle e direção identificados a partir da formação

[1] FERRAGUT, MARIA RITA. Grupo Econômico e responsabilidade tributária. Disponível em: <https://www.jota.info/opiniao-e-analise/artigos/grupo-economico-e-responsabilidade-tributaria-06112017>. Acesso em: 14 mai 2018.

societária e (ii) presumidos a partir da identificação de direção comum, subordinação ou confusão patrimonial.

Já a segunda hipótese, apesar da Receita Federal ter definido o que seria grupo econômico pela Instrução Normativa-RFB nº 971/09, com fulcro em seu artigo 494, como "2 (duas) ou mais empresas estiverem sob a direção, o controle ou a administração de uma delas, compondo grupo industrial, comercial ou de qualquer outra atividade econômica", a jurisprudência vem reconhecendo a existência de grupos econômicos em decorrência de situações fáticas com as seguintes situações:

- Independência meramente formal de pessoas jurídicas (que, na realidade, submetem-se a uma mesma unidade gerencial, laboral e patrimonial);
- Identidade de administradores e contadores;
- Formação de quadro societário pelos mesmos indivíduos ou seus parentes;
- Estrutura administrativa compartilhada;
- Recíprocas transferências de empregados;
- Atuação idêntica, similar ou complementar;
- Identidade de logomarcas;
- Negociações comuns;
- Escoamento total da produção para uma pessoa jurídica;
- Possibilidade de movimentação das contas bancárias umas das outras;
- Reconhecimento da existência de grupo econômico pela Justiça do Trabalho.

Ainda cabe ressaltar que a matéria sobre grupo econômico não é disciplinada no CTN tendo em vista que este fora publicado em 1966, entre a segunda e a terceira fase do Direito Empresarial Brasileiro, portanto não foi uma preocupação do legislador à época, conforme explica Júnia Roberta Gouveia Sampaio:

A regulamentação de grupos econômicos não era uma preocupação. Com a publicação da Lei das Sociedades Anônimas em 1976, os grupos econômicos passaram a receber tratamento legislativo. No entanto, a partir da década de 90, intensifica-se a criação e a expansão desses grupos em razão da busca da otimização de recursos disponíveis, redução de custos e aumento da produtividade.[2]

Assim, o que se verifica atualmente é que a responsabilização sobre os grupos econômicos na verdade ocorre em situações nas quais há afrontas aos dispositivos do Código Tributário Nacional que regulamentam a responsabilidade tributária de terceiros, em especial o artigo 121 a 135.

Disso tudo, fica claro que a análise de subsunção do inciso IX do artigo 30 da Lei nº 8.212/91 ao caso fático acaba (na prática) por ser puramente circunstancial sem haver um delineamento específico do que se trata grupo econômico. Portanto, não havendo definição legal precisa de grupo econômico, a responsabilidade acaba por ser casuística.

2.1. Impossibilidade trazida pela Medida Provisória nº 881/2019 de presunção de grupo econômico sem preenchimento dos requisitos do artigo 50 do Código Civil

O art. 7º da Medida Provisória nº 881, de 30 de abril de 2019, deu nova redação ao artigo 50 do Código Civil, oqual trata da possibilidade de responsabilização dos administradores ou de sócios da pessoa jurídica, podendo estes responderem com seus bens particulares. Eis a redação do dispositivo legal:

[2] Sampaio, Júnia Roberta Gouveia. In: "MACHADO SEGUNDO, Hugo de Brito; Murici, Gustavo Lanna; Rodrigues, Raphael Silva. O Cinquentenário do Código Tributário Nacional. Belo Horizente: Del Plácido Editora, 2017, p. 582.

Art. 7º. A Lei nº 10.406, de 10 de janeiro de 2002 – Código Civil, passa a vigorar com as seguintes alterações:

"Art. 50. Em caso de abuso da personalidade jurídica, caracterizado pelo desvio de finalidade ou pela confusão patrimonial, pode o juiz, a requerimento da parte, ou do Ministério Público quando lhe couber intervir no processo, desconsiderá-la para que os efeitos de certas e determinadas relações de obrigações sejam estendidos aos bens particulares de administradores ou de sócios da pessoa jurídica beneficiados direta ou indiretamente pelo abuso.

§ 1º. Para fins do disposto neste artigo, desvio de finalidade é a utilização dolosa da pessoa jurídica com o propósito de lesar credores e para a prática de atos ilícitos de qualquer natureza.

§ 2º. Entende-se por confusão patrimonial a ausência de separação de fato entre os patrimônios, caracterizada por:

I – cumprimento repetitivo pela sociedade de obrigações do sócio ou do administrador ou vice-versa;

II – transferência de ativos ou de passivos sem efetivas contraprestações, exceto o de valor proporcionalmente insignificante; e

III – outros atos de descumprimento da autonomia patrimonial.

§ 3º. O disposto no caput e nos § 1º e § 2º também se aplica à extensão das obrigações de sócios ou de administradores à pessoa jurídica.

§ 4º. A mera existência de grupo econômico sem a presença dos requisitos de que trata o caput não autoriza a desconsideração da personalidade da pessoa jurídica.

§ 5º. Não constitui desvio de finalidade a mera expansão ou a alteração da finalidade original da atividade econômica específica da pessoa jurídica."

Na votação da Medida Provisória no Congresso Nacional, esse dispositivo foi mantido com pequenas alterações (que não mudam o sentido dado pela norma).

Interessante verificar que o §4º do artigo 50 do Código Civil foi incluído pela Medida Provisória deixando claro que a *"mera existência de grupo econômico sem a presença dos requisitos de que trata o caput não autoriza a desconsideração da personalidade da pessoa jurídica"*. Isso demonstra que o Poder Executivo Federal firmou entendimento, o qual foi chancelado pelo Poder Legislativo Federal, de que a desconsideração da personalidade jurídica sobre grupos econômicos não se dá sem a existência de abuso da personalidade jurídica, caracterizado pelo desvio de finalidade[3] ou pela confusão patrimonial[4].

Trata-se de demonstração de que a responsabilidade em matéria de grupos econômicos não se dá simplesmente por empresas fazerem parte do mesmo grupo. Pelo entendimento formado,

[3] "Desvio de finalidade. A identificação do desvio de finalidade nas atividades da pessoa jurídica deve partir da constatação da efetiva desenvoltura com que a pessoa jurídica produz a circulação de serviços ou de mercadorias por atividade lícita, cumprindo ou não o seu papel social, nos termos dos traços de sua personalidade jurídica. Se a pessoa jurídica se põe a praticar atos ilícitos ou incompatíveis com sua atividade autorizada, bem como se com sua atividade favorece o enriquecimento de seus sócios e sua derrocada administrativa e econômica, dá-se ocasião de o sistema de direito desconsiderar sua personalidade e alcançar o patrimônio das pessoas que se ocultam por detrás de sua existência jurídica." (Nery Junior, Nelson, Código civil comentado, 7ª ed., rev., ampl. e atual., São Paulo: Editora Revista dos Tribunais, 2009, págs. 261/262)

[4] "Confusão patrimonial. Também é aplicada a desconsideração nos casos em que houver confusão entre o patrimônio dos sócios e da pessoa jurídica. Essa situação decorre da não separação do patrimônio do sócio e da pessoa jurídica por conveniência da entidade moral. Neste caso, o sócio responde com seu patrimônio para evitar prejuízos aos credores, ressalvada a impenhorabilidade do bem de família e os limites do patrimônio da família."
(Nery Junior, Nelson, Código civil comentado, 7ª ed., rev., ampl. e atual., São Paulo: Editora Revista dos Tribunais, 2009, pág. 262)

deve-se preservar a individualidade das instituições. A responsabilidade fundamentada no artigo 50 do Código Civil tem o claro intuito de responsabilizar apenas os grupos econômicos que tiverem um intuito fraudulento, que não seja possível fazer a separação formal e física das empresas (ausência de separação de fato entre os patrimônios) ou que haja um desvio de finalidade.

Essa questão será melhor tratada ao se falar sobre a responsabilidade prevista no inciso IX do artigo 30 da Lei nº 8.212/91 em confronto com os ditames do artigo 124 do CTN.

3. Lei ordinária e lei complementar – relação de hierarquia ou competências diversas

Antes de analisar a constitucionalidade do inciso IX do artigo 30 da Lei nº 8.212/91, é preciso expor e refletir sobre as diferenças e utilidades da lei complementar e da lei ordinária, pois isto será relevante para a conclusão de compatibilidade do dispositivo mencionado com a Carta Magna.

Segundo a doutrina de Hugo de Brito Machado, lei complementar e lei ordinária tem uma relação de hierarquia entre elas, sendo que a lei complementar seria hierarquicamente superior, haja vista que necessita de um quórum de aprovação maior para sua edição.

Portanto, seguindo essa linha da doutrina, uma lei complementar que instituiu um tributo, só poderia ser revogada por outra lei complementar, sendo inútil qualquer modificação por lei ordinária.

A posição de outra parte da doutrina (corrente majoritária), encabeçada por Luís Eduardo Schoueri, é de que lei ordinária e lei complementar se diferem pela distribuição material de competência. Assim, ambas não apresentam entre si uma relação de hierarquia, mas considera-se que para cada uma existe uma atribuição específica. Cabe à lei complementar as funções especificadas no artigo 146 da Constituição Federal e à lei ordinária as matérias residuais (não inclusas nesse dispositivo e que a Constituição não tenha especificamente atribuído competência à lei complementar).

A posição de distribuição material de competência é a que vem sendo aceita pela jurisprudência, sendo que Schoueri dá alguns exemplos em sua obra, como o RE nº 377.457/PR, cujo julgamento ocorreu em 17/9/2008, porém há outro julgamento de 2015 do Supremo Tribunal Federal que corrobora com esse entendimento:

> DIREITO CONSTITUCIONAL E TRIBUTÁRIO. COFINS. ISENÇÃO. REVOGAÇÃO MEDIANTE MEDIDA PROVISÓRIA. POSSIBILIDADE. AUSÊNCIA DE HIERARQUIA ENTRE LEI COMPLEMENTAR E LEI ORDINÁRIA. CONSONÂNCIA DA DECISÃO RECORRIDA COM A JURISPRUDÊNCIA CRISTALIZADA NO SUPREMO TRIBUNAL FEDERAL. RECURSO EXTRAORDINÁRIO QUE NÃO MERECE TRÂNSITO. ACÓRDÃO RECORRIDO PUBLICADO EM 16.3.2011. O entendimento adotado pela Corte de origem, nos moldes do que assinalado na decisão agravada, não diverge da jurisprudência firmada no âmbito deste Supremo Tribunal Federal, no sentido de que inexistente reserva de lei complementar para dispor sobre isenção pertinente à Cofins, bem como **ausente relação hierárquica entre lei complementar e lei ordinária (arts. 59 e 69 da Constituição) porquanto, em matéria tributária, a reserva de lei complementar é definida em razão da matéria.** As razões do agravo regimental não se mostram aptas a infirmar os fundamentos que lastrearam a decisão agravada. Agravo regimental conhecido e não provido.[5]
>
> (Grifos nossos)

[5] ARE 669074 AgR, Relator(a): Min. ROSA WEBER, Primeira Turma, julgado em 24/02/2015, ACÓRDÃO ELETRÔNICO DJe-045 DIVULG 09-03-2015 PUBLIC 10-03-2015.

E ainda, corroborando com a tese de não hierarquia, o STF já decidiu pela "inexistência de vínculo hierárquico-normativo entre a lei complementar e lei ordinária", pois se tratam de "espécies legislativas que possuem campos de atuação materialmente distintos"[6].

Schoueri afirma categoricamente que esse posicionamento está pacificado na jurisprudência:

> Pacificado, pois, pelo menos na jurisprudência, o entendimento de que uma matéria veiculada por lei complementar formal pode ser modificada por lei ordinária, quando o constituinte não reservou o tema a lei complementar.[7]

Em face do fenômeno constitucional da recepção, o Código Tributário Nacional (Lei nº 5.172/66) foi recebido na ordem constitucional anterior e na atual com eficácia de lei complementar, mesmo sendo formalmente lei ordinária.

O artigo 146, III, da Constituição Federal é expresso ao determinar as hipóteses de cabimento de lei complementar, o que se destaca a alínea "a", que fala sobre "obrigação tributária":

> Art. 146. **Cabe à lei complementar**:
> I – dispor sobre conflitos de competência, em matéria tributária, entre a União, os Estados, o Distrito Federal e os Municípios;
> II – regular as limitações constitucionais ao poder de tributar;
> III – **estabelecer normas gerais em matéria de legislação tributária, especialmente sobre**:
> a) definição de tributos e de suas espécies, bem como, em relação aos impostos discriminados nesta Constituição, a dos respectivos fatos geradores, bases de cálculo e contribuintes;

[6] STF – 2T- RE 587.648 ED/RS – RIO GRANDE DO SUL – Rel. Min. Celso de Mello, Dje, 16-12-2010.

[7] SCHOUERI, Luís Eduardo. Direito tributário. 7. ed. São Paulo: Saraiva, 2017, p. 99

b) **obrigação**, lançamento, crédito, prescrição e decadência tributários; (Grifos nossos)

Dentro da "obrigação" mencionada obviamente está a responsabilidade tributária, uma vez que o "Título II" do CTN trata de "Obrigação Tributária" e dentro deste está Capítulo I (Disposições Gerais), o Capítulo II (Fato Gerador), o Capítulo III (Sujeito Ativo), o Capítulo IV (Sujeito Passivo) e o Capítulo V (Responsabilidade Tributária). E nesse último, encontram-se as Seções III e IV denominadas "Responsabilidade de Terceiros" e "Responsabilidade por Infrações".

Desse modo, a responsabilidade tributária prevista no inciso IX do artigo 30 da Lei nº 8.212/91 deve estar em consonância com os preceitos do Código Tributário Nacional, em especial com a responsabilização de terceiros. E ainda: não basta apenas não conflitar com o CTN, é preciso que haja nesse *Codex* o fundamento jurídico específico para responsabilização de grupos econômicos.

Essa questão será analisada nos tópicos a seguir, porém antes será necessário tratar do julgamento do RE 562.276/PR pelo Supremo Tribunal Federal, no qual a Suprema Corte houve por declarar inconstitucional o artigo 13 da Lei nº. 8.620/93. Em grande parte dos trabalhos acadêmicos que tratam acerca da constitucionalidade do inciso IX do artigo 30 da Lei nº 8.212/91 analisa-se o julgamento do RE 562.276/PR para fazer um paralelo à questão.

4. Recurso Extraordinário 562.276/PR

Para a análise da constitucionalidade do inciso IX do artigo 30 da Lei nº 8.212/91 deve-se considerar o conteúdo do decidido em 2010 no Recurso Extraordinário nº 562.276/PR sob relatoria da Ministra Ellen Gracie. Assim, mister destacar sua importância devido à sua similaridade com o retratado no presente caso, especialmente tendo em vista que os artigos e trabalhos acadêmicos sobre a constitucionalidade do inciso IX do artigo 30 da Lei nº 8.212/91 analisam se o julgamento do RE nº 562.276/PR trata de situação análoga a esse dispositivo legal.

No RE nº 562.276/PR o Supremo Tribunal Federal houve por declarar inconstitucional o artigo 13 da Lei nº 8.620/93, o qual tem a seguinte redação:

> Art. 13. O titular da firma individual e os sócios das empresas por cotas de responsabilidade limitada respondem solidariamente, com seus bens pessoais, pelos débitos junto à Seguridade Social.
>
> Parágrafo único. Os acionistas controladores, os administradores, os gerentes e os diretores respondem solidariamente e subsidiariamente, com seus bens pessoais, quanto ao inadimplemento das obrigações para com a Seguridade Social, por dolo ou culpa.

Segundo o Acórdão do RE nº 562.276/PR, o dispositivo em questão se reveste tanto de inconstitucionalidade formal quanto de inconstitucionalidade material.

Em primeiro lugar, foi reconhecida a inconstitucionalidade formal por invasão da reserva de lei complementar do artigo 146, III, "b", da Constituição Federal, uma vez que apenas lei complementar pode elencar normas gerais de Direito Tributário. O legislador, por sua vez, não respeitou esse pressuposto, na visão do STF, e instituiu obrigação de custeio da seguridade social e responsabilidade tributária por lei ordinária.

O STF também reconheceu o artigo 13 da Lei nº 8.620/93 como materialmente inconstitucional, pois, segundo o RE nº 562.276/PR, o legislador estabeleceu confusão entre os patrimônios de pessoa física e jurídica, para fins de garantia de débitos de caráter social. Segundo a Corte Suprema, tal disposto evidencia uma ofensa aos princípios do Direito de Empresa, uma vez que sua essência promove o distanciamento do patrimônio dos sócios e da sociedade e a responsabilidade solidária é limitada apenas à participação do sócio em seu capital social. Além disso, fere gravemente a garantia constitucional de livre iniciativa.

5. Responsabilidade tributária

Conforme exposto na parte introdutória, a possibilidade de responsabilização de terceiros por tributos está prevista nos artigos 121,124,128, 134 e 135 do Código Tributário Nacional.

O Código Tributário Nacional, apesar de formalmente ser uma lei ordinária, é tratado pela jurisprudência e doutrina como materialmente lei complementar, portanto é necessário analisar se a responsabilização prevista no inciso IX do artigo 30 da Lei nº 8.212, de 24 de julho de 1991, trata ou não de matéria que precisaria ser veiculada por lei complementar, a qual requer um quorum de aprovação maior que a lei ordinária.

Além disso, é preciso analisar se o referido dispositivo cria (ou não) hipótese nova de responsabilização não prevista no ordenamento jurídico tributário.

Diante desse cenário, conforme aduzido, cabe primeiro fazer um estudo sobre o campo de aplicação dos artigos 121,124,128, 134 e 135 do CTN e, simultaneamente, analisar a compatibilidade do inciso IX do artigo 30 da Lei nº 8.212/91 com cada um deles.

5.1. Artigo 121 do CTN

Estabelece o artigo 121 do CTN:

> Art. 121. Sujeito passivo da obrigação principal é a pessoa obrigada ao pagamento de tributo ou penalidade pecuniária.
>
> Parágrafo único. O sujeito passivo da obrigação principal diz-se:

> I – contribuinte, quando tenha relação pessoal e direta com a situação que constitua o respectivo fato gerador;
>
> II – responsável, quando, sem revestir a condição de contribuinte, sua obrigação decorra de disposição expressa de lei.

O dispositivo mencionado faz uma subdivisão dos sujeitos passivos da obrigação principal em contribuinte e responsável. O contribuinte tem relação pessoal e direta com a situação que constitua o respectivo fato gerador. O responsável é aquele que não se reveste na condição de contribuinte, porém é obrigado ao pagamento do tributo quando sua obrigação ocorra expressamente de lei.

Hugo de Brito Machado explica que a vinculação do responsável tributário (previsto no artigo 121, parágrafo único, inciso II) com o contribuinte se dá em relação ao fato gerador:

> Mas também é usada em sentido restrito, especialmente quando o Código refere-se ao responsável como sujeito passivo diverso do contribuinte (art. 121, II).
>
> [...]
>
> Não uma vinculação pessoal e direta, pois assim sendo configurada está a condição de contribuinte. Mas é indispensável uma relação, uma vinculação com o fato gerador para que alguém seja considerado responsável, vale dizer, sujeito passivo indireto.[8]

Hugo Funaro analisa de forma mais intensa os requisitos para caracterização do vínculo do responsável com o fato gerador, como se vê:

> A exigência de vínculo do responsável com o aspecto material ou pessoal da obrigação tributária possui raiz constitucional.

[8] MACHADO, Hugo de Brito. Curso de Direito Tributário. 37. ed. São Paulo: Malheiros, 2016. p. 154.

> O tributo deve onerar quem pratica o fato econômico que constitui seu pressuposto. Exigir tributo de pessoa diversa importaria em alargar a competência constitucional. Dessa forma, o responsável deve ter meios para evitar a diminuição do seu patrimônio, ou para recompô-lo à conta do contribuinte.
>
> Nesse contexto, somente pode ser responsável quem: (a) tenha o poder de viabilizar a ocorrência do fato gerador, devendo evitá-la quando não se cumpram as exigências legais (caso do tabelião que somente pode lavrar a escritura de transmissão de imóvel mediante apresentação da prova de recolhimento do ITBI); (b) tenha relação com o substrato econômico do fato gerador que lhe permita auferir o montante que seria devido pelo natural obrigado e carreá-lo aos cofres públicos (caso da intuição financeira que recolhe os tributos incidentes nas operações que realiza no interesse de seus clientes); ou (c) tenha vínculo com o contribuinte que importe a transmissão da obrigação de recolher o tributo (caso do herdeiro que responde com seu quinhão pelo crédito tributário decorrente de fato gerador realizado no passado).[9]

Verifica-se que o Autor, embasado nos posicionamentos de Luciano Amaro, Alfredo Augusto Becker e Ricardo Lobo Torres, pontua que o responsável deve ter o poder de viabilizar a ocorrência do fato gerador. Assim, não há como responsabilizar aquele que não está apto a impedir que o fato gerador (por exemplo, a prestação de um serviço ou a importação de um produto) ocorra. Ora, o Direito não pode exigir uma conduta daquele que não tem poderes para impedir determinado fato.

Ademais, Hugo Funaro aduz que o responsável deve ter relação com o substrato econômico do fato gerador que lhe permita auferir o montante que seria devido pelo natural obrigado.

[9] FUNARO, Hugo. Sujeição Passiva Indireta no Direito Tributário Brasileiro, Série Doutrina Tributária, Vol. X, São Paulo: Quartier Latin, 2013, p. 61-62.

O que significa que o responsável deve ter conhecimento do valor envolvido na operação, prestação de serviço etc., quantia essa que será alvo da formulação da base de cálculo do tributo incidente sobre a questão.

Por fim, é preciso que o responsável tenha vínculo com o contribuinte que importe a transmissão da obrigação de recolher o tributo, dando Hugo Funaro o exemplo do herdeiro que responde com seu quinhão pelo crédito tributário decorrente de fato gerador realizado no passado. Percebe-se que é necessária uma afinidade entre contribuinte e responsável, pois o responsável é o que responde em nome do contribuinte.

Vista a interpretação do artigo 121 do CTN, cabe analisar se ele está em conformidade com os termos do artigo 30, IX, da Lei nº 8.212/91, de modo que empresas do mesmo grupo econômico do contribuinte podem ser consideradas responsáveis pelas obrigações umas das outras.

5.1.1. Artigo 121 do CTN em confronto com inciso IX do artigo 30 da Lei nº 8.212/91

A grande parte da doutrina e da jurisprudência entende que artigo 30, IX, da Lei nº 8.212/91 trata de caso previsto no inciso II do parágrafo único do artigo 121 do CTN, ou seja, as empresas do mesmo grupo econômico do contribuinte eventualmente responsabilizadas não detêm o conceito de "contribuinte", mas sim de "responsável" pelas obrigações tributárias.

Renato Lopes Becho justifica que o inciso IX do artigo 30 da Lei nº 8.212/91 trata de responsável tributário, nos termos do artigo 121, parágrafo único, II, do CTN, pois ele *"é indicado pela lei sem que tenha realizado o acontecimento no mundo físico ou no mundo jurídico que fez nascer a obrigação tributária"*[10]. No entanto,

[10] Becho, Renato Lopes. Execução Fiscal: análise crítica. 1ª Ed. São Paulo: Noeses, 2018, p. 200.

ele alerta que se o legislador ordinário puder considerar qualquer pessoa como responsável tributário, ele terá suplantado outras construções constitucionais, notadamente a regra-matriz de incidência dos tributos. E complementa:

> Em outras palavras, se a Constituição indica que a atividade desenvolvida por "a" possa ser tributada, e a lei ordinária estabelece que "b" deverá recolher tal tributo, a disciplina terá sido vazia de significado.[11]

Desse modo, o Autor entende que, para que tal arbitrariedade não seja cometida, é necessário que se submeta a norma do inciso IX do artigo 30 da Lei nº 8.212/91 ao artigo 128 do CTN, notadamente na expressão "[pessoa] vinculada ao fato gerador da respectiva obrigação". Esse dispositivo será tratado com maior ênfase em tópico específico a seguir.

5.2. Artigo 124 do CTN

Dispõe o art. 124 do CTN:

> Art. 124. São solidariamente obrigadas:
> I – as pessoas que tenham interesse comum na situação que constitua o fato gerador da obrigação principal;
> II – as pessoas expressamente designadas por lei.
> Parágrafo único. A solidariedade referida neste artigo não comporta benefício de ordem.

Segundo o disposto, são solidariamente devedores das obrigações tributárias as pessoas que tenham relação pessoal com a situação que constituía o fato gerador (inciso I) ou aquelas pessoas expressamente designadas por lei (inciso II).

[11] Becho, Renato Lopes. Execução Fiscal: análise crítica. 1ª Ed. São Paulo: Noeses, 2018, p. 201.

Hugo de Brito Machado sintetiza a distinção entre as responsabilidades dos incisos I e II do artigo 124 do CTN:

> Diz o CTN que são solidariamente obrigadas as pessoas que tenham interesse comum na situação que constitua o fato gerador da obrigação principal (art. 124, inc. I) e também as pessoas expressamente designadas por lei (art. 124, inc. II).
>
> As pessoas com interesse comum na situação que constitui fato gerador da obrigação de pagar um tributo são solidariamente obrigadas a esse pagamento, mesmo que a lei específica do tributo em questão não o diga. É uma norma geral, aplicável a todos os tributos.
>
> Também são solidariamente obrigadas as pessoas expressamente designadas por lei, isto é, a lei pode estabelecer a solidariedade entre pessoas que não tenham interesse comum na situação que constitui o fato gerador do tributo. Se há interesse comum, a solidariedade decorre do próprio Código Tributário Nacional. Independe de dispositivo da lei do tributo. Se não há interesse comum, a existência de solidariedade depende de previsão expressa da lei do tributo.[12]

Verifica-se que a distinção feita pelo autor é de que o inciso I prevê a responsabilidade (àquele que tenha interesse comum na situação que constitui fato gerador da obrigação de pagar um tributo) a qual é aplicável a todos os tributos (a solidariedade decorre do próprio CTN), enquanto que o inciso II, é aplicável na ausência de interesse comum, pois apenas depende de expressa previsão em lei.

Cumpre destacar que a Receita Federal do Brasil editou o Parecer Normativo COSIT/RFB nº 04/2018 de modo a dar a sua

[12] MACHADO, Hugo de Brito. Curso de Direito Tributário. 22. ed. São Paulo: Malheiros, 2003. p. 128.

interpretação sobre o conceito de interesse comum constante no inciso I do artigo 124 do CTN. Nesse documento, cita-se o seguinte trecho da obra de Juliana Furtado Costa Araújo, Paulo Cesar Conrado e Camila Campos Vergueiro:

> Por esse entendimento, haveria uma extensão da interpretação a ser dada ao interesse comum, tomando como presente se houver a realização conjunta do fato jurídico tributário ou na hipótese de comprovação da atuação com fraude ou conluio.[13]

E, conforme se verifica no trecho abaixo do referido Parecer, o mero interesse econômico, sem comprovação do vínculo com o fato jurídico tributário (incluídos os atos ilícitos a ele vinculados) não pode caracterizar a responsabilização solidária:

> 16. Não é qualquer interesse comum que pode ensejar a aplicação do disposto no inciso I do art. 124 do CTN. O interesse deve ser no fato ou na relação jurídica relacionada ao fato jurídico tributário, como visto acima. Assim, o mero interesse econômico, sem comprovação do vínculo com o fato jurídico tributário (incluídos os atos ilícitos a ele vinculados) não pode caracterizar a responsabilização solidária, não obstante ser indício da concorrência do interesse comum daquela pessoa no cometimento do ilícito.

E prossegue o Parecer destacando hipótese de responsabilização do artigo 124, I, como abuso da personalidade jurídica, evasão e simulação fiscal (e demais atos deles decorrentes, notadamente quando se configuram crimes), abuso de personalidade jurídica pela sua utilização para operações realizadas

[13] ARAUJO, Juliana Furtado Costa; CONRADO, Paulo Cesar; VERGUEIRO, Camila Campos. Responsabilidade tributária. São Paulo: Revista dos tribunais, 2017, p. 47.

com o intuito de acarretar a supressão ou a redução de tributos mediante manipulação artificial do fato gerador (planejamento tributário abusivo):

> 19. Destarte, além do cometimento em conjunto do fato jurídico tributário, pode ensejar a responsabilização solidária a prática de atos ilícitos que englobam: (i) abuso da personalidade jurídica em que se desrespeita a autonomia patrimonial e operacional das pessoas jurídicas mediante direção única ("grupo econômico irregular"); (ii) evasão e simulação fiscal e demais atos deles decorrentes, notadamente quando se configuram crimes; (iii) abuso de personalidade jurídica pela sua utilização para operações realizadas com o intuito de acarretar a supressão ou a redução de tributos mediante manipulação artificial do fato gerador (planejamento tributário abusivo).

Conclui então o documento emitido pela Receita Federal do Brasil o seguinte:

> 30.1. O interesse comum resta caracterizado na medida em que a personalidade jurídica não está em consonância com as prescrições legais do direito privado, tampouco corresponde ao resultado econômico desejado. Em verdade, trata-se de atos anormais de gestão, que atentaram contra o próprio objeto social da sociedade e cujos efeitos não podem e não devem ser opostos ao Fisco.

Hugo de Brito Machado Segundo faz críticas ao Parecer Normativo COSIT/RFB nº 04/2018 destacando que "situação que constitui o fato" é algo muito diferente de – e muito mais restrito que – "situação vinculada ao fato", sendo a última expressão abrangente de tudo o que se relaciona ao fato, e não apenas alusiva a ele próprio. Nas palavras do autor:

Aliás, além do desrespeito à legalidade, o parecer viola o próprio artigo 124, I, do CTN, que diz estar interpretando. Com efeito, mesmo que dele se pudesse extrair a permissão de responsabilização sem lei que a estabeleça, ela só poderia ser imputada a quem tivesse "interesse comum na situação que constitua o fato gerador da obrigação principal" (CTN, artigo 124, I), o que não abrange pessoas interessadas em, como consta do Parecer COSIT 4/2018, "situação vinculada ao fato jurídico tributário, que pode ser tanto o ato lícito que gerou a obrigação tributária, como o ilícito que a desfigurou."

"Situação que constitui o fato" é algo muito diferente de – e muito mais restrito que – "situação vinculada ao fato", sendo a última expressão abrangente de tudo o que se relaciona ao fato, e não apenas alusiva a ele próprio. Por outro lado, "interesse comum" não é o mesmo que interesse coincidente, convergente ou complementar. Têm interesse comum pessoas que praticam, juntas, o mesmo ato, com o mesmo propósito. Coproprietários de um bem imóvel têm interesse em sua propriedade. Mas comprador e vendedor, em um contrato de compra e venda, não têm interesse comum; são interesses antagônicos, que se complementam.[14]

Regina Helena Costa entende que o inciso II do artigo 124 trata de casos de responsabilidade de terceiros por ilícitos eventualmente cometidos, o que, no seu entender, constitui modalidade de sujeição passiva direta (tanto que o parágrafo único afasta o benefício de ordem):

Importa salientar que a solidariedade, sob esse fundamento, não constitui modalidade de sujeição passiva indireta, como sus-

[14] SEGUNDO, Hugo de Brito Machado. Responsabilidade de pessoas meramente "interessadas" no fato tributável é ilegal. Disponível em: <https://www.conjur.com.br/2019-set-04/responsabilidade-interessados-fato-tributavel-ilegal>. Acesso em: 06 nov 2019.

tentam alguns doutrinadores, visto que os devedores solidários não são terceiros, porquanto realizam a situação fática descrita na hipótese de incidência. Por intermédio desse expediente, não se inclui terceira pessoa no polo passivo da obrigação tributária, representando apenas "forma de graduar a responsabilidade daqueles sujeitos que já compõem o polo passivo".

Já a prescrição do inciso II parece, à primeira vista, inócua, pois a solidariedade tributária sempre decorre da lei. O que o dispositivo estabelece é que a lei poderá apontar pessoas que, mesmo não sendo partícipes da situação fática que constitua a hipótese de incidência tributária, respondam solidariamente pelo débito. A justificativa para isso está no fato de que essas pessoas assumem a responsabilidade solidária em virtude de outro vínculo jurídico, deflagrado pela prática de ato ilícito. Não se cuida, portanto, de solidariedade propriamente dita, vale dizer, aquela que respeita à obrigação principal, como já mencionado.[15]

De todo exposto, é possível perceber que ambos incisos tratam de situações genéricas e subjetivas que devem ser vistas caso a caso, ainda mais pelo fato de que o alcance da expressão "interesse comum" é tema bastante controvertido.

5.2.1. Artigo 124 do CTN em confronto com inciso IX do artigo 30 da Lei nº 8.212/91

Resta a análise da compatibilidade do inciso IX do artigo 30 da Lei nº 8.212/91 ao artigo 124 do CTN.

Segundo Renata Melo Noger, o fundamento para a responsabilização do inciso IX do artigo 30 da Lei nº 8.212/91 é o inciso I do artigo 124 do CTN:

[15] COSTA, Regina Helena. Curso de direito tributário. 2. ed.São Paulo : Saraiva, 2012.

Assim, na medida em que se considera todo o grupo econômico como uma única sociedade empresarial, tem-se que todos os seus membros teriam praticado o fato gerador da obrigação tributária, hábil a atrair a aplicação do art. 124, I, do CTN.

Na fraude ou conspiração entre sociedades empresárias que integram o mesmo aglomerado econômico, o interesse comum se evidencia pelo próprio acordo entre as partes, propiciando a sonegação fiscal. Nessa hipótese de grupo econômico fraudulento não há o que se discutir acerca da validade de atribuição de responsabilidade tributária passiva.

[...]

Assim, ao enxergar o grupo econômico fraudulento como uma só pessoa jurídica, fica fácil perceber que todas as sua (sic) unidades praticam a situação que configura o fato gerador de obrigação tributária, tendo o condão de atrair a incidência da responsabilidade solidária do inciso I, art. 124, do CTN.

[...]

Em vista da farta argumentação acima, tem-se que a responsabilidade tributária dos membros do grupo econômico por débitos para com a Seguridade Social é solidária, com fundamento no art. 30, IX, da Lei 8.212/91, o qual retira sua validade constitucional do art. 124, I, do CTN, sempre que restar comprovado que a estrutura do grupo é apenas formal e que, na verdade, todos os membros do aglomerado se tratam de uma única pessoa, praticando conjuntamente o fato gerador da obrigação tributária.[16]

Vê-se que o autor entende a possibilidade de responsabilização de grupo econômico nos termos do inciso IX do artigo 30 da Lei nº 8.212/91 apenas se *"restar comprovado que a estrutura do grupo é apenas formal e que, na verdade, todos os membros do aglo-*

[16] NOGER, Renata Melo. Revista da AGU, Brasília-DF, v. 16, n. 03, p. 239-266, jul./set. 2017, p. 264/265.

merado se tratam de uma única pessoa, praticando conjuntamente o fato gerador da obrigação tributária". Trata-se de caso de abuso de personalidade, fraude, conluio e não simples descumprimento da obrigação tributária.

Cristiane I. Matsumoto Gago e Christiane A. Alvarenga também seguem esse entendimento da compatibilidade do inciso IX do artigo 30 da Lei nº 8.212/91 com o inciso I do artigo 124 do CTN, porém desde que configurado o interesse comum, a ser visto caso, veja-se:

> Dessa forma, volta-se a análise ao artigo 124, inciso I, do CTN, que exige o interesse comum na situação que constitua o fato gerador da obrigação principal para que se configure a responsabilidade solidária. Assim, a nosso ver, para que haja a responsabilização solidária de uma empresa pelos débitos previdenciários de outra, pertencente a um mesmo grupo econômico, deve-se verificar, no caso concreto, se existe um conjunto fático probatório de que houve o interesse comum entre as empresas na constituição do fato gerador que deu origem ao débito previdenciário.
>
> Enfim, é importante lembrar que a responsabilidade solidária não se presume, deve ser, ao contrário, comprovada.[17]

Cumpre destacar que há decisões dos Tribunais Regionais Federais e do STJ fundamentando a aplicabilidade no artigo IX do artigo 30 da Lei nº 8.212/91 com base no artigo 124, II, do CTN. Eis alguns exemplos:

> TRIBUTÁRIO E PREVIDENCIÁRIO. RECURSO ESPECIAL. PENALIDADE PECUNIÁRIA. RESPONSABILIDADE

[17] Gago, Cristiane I. Matsumoto; Alvarenga, Christiane A. Responsabilidade solidária pela formação de grupo econômico. Disponível em: <https://www.migalhas.com.br/dePeso/16,MI205936,41046-Responsabi>. Acesso em: 20 ago. 2019.

SOLIDÁRIA DE EMPRESAS INTEGRANTES DO MESMO GRUPO ECONÔMICO. INTELIGÊNCIA DO ART. 265 DO CC/2002, ART. 113, § 1º, E 124, II, DO CTN E ART. 30, IX, DA LEI 8.212/1991.

1. A Lei 8.212/1991 prevê, expressamente e de modo incontroverso, em seu art. 30, IX, a solidariedade das empresas integrantes do mesmo grupo econômico em relação às obrigações decorrentes de sua aplicação.

2. Apesar de serem reconhecidamente distintas, o legislador infraconstitucional decidiu dar o mesmo tratamento – no que se refere à exigibilidade e cobrança – à obrigação principal e à penalidade pecuniária, situação em que esta se transmuda em crédito tributário.

3. O tratamento diferenciado dado à penalidade pecuniária no CTN, por ocasião de sua exigência e cobrança, possibilita a extensão ao grupo econômico da solidariedade no caso de seu inadimplemento.

4. Recurso Especial provido.[18]

AGRAVO LEGAL. APELAÇÃO. GRUPO ECONÔMICO. INTELIGÊNCIA DO ART. 135 DO CTN. IMPROVIMENTO.

É entendimento pacificado nesta Corte de que comprovada a existência de grupo econômico de fato, a responsabilidade é solidária de todas as empresas que o integram, nos termos do art. 124, II do CTN c/c art. 30, IX da Lei nº 8.212/91.

In casu, observa-se que as empresas em questão, são administradas pelos mesmos diretores, estando submetidas a um mesmo poder de controle, o que evidencia a existência de grupo econômico de fato, acarretando a responsabilidade solidária por dívida fiscal entre integrantes do mesmo grupo econômico.

[18] REsp 1199080/SC, Rel. Ministro HERMAN BENJAMIN, SEGUNDA TURMA, julgado em 26/08/2010, DJe 16/09/2010.

A inclusão dessas empresas no polo passivo da execução fiscal, encontra respaldo nos arts. 124, II e 135, III do CTN, no art. 30, IX, da Lei 8.212/91 e nos arts. 591 e 592, II do CPC.

É certo que a simples existência de grupo econômico não autoriza a constrição de bens de empresa diversa daquela executada, o que só pode ser deferido em situações excepcionais, nas quais há provável confusão de patrimônios, como forma de encobrir débitos tributários como ocorre no caso sob exame, já que a empresa executada é considerada grande devedora perante a Fazenda Pública.

O Superior Tribunal de Justiça, aliás, já se manifestou em diversas ocasiões, no sentido de ser possível atingir, com a desconsideração da personalidade jurídica, empresa pertencente ao mesmo grupo, quando evidente que a estrutura deste é meramente formal, sendo possível, ainda, a desconstituição no bojo do processo executivo.

Ademais, posterior alegação de que a agravante não integra o grupo econômico e, portanto, estariam ausentes os requisitos da solidariedade, previsto na legislação, é matéria que requer dilação probatória, constituindo, por isso, defesa a ser deduzida em sede de embargos à execução.

Agravo legal a que se nega provimento.[19]

TRIBUTÁRIO. EMBARGOS DECLARATÓRIOS. EXECUÇÃO FISCAL. REDIRECIONAMENTO À SÓCIA. GRUPO ECONÔMICO. OBSCURIDADES E OMISSÕES CONFIGURADAS. VÍCIOS SANADOS. SEM EFEITOS INFRINGENTES. 1. Configurada a existência das alegadas obscuridade e omissões no acórdão recorrido. 2. A agravante tem legitimidade e interesse

[19] TRF 3ª Região, PRIMEIRA TURMA, AC – APELAÇÃO CÍVEL – 1551850 – 0009999-55.2008.4.03.6182, Rel. DESEMBARGADOR FEDERAL JOSÉ LUNARDELLI, julgado em 06/08/2013, e-DJF3 Judicial 1 DATA:13/08/2013.

para recorrer da decisão que a incluiu na execução fiscal movida contra a empresa da qual era sócia, sendo cabível a interposição de agravo de instrumento (CPC, arts. 162, § 2º, e 522). 3. A agravante não questionou a "inocorrência de dissolução irregular", senão a imediata responsabilidade pessoal dos sócios em decorrência da dissolução sem a prova dos requisitos do art. 135/III do CTN. 4. A agravante foi responsabilizada por integrar grupo econômico da qual a executada, empresa dissolvida irregularmente, também fazia parte. 5. Dispõe o art. 124/II do CTN que são solidariamente obrigadas "as pessoas expressamente designadas por lei". Tratando-se de valores destinados à Seguridade Social, aplica-se o disposto no art. 30/IX da Lei 8.212/1991: "As empresas que integram grupo econômico de qualquer natureza respondem entre si, solidariamente, pelas obrigações decorrentes desta Lei." 6. Embargos declaratórios do agravante providos sem efeito infringente. A Turma, por unanimidade, deu provimento aos embargos declaratórios sem efeito infringente.[20]

Andrei Pitten Velloso critica esse entendimento, entendendo que não há compatibilidade entre o artigo IX do artigo 30 da Lei nº 8.212/91 e o 124, II, do CTN:

De outro lado, o art. 124, II, do CTN não confere um cheque em branco ao legislador ordinário para estabelecer hipóteses de responsabilidade solidária. Não autoriza, em particular, a criação, por lei ordinária, de normas de responsabilização solidária sem a observância do pressuposto fundamental estabelecido pelo art. 128 da codificação, *in verbis*: "a lei pode atribuir de modo expresso a responsabilidade pelo crédito tributário a terceira pessoa, vinculada ao fato gerador da respectiva obrigação, excluindo a res-

[20] ACORDAO 00458904520104010000, DESEMBARGADOR FEDERAL NOVÉLY VILANOVA, TRF1 – OITAVA TURMA, e-DJF1 DATA:17/10/2014, PAGINA:1127.

ponsabilidade do contribuinte ou atribuindo-a a este em caráter supletivo do cumprimento total ou parcial da referida obrigação". Por consequência, as "pessoas expressamente designadas por lei" para assumirem a responsabilidade tributária, em caráter solidário, têm, necessariamente, de ser vinculadas aos fatos imponíveis, como decidiu o Supremo Tribunal Federal ao julgar o Tema nº 13 da Repercussão Geral ("Responsabilidade solidária dos sócios das empresas por quotas de responsabilidade limitada por dívidas junto à Seguridade Social"), nos autos do RE 562.276.

Nesse julgamento, a Suprema Corte entendeu, outrossim, que a desconsideração ex lege e objetiva da personalidade jurídica, que fora estabelecida pelo art. 13 da Lei 8.620/1993 ao responsabilizar solidariamente os sócios pelos débitos securitários das empresas limitadas, era ofensiva ao princípio constitucional da livre iniciativa e, por consequência, inválida.

A mesma conclusão pode ser aplicada ao inciso IX do art. 30 da Lei 8.212/1991: a norma é inconstitucional por estabelecer a desconsideração ex lege e objetiva da personalidade jurídica das empresas integrantes de grupos econômicos.[21]

Reportamo-nos ao RE nº 562.276/PR[22] mencionado no trecho acima, no qual declarou-se inconstitucional o artigo 13 da Lei nº 8.620/93[23] sob o entendimento de que ele não é compatível com o art. 124, II, do CTN:

[21] VELLOSO, Andrei Pitten. Responsabilização solidária de grupos econômicos: inconstitucionalidade do artigo 30, IX, da Lei 8.212/1991. Carta Forense, 2017. Disponível em: <http://www.cartaforense.com.br/conteudo/colunas/responsabilizacao-solidaria-de-grupos-economicosinconstitucionalidade-do-art-30-ix-da-lei-82121991/17883>. Acesso em: 20 ago. 2019.

[22] Tratado anteriormente.

[23] Art. 13. O titular da firma individual e os sócios das empresas por cotas de responsabilidade limitada respondem solidariamente, com seus bens pessoais, pelos débitos junto à Seguridade Social.

O art. 13 da Lei nº 8.620/93, pois, ao vincular à simples condição de sócio a obrigação de responder solidariamente pelos débitos da sociedade limitada perante a Seguridade Social, estabeleceu exceção desautorizada à norma geral de direito tributário consubstanciada no art. 135, III, do CTN, o que evidencia a invasão da esfera reservada à lei complementar pelo art. 146, III, da CF.

O argumento da União, de que o art. 13 da Lei nº 8.620/93 estaria no espaço aberto pelo art. 124, II, do CTN, não resiste a uma interpretação mais rigorosa.

O preceito do art. 124, II, no sentido de que são solidariamente obrigadas 'as pessoas expressamente designadas por lei', não autoriza o legislador a criar novos casos de responsabilidade tributária sem a observância dos requisitos exigidos pelo art. 128 do CTN, tampouco a desconsiderar as regras matrizes de responsabilidade de terceiros estabelecidas em caráter geral pelos arts. 134 a 135 do mesmo diploma.

A previsão legal de solidariedade entre devedores – de modo que o pagamento efetuado por um aproveite os demais, que a interrupção da prescrição em favor ou contra um dos obrigados, também lhes tenha efeitos comuns e que a isenção ou remissão de crédito exonere a todos os obrigados quando não seja pessoal (art. 125 do CTN) – pressupõe que a própria condição de devedor tenha sido estabelecida validamente e que não decorra de norma geral o caráter subsidiário da responsabilidade no caso.

[...]

O que fez o art. 13 da Lei nº 8.620/93 não foi simplesmente estabelecer a solidariedade de obrigações a fim de que pudesse encontrar amparo no art. 124, II, do CTN, mas, sim, e de modo inconstitucional, invadir o espaço reservada à normas gerais de

Parágrafo único. Os acionistas controladores, os administradores, os gerentes e os diretores respondem solidariamente e subsidiariamente, com seus bens pessoais, quanto ao inadimplemento das obrigações para com a Seguridade Social, por dolo ou culpa.

Direito Tributário e já disciplinado de modo diverso pelo art. 135, III, do CTN.

Está o art. 13 da Lei nº 8.620/93, assim, eivado de inconstitucionalidade formal por ofensa ao art. 146, III, da Constituição Federal.[24]

Sarah Mila Barbassa também advoga que haveria inconstitucionalidade do artigo IX do artigo 30 da Lei nº 8.212/91 tomando como base o julgamento do STF no RE nº 562.276/PR:

> Assim, entendemos que, pelo fato de a questão envolvendo os limites aos quais o legislador brasileiro deve se submeter ao exercitar a competência que lhe foi outorgada pelo art. 124, II, do CTN, possuir cunho constitucional, ela deve ainda passar pelo crivo do STF. E, segundo pensamos, quando isso ocorrer, deve ser declarada a sua inconstitucionalidade, a exemplo do que ocorreu no caso do art. 13 da lei nº 8.620/93, na medida em que, ao não observar o comando do art. 128 do CTN, o art. 30, inciso IX, da lei nº 8.212/91 viola, a um só tempo, os princípios constitucionais aplicáveis à tributação e o art. 146, III, da CF, segundo o qual compete à lei complementar (CTN) disciplinar as normais gerais de direito tributário, dentre as quais estão as que tratam da responsabilidade. Além disto, ofenderia o princípio da proporcionalidade, por desconsiderar, de forma objetiva, a pessoa jurídica.[25]

Por sua vez, Renato Lopes Becho entende que não há incompatibilidade entre o artigo IX do artigo 30 da Lei nº 8.212/91 e

[24] RE 562276, Relator(a): Min. ELLEN GRACIE, Tribunal Pleno, julgado em 03/11/2010, REPERCUSSÃO GERAL – MÉRITO DJe-027 DIVULG 09-02-2011 PUBLIC 10-02-2011 EMENT VOL-02461-02 PP-00419 RTJ VOL-00223-01 PP-00527 RDDT n. 187, 2011, p. 186-193 RT v. 100, n. 907, 2011, p. 428-442.

[25] BARBASSA, Sarah Mila. Responsabilidade tributária de empresas que compõem o mesmo grupo econômico. 2015. Dissertação (Mestrado em Direito) – FGV/SP – Escola de Direito, p. 104.

o 124, II, do CTN desde que as empresas envolvidas do mesmo grupo econômico tenham atuado conjuntamente, de alguma forma, para permitir que o fato gerador em concreto tenha sido realizado, *in verbis*:

> A inconstitucionalidade dos referidos artigos da Lei de Custeio da Seguridade Social advém de suas incompatibilidades com o Código Tributário Nacional que, conforme assentado, tem força de lei complementar (CF, art. 146, III).
>
> Pelo que se depreende das considerações acima apresentadas, não nos parece ser o caso, desde logo, de consideração da inconstitucionalidade do art. 30, IX, da Lei nº 8.212/1991. Basta que o dispositivo legal receba a interpretação sistemática que o compatibilize com o ordenamento jurídico brasileiro.
>
> Assim, parece ser imprescindível, em nosso sistema tributário, que, para a aplicação do art. 30, IX, da Lei de Custeio da Seguridade Social, as empresas envolvidas do mesmo grupo econômico tenham atuado conjuntamente, de alguma forma, para permitir que o fato gerador em concreto tenha sido realizado.[26]

Inclusive, como se vê nos julgados abaixo proferidos pelo STJ, afastou-se a solidariedade nos termos do artigo 124, I, do CTN pelo simples fato das empresas pertencerem ao mesmo grupo econômico, devendo haver mais motivos para responsabilização:

> PROCESSUAL CIVIL E TRIBUTÁRIO. EMPRESA DE MESMO GRUPO ECONÔMICO.SOLIDARIEDADE PASSIVA.
>
> 1. Inexiste solidariedade passiva em execução fiscal apenas por pertencerem as empresas ao mesmo grupo econômico, já que tal

[26] Becho, Renato Lopes. Execução Fiscal: análise crítica. 1ª Ed. São Paulo: Noeses, 2018, p. 205.

fato, por si só, não justifica a presença do "interesse comum" previsto no artigo 124 do Código Tributário Nacional. Precedente da Primeira Turma (REsp 859.616/RS, Rel. Min. Luiz Fux, DJU de 15.10.07).

2. Recurso especial não provido.[27]

PROCESSUAL CIVIL. TRIBUTÁRIO. RECURSO ESPECIAL. ISS. EXECUÇÃO FISCAL. LEGITIMIDADE PASSIVA. EMPRESAS PERTENCENTES AO MESMO CONGLOMERADO FINANCEIRO. SOLIDARIEDADE. INEXISTÊNCIA. VIOLAÇÃO DO ART. 124, I, DO CTN. NÃO-OCORRÊNCIA. DESPROVIMENTO.

1. "Na responsabilidade solidária de que cuida o art. 124, I, do CTN, não basta o fato de as empresas pertencerem ao mesmo grupo econômico, o que por si só, não tem o condão de provocar a solidariedade no pagamento de tributo devido por uma das empresas" (HARADA, Kiyoshi. "Responsabilidade tributária solidária por interesse comum na situação que constitua o fato gerador").

2. Para se caracterizar responsabilidade solidária em matéria tributária entre duas empresas pertencentes ao mesmo conglomerado financeiro, é imprescindível que ambas realizem conjuntamente a situação configuradora do fato gerador, sendo irrelevante a mera participação no resultado dos eventuais lucros auferidos pela outra empresa coligada ou do mesmo grupo econômico.

3. Recurso especial desprovido.[28]

Cumpre destacar que a Segunda Turma do Tribunal Regional Federal da 4ª Região decidiu em 19/09/2017 suscitar inci-

[27] STJ, Recurso Especial nº 1001450/RS, Relator Ministro CASTRO MEIRA, SEGUNDA TURMA, julgado em 11.03.2008.

[28] STJ, Recurso Especial nº 834044/RS, Relator. Ministra DENISE ARRUDA, PRIMEIRA TURMA, julgado em 11.11.2008.

dente de inconstitucionalidade do inciso IX do art. 30 da Lei nº 8.212/91, nos autos do agravo de instrumento nº 5026788-21.2017.4.04.0000, consignando o seguinte:

> É de ser suscitado incidente de inconstitucionalidade do inciso IX do art. 30 da Lei nº 8.212, de 1991, por ofensa ao art. 146, III, a, da Constituição Federal, já que não observou as prescrições da lei complementar ao atribuir responsabilidade solidária a terceiros integrantes do mesmo grupo econômico, sem vinculação ao fato gerador e sem meios de ressarcir-se do pagamento feito por conta do contribuinte.[29]

Como é possível perceber, a questão de compatibilidade do artigo 124 do CTN com o inciso IX do art. 30 da Lei nº 8.212, de 1991 não é pacífica e gera diversas discussões e posicionamentos. Leonardo Nuñez Campos e Juliana Furtado Costa Araujo pontuam como esse cenário de dúvidas sobre aplicação da legislação tributária, não resolvida pela jurisprudência do STJ (especialmente por não tratar especificamente do conceito de grupos econômicos), acaba por fazer reinar a insegurança jurídica para os envolvidos na relação jurídica de natureza tributária:

> Diante do cenário jurisprudencial, percebe-se que o STJ ainda não enfrentou uma série de questões importantes sobre o tema da responsabilidade tributária de grupos econômicos. Além da questão da fraude e da constitucionalidade da responsabilização por contribuições previdenciárias, a própria definição do que seriam os grupos econômicos para efeitos de responsabilização em matéria tributária há de ser esclarecida.
>
> [...]

[29] TRF4, AG 5026788-21.2017.4.04.0000, SEGUNDA TURMA, Relator RÔMULO PIZZOLATTI, juntado aos autos em 25/09/2017.

Diante de todo o panorama demonstrado, verificamos que algumas questões relativas à responsabilidade tributária de grupos econômicos seguem em aberto e devem ser enfrentadas futuramente pelo STJ. Enquanto isso não ocorre e enquanto a legislação não for aperfeiçoada, reina a insegurança jurídica em matéria tão relevante a todos os envolvidos na relação jurídica de natureza tributária.[30]

Destaque-se inclusive que Hugo de Brito Machado Segundo tece críticas ao Parecer Normativo COSIT/RFB nº 04/2018 anteriormente mencionado no que tange a sua interpretação quanto a responsabilidade de grupos econômicos, apontando que a questão de grupos econômicos considerados "irregulares" ou de "abuso" de personalidade jurídica deve ser tratada em lei e não em convenções dos particulares (convenções particulares não podem modificar o polo passivo da obrigação tributária, tendo esta natureza *ex lege*):

> Outro ponto em que o parecer sugere respeitar os dispositivos legais que diz estar interpretando, mas fica só na sugestão mesmo, é aquele no qual afirma que não é todo grupo econômico que enseja a responsabilidade tributária, mas apenas o grupo econômico "irregular". Até aí, pura aplicação do Direito Civil, e das regras, nele constantes, que versam sobre desconsideração da personalidade jurídica, sobre abuso, simulação, fraude à lei etc. O problema surge quando se verificam as hipóteses que o parecer entende serem de grupo econômico "irregular" ou de "abuso" da personalidade jurídica, para ele configurado sempre que "se

[30] CAMPOS, Leonardo Nuñez. Araujo, Juliana Furtado Costa. Responsabilidade tributária de grupos econômicos gera incertezas. Disponível em: <https://www.conjur.com.br/2015-jun-09/responsabilidade-tributaria-grupos-economicos-gera-incertezas>. Acesso em: 02 set. 2019.

desrespeita a autonomia patrimonial e operacional das pessoas jurídicas mediante direção única ("grupo econômico irregular")".

Ou seja, aponta-se, no parecer, que a existência de uma direção única implica, por si só, desrespeito às autonomias, tornando irregular o grupo. Entretanto, é a direção única exatamente o que caracteriza um grupo econômico enquanto tal, o que significa dizer que, para o parecer, todos eles podem ser considerados "irregulares".

Para reforçar essa conclusão, diante da evidente distinção de personalidades jurídicas, ainda que sujeitas a um mesmo centro decisório, o aludido parecer invoca o artigo 123 do CTN, o qual nada tem a ver com o tema. Segundo esse dispositivo, que apenas reflete o óbvio, a lei define quem é contribuinte, e quem é responsável tributário. Cabe a ela tratar de todos os elementos da norma tributária, antecedente e consequente. Inclusive do polo passivo da obrigação ali prevista. Daí porque convenções particulares não podem modificar esse polo passivo, tendo natureza ex lege a obrigação. Referidas convenções têm validade, e eficácia, entre as partes, que pactuam, por exemplo, que uma pagará os tributos devidos pela outra. Mas o Fisco nada tem com essa avença. Caberá a ele exigir o tributo daquele a quem a lei atribui a responsabilidade, o que nada tem a ver com desconsideração da personalidade jurídica.[31]

O trecho aponta como a questão de grupos econômicos pode ser muito capciosa se não estiver bem definida em lei, pois as convenções certamente servirão como norte para análise da responsabilidade, a fim de verificar a relação entre as empresas e a relação com o fato gerador.

[31] SEGUNDO, Hugo de Brito Machado. Responsabilidade de pessoas meramente "interessadas" no fato tributável é ilegal. Disponível em: <https://www.conjur.com.br/2019-set-04/responsabilidade-interessados-fato-tributavel-ilegal>. Acesso em: 06 nov 2019.

Assim, a questão de compatibilidade do artigo 124 do CTN com o inciso IX do art. 30 da Lei nº 8.212/91, além de não ser pacífica, tem discussões sobre a incidência do inciso I ou inciso II do referido artigo.

5.3. Artigo 128 do CTN

Dispõe o 128 do CTN:

> Art. 128. Sem prejuízo do disposto neste capítulo, a lei pode atribuir de modo expresso a responsabilidade pelo crédito tributário a terceira pessoa, vinculada ao fato gerador da respectiva obrigação, excluindo a responsabilidade do contribuinte ou atribuindo-a a este em caráter supletivo do cumprimento total ou parcial da referida obrigação.

Luciano Amaro afirma que o vocábulo responsabilidade previsto no 128 do CTN não é o mesmo do artigo 121, parágrafo único, II, do CTN, pois o primeiro se refere a responsabilidade de caráter supletivo e o último se refere a responsabilidade do contribuinte no sentido de sujeição do contribuinte ao cumprimento da obrigação, como se vê:

> O art. 128 admite que, eleito o terceiro, a lei *exclua a responsabilidade do contribuinte* ou mantenha este como *responsável subsidiário* (ao prever que ao contribuinte pode ser atribuída responsabilidade em *caráter supletivo* caso o responsável nada pague ou pague menos que o devido).
>
> Observe-se que, ao falar em "responsabilidade" do contribuinte, o Código não está usando o vocábulo no sentido correspondente ao art. 121, parágrafo único, II, em que se cuida do responsável como sujeito passivo *que não se confunde com o contribuinte* (ou que não "reveste" a condição de contribuinte). Aqui se

fala de *responsabilidade* do contribuinte no sentido de *sujeição do contribuinte ao cumprimento da obrigação.*

Hugo Funaro, com fundamento na doutrina de Ricardo Lobo Torres, explica que o artigo 128 do CTN é caso de responsabilidade por substituição:

> A responsabilidade prevista no art. 128 do Código é por substituição, tendo em vista que o responsável é colocado na condição de principal obrigado pela satisfação do crédito tributário, seja por completa exclusão da responsabilidade do contribuinte, seja porque este responde supletivamente pela dívida, quer dizer, apenas na hipótese de o substituto não satisfazer a obrigação.[32]

Um fato interessante é que o parágrafo único do artigo 124 determina que *"a solidariedade referida neste artigo não comporta benefício de ordem"* e o artigo 128 indiretamente acaba determinando um benefício de ordem, na medida em que prevê a atribuição (por meio de lei) de modo expresso da responsabilidade pelo crédito tributário a terceira pessoa, podendo o contribuinte eventualmente responder supletivamente. Ou seja, a situação tratada no artigo 128 não admite uma responsabilização solidária direta, pois o cumprimento da obrigação tributária é esperado por um dos sujeitos e, caso este não cumpra, pode-se eventualmente cobrar o contribuinte originário.

5.3.1. Artigo 128 do CTN em confronto com inciso IX do artigo 30 da Lei nº 8.212/91

Resta a análise da compatibilidade do inciso IX do artigo 30 da Lei nº 8.212/91 com o artigo 128 do CTN.

[32] FUNARO, Hugo. Sujeição Passiva Indireta no Direito Tributário Brasileiro, Série Doutrina Tributária, Vol. X, São Paulo: Quartier Latin, 2013, p. 82.

Renato Lopes Becho coloca o artigo 128 do CTN como pressuposto para fins de fundamentar a validade, caso a caso, da aplicação da responsabilidade prevista no inciso IX do artigo 30 da Lei nº 8.212/91:

> Como apresentado acima, deixamos consignado que a aplicação do art. 30, IX, da Lei 8.212/1991 (Lei de Custeio da Seguridade Social), para fins de cobrança da de contribuição previdenciária, precisa estar fundada também no art. 128 do Código Tributário Nacional, que exige que sejam o contribuinte e o responsável vinculados quanto ao fato gerador do tributo, e não apnas vinculados em relação societária.[33]

Por sua vez, como visto anteriormente (na análise da compatibilidade do inciso IX do artigo 30 da Lei nº 8.212/91 com o artigo 124 do CTN), Andrei Pitten Velloso entende que o inciso IX do artigo 30 da Lei nº 8.212/91 não tem compatibilidade com o artigo 128 do CTN, pois se trata de criação, por lei ordinária, de normas de responsabilização solidária sem a observância do pressuposto fundamental estabelecido pelo artigo 128.

Verifica-se que a questão se resume em definir se o inciso IX do artigo 30 da Lei nº 8.212/91 estabeleceu exceção desautorizada à norma geral de direito tributário, invadindo a esfera reservada à lei complementar, conforme determinado pelo artigo 146, III, da CF ou se apenas criou um critério que deve ser analisado conforme o artigo 128, de modo que os responsáveis devem estar vinculados ao fato gerador.

[33] Becho, Renato Lopes. Execução Fiscal: análise crítica. 1ª Ed. São Paulo: Noeses, 2018, p. 208.

5.4. Artigos 134 e 135 do CTN

Dispõem os artigos 134 e 135 do Código Tributário Nacional:

> Art. 134. Nos casos de impossibilidade de exigência do cumprimento da obrigação principal pelo contribuinte, respondem solidariamente com este nos atos em que intervierem ou pelas omissões de que forem responsáveis:
>
> I – os pais, pelos tributos devidos por seus filhos menores;
>
> II – os tutores e curadores, pelos tributos devidos por seus tutelados ou curatelados;
>
> III – os administradores de bens de terceiros, pelos tributos devidos por estes;
>
> IV – o inventariante, pelos tributos devidos pelo espólio;
>
> V – o síndico e o comissário, pelos tributos devidos pela massa falida ou pelo concordatário;
>
> VI – os tabeliães, escrivães e demais serventuários de ofício, pelos tributos devidos sobre os atos praticados por eles, ou perante eles, em razão do seu ofício;
>
> VII – os sócios, no caso de liquidação de sociedade de pessoas.
>
> Parágrafo único. O disposto neste artigo só se aplica, em matéria de penalidades, às de caráter moratório.

> Art. 135. São pessoalmente responsáveis pelos créditos correspondentes a obrigações tributárias resultantes de atos praticados com excesso de poderes ou infração de lei, contrato social ou estatutos:
>
> I – as pessoas referidas no artigo anterior;
>
> II – os mandatários, prepostos e empregados;
>
> III – os diretores, gerentes ou representantes de pessoas jurídicas de direito privado.

O CTN traz em seu artigo 134 as hipóteses de responsabilidade tributária em um amplo rol de pessoas que devem ser solidariamente obrigadas a arcar com as obrigações tributárias na qualidade de terceiros. No artigo 135, por sua vez, o CTN elenca as pessoas responsáveis (no que se inclui as elencadas no artigo 134) pelos créditos correspondentes a obrigações tributárias resultantes de atos praticados com excesso de poderes ou infração de lei, contrato social ou estatutos.

Renato Lopes Becho elenca de forma precisa os critérios para aplicação do artigo 134 Código Tributário Nacional, bem como insere os seguintes pontos importantes:

> Entendemos, atualmente, conforme já apresentado, que o art. 134 do CTN possui dois pressupostos de aplicação: a impossibilidade econômica de contribuinte solver o débito e a atuação culposa do responsável para que isso ocorra.
>
> Desse entendimento extraímos alguns importantes efeitos:
>
> 1) é possível sustentar o caráter *subsidiário* da responsabilidade de terceiros. Talvez o legislador, por equívoco, tenha estipulado uma aparente solidariedade apenas no intuito de manter o contribuinte no polo passivo da ação de cobrança do crédito tributário;
> 2) a responsabilidade tributária de terceiros, notadamente a do art. 134 do CTN, é um tema propriamente de execução fiscal. Como o primeiro pressuposto para sua incidência é a impossibilidade econômica, esta será verificada justamente no processo referido. A responsabilidade tributária poderá ser discutida como um incidente processual, tanto em exceção de pré-executividade quanto em embargos à execução fiscal, dependendo das provas que o responsável possua;
> 3) corolário da conclusão anterior, não há condições para a indigitada responsabilidade tributária ser averiguada em procedimento prévioà execução fiscal;

4) considerando os riscos inerentes do insucesso empresarial, o legislador não incluiu os administradores de empresa (diretores, gerentes, empregados, representantes etc.) no art. 134 do CTN. A sistemática aduzida não se lhes é aplicável.[34]

Ressalte-se que o artigo 134 trata de responsabilidade de pessoas no caso de "atos em que intervierem ou pelas omissões de que forem responsáveis". Assim, por exemplo, no caso dos tabeliães, eles respondem pelos tributos que deixarem de exigir nos atos praticados, como a falta de exigência do ITCMD no ato de lavratura de escritura de inventário. Ou mesmo o síndico (atual administrador judicial) que ignorar tributos devidos pela massa falida também responde pessoalmente.

Já o artigo 135, III, trata dos diretores, gerentes ou representantes de pessoas jurídicas de direito privado no que tange aos créditos correspondentes a obrigações tributárias resultantes de atos praticados com excesso de poderes ou infração de lei, contrato social ou estatutos ou representantes de pessoas jurídicas de direito privado.

Relativamente ao artigo 135, Renato Lopes Becho traz o critério material para sua aplicação:

> **Critério material:** realizar negócio jurídico lícito, em nome do contribuinte, mas contra seus interesses (agindo com excesso de poderes ou infração à lei – que rege a conduta do responsável –, contrato social ou estatuto), que faça nascer a obrigação tributária.[35]

[34] BECHO, Renato Lopes. Responsabilidade tributária de terceiros – CTN, arts. 134 e 135. São Paulo: Saraiva, 2014, p. 191

[35] BECHO, Renato Lopes. Responsabilidade tributária de terceiros – CTN, arts. 134 e 135. São Paulo: Saraiva, 2014, p. 192

6. Análise da constitucionalidade material do inciso IX do art. 30, da Lei 8.212/1991

O STF entendeu, no RE nº 562.276/PR, que o artigo 13 da Lei nº 8.620/93 estava eivado, além da inconstitucionalidade formal anteriormente mencionada, de inconstitucionalidade material, por ofensa ao art. 5º, XIII, e 170, parágrafo único, da CF, afrontando o princípio da livre iniciativa.

Eis trechos do Acórdão do RE nº 562.276/PR que, para alguns doutrinadores, se encaixam no caso do inciso IX do artigo 30 da Lei nº 8.212/91, demonstrando a inconstitucionalidade mencionada:

> 7. O art. 13 da Lei 8.620/93 também se reveste de inconstitucionalidade material, porquanto não é dado ao legislador estabelecer confusão entre os patrimônios das pessoas física e jurídica, o que, além de impor desconsideração 'ex lege' e objetiva da personalidade jurídica, descaracterizando as sociedades limitadas, implica irrazoabilidade e inibe a iniciativa privada, afrontando os arts. 5º, XIII, e 170, parágrafo único, da Constituição.
>
> [...]
>
> Não há como deixar de reconhecer, ademais, que a solidariedade estabelecida pelo art. 13 da Lei 8.620/93 também se reveste de evidente inconstitucionalidade material. Isso porque não é dado ao legislador estabelecer simples confusão entre os patrimônios de pessoa física e jurídica, ainda que para fins de garantia dos débitos da sociedade perante a Seguridade Social."
>
> "É que impor confusão entre os patrimônios da pessoa jurídica e da pessoa física no bojo da sociedade em que, por definição, a responsabilidade dos sócios é limitada, compromete um dos fundamento do Direito de Empresa, consubstanciado na garantia constitucional da livre iniciativa, entre cujos conteúdos está a possibilidade de constituir sociedade para o exercício de atividade

econômica e partilha dos resultados, em conformidade com os tipos societários disciplinados por lei, o que envolve um regime de comprometimento patrimonial previamente disciplinado e que delimita o risco da atividade econômica."

"Submeter-se o patrimônio pessoal do sócio de sociedade limitada à satisfação dos débitos da sociedade para com a Seguridade Social, independentemente de exercer ou não a gerência e de cometer ou não qualquer infração, inibiria demasiadamente a iniciativa privada, descaracterizando tal espécie societária e afrontando os art. 5º, XIII, e 170, parágrafo único, da Constituição, de modo que o art. 13 da Lei 8.620/93 também se ressente de vício material.[36]

Cumpre destacar que o Ministro Marco Aurélio afirmou concordar com a declaração de inconstitucionalidade material "porque atribuir a responsabilidade a um terceiro, que não tem ligação direta com a administração da pessoa jurídica, extravasa, a meu ver, o campo da razoabilidade".

7. Considerações finais

De tudo que foi exposto, nos parece que o inciso IX do artigo 30 da Lei nº 8.212/91 cria uma nova espécie de responsabilidade que não é prevista no artigo 121 do CTN.

O artigo 121, parágrafo único, II, do CTN encarrega o responsável por ele estar vinculado ao fato gerador, conforme doutrina de Hugo de Brito Machado supracitada.

Cumpre destacar que o inciso II do parágrafo único do artigo 121 é expresso ao determinar que o responsável não se reveste em hipótese alguma da condição de contribuinte, porém, no

[36] RE 562276, Relator(a): Min. ELLEN GRACIE, Tribunal Pleno, julgado em 03/11/2010, REPERCUSSÃO GERAL – MÉRITO DJe-027 DIVULG 09-02-2011 PUBLIC 10-02-2011 EMENT VOL-02461-02 PP-00419 RTJ VOL-00223-01 PP-00527 RDDT n. 187, 2011, p. 186-193 RT v. 100, n. 907, 2011, p. 428-442.

caso do inciso IX do artigo 30 da Lei nº 8.212/91, a simples responsabilidade solidária de empresa do mesmo grupo (sem que ela ao menos tenha participado do fato gerador) a caracteriza como contribuinte.

O inciso IX do artigo 30 da Lei nº 8.212/91 inclui como responsáveis empresas do mesmo grupo econômico revestindo-as efetivamente como contribuintes da obrigação, descaracterizando a condição de responsável definida no artigo 121, inciso II, do CTN.

Poder-se-ia alegar que as empresas do mesmo grupo são responsáveis em decorrência de disposição expressa de lei, ou seja, a previsão do inciso IX do art. 30 da Lei nº 8.212/91. Porém, esta lei não faz qualquer ressalva quanto ao motivo da responsabilidade, se por inadimplemento, se por fraude ou qualquer outra razão. Fica claro que uma empresa é contribuinte de débitos uma da outra em qualquer situação de grupo econômico.

Situação diferente é o do responsável, por exemplo, quando se trata de empregador referente a tributos do empregado retidos na fonte. O motivo para essa responsabilidade é a facilidade na forma de arrecadação. E a responsabilidade decorre da relação de emprego. Não pode, por exemplo, um empregador ser condenado a recolher tributos relativos a relação de emprego que ele não participa.

No entanto, pela redação do inciso IX do art. 30 da Lei nº 8.212/91, a empresa do mesmo grupo econômico deve recolher os tributos da outra empresa (do grupo) senão ambas serão autuadas, uma vez que haveria a previsão legal para tanto.

Mas, como falado, é indispensável uma relação, uma vinculação com o fato gerador, para que alguém seja considerado responsável. Porém, sequer isso ocorre, pois, pela letra da lei, a empresa do mesmo grupo pode ser responsabilidade sem sequer ter conhecimento da situação fática que se materializou em fato gerador.

Ou seja, uma empresa pode ser cobrada do tributo pelo simples fato de fazer parte do mesmo grupo econômico de outra empresa, logo, nesse caso, ela não está sendo exigida como responsável (inciso II do parágrafo único do artigo 121 do Código Tributário Nacional), mas sim como contribuinte (inciso I do parágrafo único do artigo 121 do Código Tributário Nacional).

No entanto, ela é contribuinte sem ter nenhuma relação pessoal e direta com a situação ou fato constituinte do fato gerador, ferindo assim o inciso I do parágrafo único do artigo 121 do Código Tributário Nacional.

Portanto, inaplicável o inciso II do parágrafo único do art. 121 do CTN para fundamentar a legitimidade de regra constante no inciso IX do artigo 30 da Lei nº 8.212/91.

A solução proposta por doutrinadores para evitar a inconstitucionalidade é balizar o inciso IX do artigo 30 com o artigo 128 do CTN, vinculando ao fato gerador, não nos parece resolver a questão.

O inciso IX do artigo 30 da Lei nº 8.212/91 não faz ressalva quanto ao responsável por ter ou não concorrido para prática do fato gerador. Não há como se punir uma autoridade que aplicar o dispositivo legal de forma literal (até que ele seja declarado inconstitucional ou mesmo interpretado pela jurisprudência em consonância com o artigo 128 do CTN), pois assim está escrito na lei.

Para muitos doutrinadores, como a empresa de outro grupo só responde em casos específicos (por exemplo, em situações do artigo 50 do Código Civil), então ela teria a condição de responsável. No entanto, o inciso IX do artigo 30 da Lei nº 8.212/91 não faz uma ressalva específica para esses casos, uma vez que determina que empresas do mesmo grupo respondem por débitos umas das outras, situação em que fica nossa crítica a esse posicionamento.

Ora, se o STF entendeu, no RE nº 562.276/PR, que o artigo 13 da Lei nº 8.620/93 estava eivado de inconstitucionalidade formal por ofensa ao art. 146, III, "b", da Constituição Federal, não há como entender de forma diferente quanto à inconstitucionalidade do inciso IX do artigo 30 da Lei nº 8.212/91, uma vez que a forma de responsabilidade de ambos os dispositivos legais é incondicional e sem critérios específicos (qualquer sócio ou qualquer empresa de grupo econômico).

Comparando os dois dispositivos, verifica-se que o 13 da Lei nº 8.620/93 determinava que o titular da firma individual e os sócios das empresas por cotas de responsabilidade limitada respondiam solidariamente, enquanto que o inciso IX do artigo 30 da Lei nº 8.212/91 visa responsabilizar a empresa que é do mesmo grupo, sendo que ela pode nem ter relação direta com outra empresa solidária.

Verifica-se, portanto, que o inciso IX do artigo 30 da Lei nº 8.212/91 é por demais genérico, logo não pode ter validade, uma vez que a responsabilização deve ser específica a fim de garantir que o responsável tenha relação com o fato gerador.

Como não há um conceito legal específico de "grupo econômico" na legislação tributária, a responsabilidade acaba por se dar caso a caso, dando azo à criação de novas linhas de responsabilização que não estão previstas no CTN. A lei tem a função de trazer segurança jurídica e se cada questão deve ser decidida caso a caso, então não ocorre a devida aplicação da norma.

Ao se considerar constitucional o inciso IX do artigo 30, admite-se que uma empresa responder por débitos que sequer teve conhecimento da sua constituição, bastando que se alegue que faz parte de um grupo econômico, cuja definição legal atual é extremamente abrangente e imprecisa, além de, como visto, ser decidida caso a caso conforme circunstâncias diversas (identidade de administradores e contadores, formação de quadro societário pelos mesmos indivíduos ou seus parentes, estrutura administrativa compartilhada, recíprocas transferências de empregados, etc.).

A vinculação ao fato gerador pode ser um critério válido, porém é por demais abrangente, chegando a casos extremamente subjetivos que podem superar conceitos como a de personalidade jurídica própria.

Inclusive, levando-se em conta empresas de ramos diferentes, porém pertencentes a um mesmo grupo econômico, o desconhecimento sobre atuações umas das outras é mais possível ainda.

Além disso, não há um conceito legal preciso e expresso do que é grupo econômico e a responsabilidade tributária deve ter seus limites delineados de forma clara.

Portanto, fica evidente que a responsabilidade tributária de grupos econômicos imposta pelo inciso IX do artigo 30 da Lei nº 8.212/91 não é compatível com o artigo 124 e 128 do CTN. Destaque-se o seguinte trecho do RE nº 562.276/PR, o qual pode ser aplicado ao inciso IX do artigo 30 da Lei nº 8.212/91:

> O preceito do art. 124, II, no sentido de que são solidariamente obrigadas 'as pessoas expressamente designadas por lei', não autoriza o legislador a criar novos casos de responsabilidade tributária sem a observância dos requisitos exigidos pelo art. 128 do CTN, tampouco a desconsiderar as regras matrizes de responsabilidade de terceiros estabelecidas em caráter geral pelos arts. 134 a 135 do mesmo diploma.
>
> A previsão legal de solidariedade entre devedores – de modo que o pagamento efetuado por um aproveite os demais, que a interrupção da prescrição em favor ou contra um dos obrigados, também lhes tenha efeitos comuns e que a isenção ou remissão de crédito exonere a todos os obrigados quando não seja pessoal (art. 125 do CTN) – pressupõe que a própria condição de deve-

dor tenha sido estabelecida validamente e que não decorra de norma geral o caráter subsidiário da responsabilidade no caso.[37]

Mister lembrar a regra matriz de incidência tributária e a regra matriz de responsabilidade tributária, cada uma com um fato próprio e o mais importante, sujeitos próprios. O terceiro não participa da relação contributiva, mas apenas de uma relação específica de responsabilidade tributária. Ou seja, o terceiro apenas pode ser responsabilizado legalmente quando tenha contribuído diretamente com a situação de inadimplemento do contribuinte principal. O fato de uma corporação que é inadimplente ter uma "suposta" relação com outra não muda e não caracteriza a obrigatoriedade da solidariedade presente no artigo 135 do CTN, até porque essa relação não necessariamente pode decorrer de atos praticados com excesso de poderes ou infração de lei, contrato social ou estatutos.

Nesse sentido vale destacar trecho do RE nº 562.276/PR em que se analisa a compatibilidade do artigo 13 da Lei nº 8.620/93 com o artigo 135, III, do CTN, e se conclui que a responsabilidade só em possível sobre quem realiza a prática de atos, por quem esteja na gestão ou representação da sociedade:

> O pressuposto de fato ou hipótese de incidência da norma de responsabilidade, no art. 135, III, do CTN é a prática de atos, por quem esteja na gestão ou representação da sociedade, com excesso de poder ou a infração à lei, contrato social, ou estatutos e que tenham implicado, se não o surgimento, ao menos o inadimplemento de obrigações tributárias.[38]

[37] RE 562276, Relator(a): Min. ELLEN GRACIE, Tribunal Pleno, julgado em 03/11/2010, REPERCUSSÃO GERAL – MÉRITO DJe-027 DIVULG 09-02-2011 PUBLIC 10-02-2011 EMENT VOL-02461-02 PP-00419 RTJ VOL-00223-01 PP-00527 RDDT n. 187, 2011, p. 186-193 RT v. 100, n. 907, 2011, p. 428-442.

[38] RE 562276, Relator(a): Min. ELLEN GRACIE, Tribunal Pleno, julgado em 03/11/2010, REPERCUSSÃO GERAL – MÉRITO DJe-027 DIVULG 09-02-2011

Assim, verifica-se que o artigo 134 não contempla qualquer hipótese de responsabilidade de grupo econômico, devendo-se apenas responsabilizar o agente que cometer algum ato que justifique a aplicação do artigo 135 do CTN (excesso de poderes, infração à lei ou ao contrato social ou estatuto). Logo, o inciso IX do artigo 30 da Lei nº 8.212/91 não pode ser fundamentado em qualquer um desses dispositivos normativos.

Além disso, a falta de definição precisa sobre o que vem a ser grupo econômico traz enorme insegurança jurídica, o que afeta a economia inteira do país, de modo que os investidores não têm a efetiva segurança da regularidade de qualquer empresa.

E, por fim, nítida a inconstitucionalidade material do inciso IX do artigo 30 da Lei nº 8.212/91, tendo em vista que esse dispositivo estabelece confusão entre os patrimônios de pessoas jurídicas, impondo uma desconsideração "ex lege" e objetiva da personalidade jurídica, o que descaracteriza as sociedades limitadas.

Referências

Ferragut, Maria Rita. **Grupo Econômico e responsabilidade tributária.** Disponível em: <https://www.jota.info/opiniao-e-analise/artigos/grupo-economico-e-responsabilidade-tributaria-06112017>. Acesso em: 14 mai 2018.

Sampaio, Júnia Roberta Gouveia. In: "MACHADO SEGUNDO, Hugo de Brito; Murici, Gustavo Lanna; Rodrigues, Raphael Silva. **O Cinquentenário do Código Tributário Nacional**. Belo Horizonte: Del Plácido Editora, 2017.

Nery Junior, Nelson, **Código civil comentado**, 7ª ed., rev., ampl. e atual., São Paulo: Editora Revista dos Tribunais, 2009.

Schoueri, Luís Eduardo. **Direito tributário**. 7. ed. São Paulo: Saraiva, 2017.

Machado, Hugo de Brito. **Curso de Direito Tributário**. 37. ed. São Paulo: Malheiros, 2016.

PUBLIC 10-02-2011 EMENT VOL-02461-02 PP-00419 RTJ VOL-00223-01 PP-00527 RDDT n. 187, 2011, p. 186-193 RT v. 100, n. 907, 2011, p. 428-442.

FUNARO, Hugo. **Sujeição Passiva Indireta no Direito Tributário Brasileiro, Série Doutrina Tributária, Vol. X**, São Paulo: Quartier Latin, 2013.

BECHO, Renato Lopes. **Execução Fiscal: análise crítica.** 1ª Ed. São Paulo: Noeses, 2018.

MACHADO, Hugo de Brito. **Curso de Direito Tributário**. 22. ed. São Paulo: Malheiros, 2003.

ARAUJO, Juliana Furtado Costa; CONRADO, Paulo Cesar; VERGUEIRO, Camila Campos. **Responsabilidade tributária**. São Paulo: Revista dos tribunais, 2017.

SEGUNDO, Hugo de Brito Machado. **Responsabilidade de pessoas meramente "interessadas" no fato tributável é ilegal**. Disponível em: <https://www.conjur.com.br/2019-set-04/responsabilidade-interessados-fato-tributavel-ilegal>. Acesso em: 06 nov 2019.

COSTA, Regina Helena. **Curso de direito tributário**. 2. ed.São Paulo : Saraiva, 2012.

NOGER, Renata Melo. **Revista da AGU**, Brasília-DF, v. 16, n. 03, p. 239-266, jul./set. 2017.

GAGO, Cristiane I. Matsumoto; ALVARENGA, Christiane A. **Responsabilidade solidária pela formação de grupo econômico**. Disponível em: <https://www.migalhas.com.br/dePeso/16,MI205936,41046-Responsabi>. Acesso em: 20 ago. 2019.

VELLOSO, Andrei Pitten. **Responsabilização solidária de grupos econômicos: inconstitucionalidade do artigo 30, IX, da Lei 8.212/1991**. Carta Forense, 2017. Disponível em: <http://www.cartaforense.com.br/conteudo/colunas/responsabilizacao-solidaria-de-grupos-economicosinconstitucionalidade-do-art-30-ix-da-lei-82121991/17883>. Acesso em: 20 ago. 2019.

BARBASSA, Sarah Mila. **Responsabilidade tributária de empresas que compõem o mesmo grupo econômico**. 2015. Dissertação (Mestrado em Direito) – FGV/SP – Escola de Direito.

CAMPOS, Leonardo Nuñez. Araujo, Juliana Furtado Costa. **Responsabilidade tributária de grupos econômicos gera incertezas**. Disponível em: <https://www.conjur.com.br/2015-jun-09/responsabilidade-tributaria-grupos-economicos-gera-incertezas>. Acesso em: 02 set. 2019.

Referências legais e normativas

Brasil. Medida Provisória n° 881 de 30 de abril de 2019. Institui a Declaração de Direitos de Liberdade Econômica, estabelece garantias de livre mercado, análise de impacto regulatório, e dá outras providências. **Palácio do Planalto Presidência da República, Brasília**, DF, 30 abr. 2019. Disponível em: < http://www.planalto.gov.br/ccivil_03/_Ato2019-2022/2019/Mpv/mpv881.htm> Acesso em: 05 set. 2019.

Brasil. Lei n° 10.406 de 10 de janeiro de 2002. Institui o Código Civil. **Palácio do Planalto Presidência da República, Brasília**, DF, 11 jan. 2002. Disponível em: <http://www.planalto.gov.br/ccivil_03/leis/2002/l10406.htm> Acesso em: 05 set. 2019.

Brasil. Lei n° 8.620 de 05 de janeiro de 1993. Altera as Leis nºs 8.212 e 8.213, de 24 de julho de 1991, e dá outras providências. **Palácio do Planalto Presidência da República, Brasília**, DF, 06 jan. 1993. Disponível em: <http://www.planalto.gov.br/ccivil_03/leis/L8620.htm> Acesso em: 05 set. 2019.

Brasil. Constituição (1988). **Constituição da República Federativa do Brasil de 1988. Palácio do Planalto Presidência da República, Brasília,** DF, 05 out. 1988 Disponível em: <http://www.planalto.gov.br/ccivil_03/constituicao/constituicao.htm> Acesso em: 05 set. 2019.

Brasil. Lei n° 5.172 de 25 de outubro de 1966. Dispõe sobre o Sistema Tributário Nacional e institui normas gerais de direito tributário aplicáveis à União, Estados e Municípios. **Palácio do Planalto Presidência da República, Brasília**, DF, 25 out. 1966. Disponível em: <http://www.planalto.gov.br/ccivil_03/leis/l5172.htm> Acesso em: 28 ago. 2018.

Referências jurisprudenciais

ARE 669074 AgR, Relator(a): Min. ROSA WEBER, Primeira Turma, julgado em 24/02/2015, ACÓRDÃO ELETRÔNICO DJe-045 DIVULG 09-03-2015 PUBLIC 10-03-2015.

STF – 2T- RE 587.648 ED/RS – RIO GRANDE DO SUL – Rel. Min. Celso de Mello, Dje, 16-12-2010.

REsp 1199080/SC, Rel. Ministro HERMAN BENJAMIN, SEGUNDA TURMA, julgado em 26/08/2010, DJe 16/09/2010.

TRF 3ª Região, PRIMEIRA TURMA, AC – APELAÇÃO CÍVEL – 1551850 – 0009999-55.2008.4.03.6182, Rel. DESEMBARGADOR FEDERAL JOSÉ LUNARDELLI, julgado em 06/08/2013, e-DJF3 Judicial 1 DATA:13/08/2013.

ACORDAO 00458904520104010000, DESEMBARGADOR FEDERAL NOVÉLY VILANOVA, TRF1 – OITAVA TURMA, e-DJF1 DATA:17/10/2014, PAGINA:1127.

RE 562276, Relator(a): Min. ELLEN GRACIE, Tribunal Pleno, julgado em 03/11/2010, REPERCUSSÃO GERAL – MÉRITO DJe-027 DIVULG 09-02-2011 PUBLIC 10-02-2011 EMENT VOL-02461-02 PP-00419 RTJ VOL-00223-01 PP-00527 RDDT n. 187, 2011, p. 186-193 RT v. 100, n. 907, 2011, p. 428-442.

Obras complementares

SOARES, Igor Araujo. A Formação dos Grupos Econômicos de Empresas e a Responsabilidade Tributária Solidária ao Adimplemento de Contribuições Sociais Previdenciárias. Contribuições previdenciárias à luz da Jurisprudência do CARF – Conselho Administrativo de Recursos Fiscais. São Paulo: MP Ed. 2012.

BREYNER, Frederico Menezes. Responsabilidade Tributária das Sociedades Integrantes de Grupo Econômico. Revista Dialética de Direito Tributário v. 186, São Paulo, 2011.

A Problemática do Custo de Conformidade no Brasil

Carla de Matos Assunção

Introdução

A carga tributária no Brasil equivale aproximadamente a 35% do PIB do País. Porém, além de dispêndios no pagamento de tributos, há por trás deste cenário o alto valor desembolsado pelas empresas em recursos direcionados ao cumprimento das diversas obrigações acessórias e outras demandas processuais e administrativas necessárias para garantir a adimplência exigida pelos órgãos governamentais fiscalizadores Federais, Estaduais e Municipais.

Com isso, o intuito de falar sobre o tema é explorar e discursar sobre o alto custo de manter e cumprir com todas as obrigações exigidas pelo fisco brasileiro, assim como alguns abusos praticados em requerimentos e fiscalizações que adicionam uma demanda muitas vezes não prevista pelo contribuinte.

Desta forma a intenção é trazer uma visão macroeconômica desse sistema tributário.

Para cidadãos brasileiros, de modo geral, ao se mencionar impostos a palavra remete a uma sensação de tema de conotação complexa, burocrática e cara. Essa reação é, inclusive, uma realidade no exterior sobre como é visto o complexo tributário no Brasil. Entre profissionais da área, é muito comum constantes comentários sobre quão difícil é conseguir a compreensão de profissionais e/ou líderes do exterior a respeito das regras de incidência de tributos no País e junto com isso a série de obrigações relacionadas como os inúmeros e extensos arquivos eletrônicos exigidos, atualizações de sistemas fiscais e integrados, fiscalizações, taxas, entre outros.

E com toda razão de ser, o assunto é de fato um tanto desafiador na sua compreensão considerando ainda a constante alteração de legislação e atualização/criação de obrigações acessórias eletrônicas.

Cada dia mais tem-se ouvido a respeito da reforma tributária no Brasil.

Propostas de simplificação têm sido enviadas ao congresso por deputados no intuito de se desenhar um novo panorama fiscal para o País, como projeto de alteração constitucional sugerida pelo então deputado Luis Carlos Hauly, publicada em Agosto de 2018, a Emenda 7, trazendo entre outras mudanças, a criação do imposto único, o IBS (Imposto sobre Operações de Bens e Serviço), cujo o plano é que em apenas uma alíquota sejam abrangidos os tributos hoje cobrados como ICMS (Imposto sobre Circulação de Mercadorias e Serviços), IPI (Imposto sobre Produtos Industrializados), PIS (Programa de Integração Social), COFINS (Contribuição para Financiamento da Seguridade Social), ISS (Imposto Sobre Serviços), CIDE (Contribuição de Intervenção no Domínio Econômico), IOF (Impostos sobre Operações Financeiras) e II (Imposto de Importação).

Em trecho do projeto da Emenda Constitucional número 7/2018, é mencionado o seguinte:

> Promovemos significava simplificação no sistema tributário, com a extinção dos seguintes tributos: IPI, IOF, CSLL, PIS, Pasep, Cofins, Salário-Educação, CIDE-Combustíveis, todos federais;

ICMS estadual; e ISS municipal. Em seus lugares, surgem um imposto sobre o valor agregado de competência estadual, chamado de Imposto sobre Operações com Bens e Serviços – IBS, e um imposto sobre bens e serviços específicos, de competência federal, que chamaremos de Imposto Seletivo – IS. São preservadas as contribuições previdenciárias sobre a folha de pagamento. Na tributação da propriedade, o ITCMD passa para a competência federal, com toda a arrecadação destinada aos Municípios, enquanto o IPVA, apesar de continuar na órbita estadual, também terá suas receitas totalmente direcionadas para os Municípios.[1] [2]

Apesar do tema central na simplificação focar na unificação dos impostos (criação do IBS), esta proposta de reforma tributária abarca também a redução do percentual do tributos sobre a renda de 34% (25% de IRPJ e 9% de CSLL) para 25%, sendo a atual CSLL (Contribuição Social sobre Lucro Líquido) incorporada pelo IRPJ (Imposto de Renda Pessoa Jurídica).

Assim também com o Imposto de Renda da Pessoa Física (IRPF) para o qual a PEC (Projeto de Emenda Constitucional) sugere alíquota máxima de 20%, mantendo ainda as mais baixas de 7,5% a 15%; além de isentar deste imposto contribuintes com renda de até cinco salários mínimos.

Outro destaque, é a extinção da JCP (Juros sobre Capital Próprio) e a proposta de tributação pelo imposto de renda o valor distribuído aos sócios a título de Dividendos.

Nesse sentido, também o projeto da Emenda Constitucional 7, traz em redação o seguinte:

[1] HAULY, Luis Carlos. **Projeto de Emenda Constitucional Número 7/2018.** Disponível pelo blackboard Insper: https://insper.blackboard.com/webapps/blackboard/execute/content/file?cmd=view&content_id=_568212_1&course_id=_30436_1 2019. Acesso em: 12 Set 2019

[2] Nota explicativa: Imposto de Transmissão Causa Mortis e Doação (ITCMD); Imposto sobre Propriedade de Veículos Automotores (IPVA)

Destaque-se que o Imposto de Renda Pessoa Jurídica incorporará a Contribuição Social sobre Lucro Líquido, e por isso terá suas alíquotas ampliadas, devendo essa mudança ser feita pela legislação ordinária. Além disso, determinamos a cobrança do Imposto de Renda sobre o valor das verbas indenizatórias que superem o gasto ou patrimônio indenizado, acabando, assim, com estratagema comum de travestir renda em pretensas indenizações não tributáveis para fugir do pagamento do imposto.[3]

Outras propostas de reforma tributária vieram depois desta, e serão exploradas mais adiante neste artigo. Há alterações consideráveis em relação a EC 7/2018, mas em essência a base das propostas segue em linha com este formato sugerido pelo ex-deputado Luiz Carlos Hauly.

De uma forma ou de outra, até chegar-se a definição pela simplificação, cidadãos e empresas devem continuar na manutenção da conformidade tributária que ainda exige tamanha demanda de gastos administrativos, tecnológicos, consultivos e especialmente de tempo.

É comum ouvir que a carga tributária do Brasil é alta, porém pouco se vê sobre os recursos financeiros dedicados a área fiscal que estão além do pagamento de tributos em si. O tema destaca interesse no sentido de demonstrar em valores e exemplos práticos o quanto custa em termos tributários uma empresa manter operações no País.

É conhecido que o Brasil exige manter um custo bastante elevado na administração tributária, e neste trabalho além de explorar sobre o funcionamento desse custo brasileiro o plano é também demonstrar em relação a outros países onde estes se posicionam no ranking de complexidade e gastos de conformidade para instituir e manter uma operação local.

[3] Ibidem,

Será que o custo de administração financeira de tributos é uma barreira que inibe a instalação de empresas estrangeiras em território brasileiro? Esta é uma pergunta que poderá ser respondida com base nessa pesquisa.

Com formação em ciências contábeis vejo constantemente mudanças e implementação de novas demandas no *compliance* fiscal brasileiro, uma vez que este assunto está totalmente relacionado à minha rotina de trabalho em termos de garantir a acuracidade dos dados fiscais da companhia. Adicionalmente, como parte também da equipe estratégica de tributos, participo das discussões de planejamento tributário, pedidos de regimes especiais e benefícios fiscais em que lidamos diariamente com o procedimento burocrático de adesão, relatórios de investimentos, auditorias e outras exigências do fisco brasileiro para manutenção dos incentivos.

Isto vai de encontro com a necessidade de uma empresa global entender seus custos administrativos em que todo tempo explicamos para liderança local e global os impactos de cada estratégia e alterações legislativas ocorridas no País.

Tendo em vista sua complexidade e vasto campo de exploração este tema é de grande relevância pois, o custo tributário de se iniciar e/ou manter um negócio no Brasil é bastante elevado e considerado no momento em que investidores avaliam possibilidades de expansão de negócios.

E não apenas em se tratando de novos investidores (sejam estrangeiros ou não), até mesmo empresas que situadas e consolidadas no país destinam percentual alto de seus gastos com a manutenção da conformidade tributária no Brasil, sejam eles pela contratação de equipe de contadores que fazem a máquina do *compliance* girar, aquisição e atualização de *softwares* para atendimento das obrigações e arquivos eletrônicos exigidos pelo fisco e até mesmo a consultoria de advogados para auxiliar em possível planejamento tributário ou defesas em eventual auto de infração do qual a empresa tenha sido sujeitada.

Assim, o objetivo deste artigo é:

a) explorar o quanto tem-se falado a respeito dessas demandas e dificuldade concentradas na operação das empresas em relação ao que se investe no fiscal/tributário;
b) apresentar uma comparação do grau de dificuldade na implantação e manutenção de negócios e a conformidade fiscal no Brasil versus outros países do mundo;
c) o plano é selecionar alguns de exemplo como na América, Europa, Ásia;
d) discursar a respeito das Propostas de Emenda Constitucional, apresentadas por deputados ao congresso;
e) e por fim, de alguma maneira vislumbrar o formato de sistema tributário após a reforma e possíveis sugestões que não tenham sido exploradas ou discutidas nos projetos até então apresentados parlamentares.

1. Custo de Conformidade Tributária

O custo de conformidade tributária no Brasil é um tema que está constantemente na atualidade. Não apenas pelo pagamento dos tributos e o alto percentual da carga tributária, mas inclusive porque o fisco brasileiro está a cada dia inovando suas ferramentas de fiscalização quando em curtos períodos de tempo lançando-se de novos requerimentos legais acessórios para auxiliá-lo na fiscalização tributária dos contribuintes.

Cada vez mais as empresas investem em atualização de *softwares*, tanto no sentido de cumprir com nova exigência legal como em mecanismos de cruzamento de dados, para não serem pegos nas diversas armadilhas implementadas pelos órgãos fiscalizadores.

Ribeiro e Bugarin[4] fazem a seguinte constatação:

> Existem diversos estudos sobre os efeitos da tributação nas mais variadas relações sociais. A carga tributária, quando muito elevada, por exemplo, pode exercer papel nitidamente nefasto, incentivando o aumento da economia informal e do desemprego, além de contribuir para a diminuição do setor produtivo.

Os autores neste trecho frisam diretamente o impacto nocivo da alta complexidade de um sistema tributário. Se por um lado o legislador tem a intensão de garantir segurança e acuracidade nos dados fiscais processados na economia local, por outro, a burocracia por ele criada pode levar a estrutura econômica a optar pelo caminho mais crítico e grave por falta de opção: a inadimplência.

Ainda conforme Ribeiro e Bugarin[5]: "Um poder ilimitado de tributar envolve, necessariamente, um poder de destruir, porque há um limite além do qual nenhuma instituição e nenhuma propriedade pode suportar a tributação"

Este é, de fato, um tema que demanda extrema atenção dos líderes de estados haja vista a enorme inadimplência dos contribuintes brasileiros não somente pelo alto custo de impostos, mas também e especialmente pela complexidade das exigências legais não serem totalmente compreendidas. Nisso, na elaboração de arquivos e informações para transmissão aos órgãos federados as empresas e contribuintes o fazem com erros ou omissões, por muitas vezes de forma não intencional, e acabam

[4] Ribeiro e Bugarin, 2003 citado por Plutarco, Hugo Mendes. **A Sonegação e a Litigância Tributária como Forma de Financiamento**, 2012 p. 123. Disponível em http://www.quantocustaobrasil.com.br/artigos/a-sonegacao-e-a-litigancia-tributaria-como-forma-de-financiamento 2012. Acesso em: 12 Set 2019

[5] Ibidem,

por serem fiscalizados e autuados por descumprimento de uma instrução pouco esclarecedora.

Alex Morais[6], em seu artigo, menciona que:

> Assim sendo, em que pese haja um molde de compliance tributário preexistente, que corresponde a todo o arcabouço de normas tributárias nacionais e internacionais que são diretrizes ao contribuinte, há que se haver investimento em profissionais especialistas em compliance tributário para que se alcance a redução do custo com conformidade jurídico-tributária, a qual irá, via de regra, gerar economia com relação à carga tributária, devido à falta de implantação de inteligência tributária em favor do contribuinte.

Em linha com a preocupação exposta nos textos de Ribeiro & Buragin e Morais, há empresas que utilizam como subterfúgios ao alto custo administrativo tributário a análise no formato de planejamento as opções de declarar seus tributos, declará-los e não pagá-los ou simplesmente sonegá-los e aguardar não serem pegos em fiscalização e, caso sejam, discuti-los judicialmente o que eventualmente pode-se custar mais barato considerando a valorização do dinheiro durante o tempo que corre o processo assim como em comparação do uso desse no desenvolvimento da atividade de sua empresa versus o valor das penalidades aplicáveis pelo descumprimento.

Eis aqui tamanha gravidade do poder ilimitado do legislador ao estabelecer normas tão complexas e caras, limitando o contribuinte a opções legais quando esse inicia sua busca por alternativas mesmo que ilícitas aquele momento.

[6] Moraes, Alex. **É possível Reduzir o Custo de Compliance?** https://moraisalex.jusbrasil.com.br/artigos/499627402/e-possivel-reduzir-o-custo-do-compliance-tributario. Acesso em 21 nov.2018

Hugo Mendes Plutarco[7], em seu estudo sobre sonegação e litigância coloca uma avaliação comparativa do custo de aquisição de empréstimo financeiro em relação ao encargo fiscal em autuação em caso de Pessoa Jurídica quando do sofrimento de fiscalização e penalidades.

No seu exemplo, o autor utiliza valor de R$ 100.000,00 como base para análise, sendo essa hipótese o caso de declaração do tributo e seu não pagamento, ficando assim no aguardo de execução fiscal, essa sujeita a multa de mora de 20%, mais 20% a título de encargo legal. Nisso, o valor base do débito a ser executado passaria a ser de R$ 144.000,00.

Abaixo está a tabela com o comparativo entra a opção de empréstimo e a opção de aguardar a execução fiscal, por um período de oito anos como exemplo:

Tabela 1 – Comparativo entre a opção de empréstimo e a opção de aguardar a execução – período de 8 anos

ANO	TAXAS PARA PJ APLICADA SOBRE VALOR BASE DE **R$ 100.000,00**	SELIC APLICADA SOBRE VALOR BASE DE **R$ 144.000,00**	DIFERENÇA
2003	R$ 149.773	R$ 177.585	R$ (27.812)
2004	R$ 211.343	R$ 206.430	R$ 4.913
2005	R$ 303.614	R$ 245.905	R$ 57.710
2006	R$ 425.106	R$ 283.454	R$ 141.651
2007	R$ 571.754	R$ 317.406	R$ 254.349
2008	R$ 793.456	R$ 356.607	R$ 436.849
2009	R$ 1.113.866	R$ 392.447	R$ 721.419
2010	R$ 1.543.110	R$ 430.902	R$ 1.112.208

Fonte: Plutarco, 2012

[7] PLUTARCO, Hugo Mendes. **A Sonegação e a Litigância Tributária como Forma de Financiamento**, 2012 p. 139. http://www.quantocustaobrasil.com.br/artigos/a-sonegacao-e-a-litigancia-tributaria-como-forma-de-financiamento 2012. Acesso em 12.Set 2019.

Ainda sobre seu estudo, o autor comenta:

> Caso o contribuinte saia vitorioso na demanda, já terá investido em sua atividade o dinheiro que deixou de recolher ao fisco. E ainda, uma vez que não teve de recorrer ao sistema bancário para financiar sua atividade, não terá de arcar com o pagamento de empréstimo e respectivos juros, tendo como única despesa os honorários de seu advogado, uma vez que as custas, embora tenham sido adiantadas pelo contribuinte, serão ressarcidas pela União, sucumbente na ação[8].

Interessante notar que apesar do estudo ter como base as movimentações financeiras com valorização do dinheiro baseado no sistema de início do novo século, frisa-se que esta é uma problemática que vem afetando as atividades empresariais há mais de décadas.

O curioso de tudo isso, é que essas custas calculadas são referências à tributos efetivamente recolhidos ou a recolher. Porém, o custo de conformidade vai além do valor pago aos cofres públicos, estes envolvem também uma series de outros gastos com toda a estrutura necessária para se manter a máquina fiscal ativada dentro de uma empresa.

Aldo Bertolucci[9] em seu estudo sobre *compliance* no Brasil e no mundo, coloca organogramicamente os demais custos envolvidos nessa estrutura:

[8] PLUTARCO, Hugo Mendes. **A Sonegação e a Litigância Tributária como Forma de Financiamento**, 2012 p. 136. http://www.quantocustaobrasil.com.br/artigos/a-sonegacao-e-a-litigancia-tributaria-como-forma-de-financiamento 2012. 12 Set 2019

[9] BERTOLUCCI, Aldo Vincenzo. **Uma contribuição ao estudo da incidência dos custos de conformidade às leis e disposições tributárias: um panorama mundial e pesquisa dos custos das companhias de capital aberto no Brasil**. 2001. 178 f. Dissertação (Mestrado em Controladoria e Contabilidade), Universidade de São Paulo, São Paulo, 2001. http://www.teses.usp.br. Acesso em: 29, nov. 2018.

Figura 1 – Custo dos Tributos

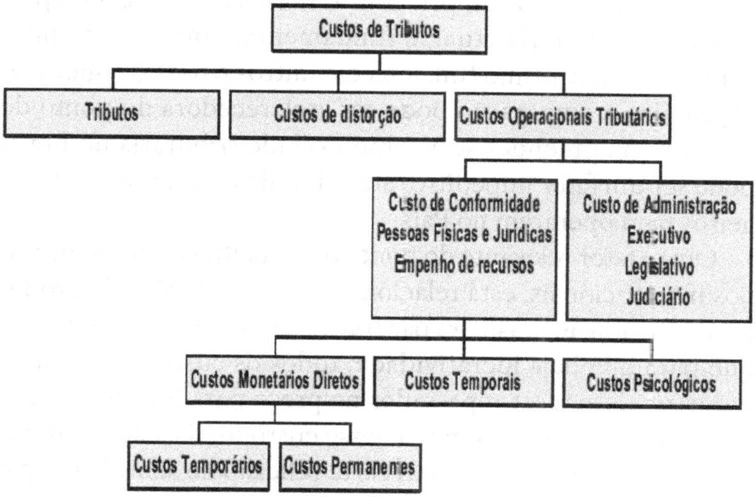

Fonte: Bertolucci, 2001

Nesse organograma Bertolucci coloca de forma esclarecedora os custos tributários que vão além da carga tributária representada pelo percentual de impostos e o ato isolado de pagar impostos. Por trás disso, há essa gama embutida de dispêndios atribuída à operação dos empresários na batalha de manter a máquina administrativa de sua empresa funcionando dentro da regularidade.

2. Índice de Complexidade Operacional: Brasil e Demais Países

Que os custos de tributação no Brasil são elevados não há dúvida, assim como o gasto de administrar esses tributos brasileiros e a demanda alta para atender o sistema fiscal atual no País já é notável a partir do desenvolvimento da leitura deste artigo.

Tão importante quanto avaliar quão alto é este custo de manter o *compliance* e/ou cumprir com as normas estabelecidas pela legislação tributária atual, é fundamental também entender como esse mecanismo funciona em outros países e regiões no globo. Essa comparação pode ser esclarecedora do ponto de vista de compreender se a complexidade tributária no Brasil pode ser um fator impeditivo aos olhos de investidores estrangeiros para operarem no País.

Outro fator relevante do ponto de vista Brasil versus mercados internacionais, está relacionado às exportações de produtos de fabricação brasileira para outros países. Pois, obviamente que para que haja lucratividade, todos os custos e gastos da indústria devem ser repassados no preço para fins de recuperação de dispêndios e dentro desse custo total estão incluídos os impostos. Pode haver aqui certa reflexão no sentido de que para incentivar a exportação, e fortalecer a economia, o governo brasileiro desonera de impostos federais e estaduais a saída de produtos que cruzam a fronteira nacional. Porém, não se pode desconsiderar que, apesar de não haver pagamento de tributos na exportação de mercadorias para outros países, na aquisição de matéria prima, bens, mão de obra e quaisquer outros fatores essenciais à produção dos itens exportados, houve a incidência na transação no mercado interno que por consequência foi devidamente embutida no preço/custo do que se exporta.

Ricardo Castagna[10] faz a seguinte reflexão:

> Estas deformações na matriz tributária nacional terminam por compor o chamado "custo Brasil", um conjunto de custos de

[10] Castagna, Ricardo. **Reforma Tributária e o Cenário Adverso a Investimentos Estrangeiros.** 2019. Disponível em: https://www.migalhas.com.br/dePeso/16,MI303883,91041-Reforma+tributaria+e+o+cenario+adverso+a+investimentos+estrangeiros . Acesso em: 30 Jun 2019.

produção que tornam muito difícil ou desvantajoso para o exportador brasileiro inserir seus produtos no mercado internacional, ou então, impõem severas dificuldades ao produtor nacional para competir com os produtos importados.

A comparação do mecanismo regulatório brasileiro com outros países é importante também para compreender como outras nações se integram e mantém sua relação com mercados internacionais. Ou seja, as políticas/sistemas adotados por países desenvolvidos podem ser usados como exemplo a ser seguido. Obviamente que, dentro de suas particularidades e características.

Em seu mesmo artigo, redigindo acerca da necessidade e urgência de ser implementada a reforma tributária no Brasil, Ricardo Castagna[11] faz também a seguinte constatação:

> De acordo com recente estudo da FIESP, apenas as indústrias gastam anualmente 1,2% de seu faturamento para apurar e pagar tributos, devido a custos de conformidade. Em 2018, isto equivaleu a R$37 bilhões, ou seja, 5% do PIB da indústria de transformação e 9,3 vezes superior a diversos parceiros comerciais do Brasil – tais como Alemanha, Argentina, Canadá, Chile, China, Coreia do Sul, Espanha, Estados Unidos, França, Índia, Itália, Japão, México, Reino Unido e Suíça. Não bastasse, o mesmo estudo demonstra que 95,3% dos tributos devidos pelo setor industrial foram pagos 49 dias antes do vencimento das vendas, gerando descasamento de fluxos de caixa e pressão sobre capital de giro.

Esta observação do autor é de extrema importância destacar pois, ele não apenas cita o impacto percentual do encarecimento tributário em relação ao PIB como coloca bastante oportuna-

[11] Ibidem

mente que, de acordo com o regulamento atual que rege a incidência e pagamento dos impostos estes são arrecadados pelos cofres públicos antes mesmo que as vendas tenham sido pagas efetivamente. Esse período de defasagem entre a quitação dos impostos e o vencimento das vendas é de fato nocivo ao fluxo de caixa e em muitos casos pode comprometer e até mesmo inviabilizar a manutenção da operação de uma empresa pois, dentro desta operação está também o custo de 1,2%, citados por ele, sobre o PIB (Produto Interno Bruto) representado pelo custo administrativo dos impostos.

O destaque para inviabilidade do pagamento do imposto antes do recebimento da fatura é inclusive um dos aspectos que vem sendo discutidos nas propostas de reforma tributária, como uma forma de suportar as transações comerciais dos contribuintes que em seu planejamento possam garantir o adimplemento fiscal em seu fluxo de caixa.

Em entrevista ao jornal Globo News, ao ar em 20 de Agosto de 2019, o ex-deputado Luiz Carlos Hauly[12], relator da PEC 7/2018 que embasou a unificação dos impostos e assim como o repasse eletrônico do pagamento de impostos, faz uma comparação bastante sucinta e coerente entre os tributos pagos pelos países da OCDE (Organização para a Cooperação e Desenvolvimento Econômico) e o que a sua proposta base da reforma tributária brasileira vem trazendo. Em seu discurso ele relembra que existem três bases universais de tributação que são a propriedade, a renda e o consumo. Ele diz que, os países da OCDE para tributação da propriedade utilizam os mesmos 5 tributos que temos usamos no Brasil, e que de acordo com a

[12] Hauly, Luís Carlos. **Entenda as Três Propostas Principais de Reforma Tributárias.** Entrevista ao Jornal Globo News. Transmissão em 20 de Agosto 2019. Disponível em: http://g1.globo.com/globo-news/jornal-globo-news/videos/v/entenda-as-tres-propostas-principais-da-reforma-tributaria/7845129/ . Acesso em: 20 Ago 2019

sua proposta base de reforma tributária, a arrecadação desses impostos vai toda para o município com um ganho de 30% equivalentes ao seu fundo de participação. O imposto sobre a renda no Brasil, são dois: o Imposto de Renda e a Contribuição Social. Nos outros países só existe um e com a proposta da reforma no Brasil também passa ter apenas um, o IR. Sobre os impostos de consumo, no mundo inteiro são dois: IVA (Imposto sobre Valor Agregado) e o *excise tax*, este último é o IS (Imposto Seletivo). No projeto de Hauly, sua proposta é que Brasil possa determinar o máximo possível de tributos sobre o consumo unificados em uma só taxa, o IBS, que será o IVA do Brasil. Ele argumenta que o equívoco no sistema tributário brasileiro é concentrar demasiadamente a carga tributária no consumo que é o equivalente a três vezes mais do que o sistema tributário do Estados Unidos. Isso não é saudável nem para as empresas e tampouco para os consumidores brasileiros. Ele ainda destaca que a forma de cálculo dos tributos aplicada no Brasil, pelo fato de ser o cálculo por dentro, acaba por elevar a carga efetiva da tributação uma vez que a aplicação do percentual de determinado imposto em sua base de cálculo já tem ali a composição de outros tributos.

Como exemplo ele, Hauly[13], cita o ICMS:

> Quando fala que o ICMS é 18%, não é. É 18%, sobre 82 mais os impostos federais, acaba ficando 23 a alíquota. Se você somar todas as alíquotas de todos os impostos o ISS, ICMS, IPI, PIS, COFINS, CIDE, Salário-Educação, IOF e PASEP você vai ter uma alíquota hoje na base de consumo na média dos produtos de mais de 50%.

Atualmente, Hauly não mais faz parte da câmara de deputados federais, mas foi protagonista de outras propostas em projetos tributários sendo relator por exemplo do Super Simples

[13] Ibidem

e Lei Kandir, estas Leis que contribuíram significativamente para economia do País.

À época, ainda quando deputado federal, Luiz Carlos Hauly, faz a seguinte menção em relação às principais razões dessa reforma:

> São essas, em linhas gerais, as alterações por nós propostas no ordenamento tributário, reforma que será capaz de construir um sistema mais justo, apto a aumentar a capacidade competitiva de nossas empresas. Simples em sua estrutura, mas pronto para arrecadar os recursos necessários para a construção de um país moderno, rico e solidário. Nesse sentido, conclamamos as Sras. e Srs. Deputados a debaterem o texto neste fórum, e, depois de aprovada a versão final da Comissão, a partirmos juntos para o convencimento dos demais parlamentares para garantir sua aprovação no Plenário da Câmara dos Deputados. Desse modo, entregaremos a reforma tributária de que o Brasil tanto necessita, honrando a todos aqueles que muito se esforçaram por realizá-la no passado.[14/15]

Seguindo em linha com o que declara e defende o ex-deputado, esse excesso de carga tributária traz ainda consigo a complexidade na administração e cumprimento com as obrigações de conformidade estabelecidas pelos governos de cada esfera (órgãos Federal, Estadual e Municipal) afim de que estes tenham controle do que está sendo arrecadado e se a forma que os contribuintes pagam e apresentam está de acordo com as normas por eles propostas.

Para se ter uma melhor visibilidade dessa complexidade no sistema brasileiro, é importante entender quais as diferenças e semelhanças com os sistemas de outros países.

[14] HAULY, Opus citatum. p. 11

[15] Nota explicativa: Programa de Formação do Patrimônio do Servidor Público (PASEP)

Não apenas as empresas, mas também os cidadãos comuns, tendo conhecimento dessas diferenças podem com isso suportar na reivindicação de redução de carga tributária, simplificação e melhor uso do dinheiro arrecadado exercendo sua cidadania.

Nos Estados Unidos o sistema é baseado em um conceito chamado *Voluntary Compliance* que espera que os contribuintes informem todos os ganhos a serem tributados em nome de um bem comum.

A delimitação para competência tributária nesse País norte-americano consiste em tributar a renda pela sua nacionalidade, independente do país de residência onde os rendimentos foram recebidos.

A maior fatia da receita governamental arrecada é baseada no Imposto de Renda. Para as pessoas físicas é tributado seu rendimento pelo trabalho e rendimento do seu capital. Para pessoas jurídicas toda sua receita proveniente de vendas e serviços. Há também o imposto federal sobre a folha de pagamento que é destinado a seguridade social.

Os impostos relacionados a doações e transferência de bens são bastante altos, podendo chegar a alíquota de 55%.

Os impostos sobre consumo são a principal receita dos estados e é arrecadado através do IVA, imposto único incidente sobre bens e serviços.

Na Argentina, os impostos são determinados da seguinte forma:

a) *Impuesto a la ganancias*, que incide sobre a renda das pessoas físicas e jurídicas. São tributadas rendas geradas em território nacional como as provenientes de transações no exterior.
b) *Impuesto al valor agregado*, que é o IVA argentino que incide sobre o consumo, em alíquota única.

c) *Impuesto sobre consumo específico* que incide na comercialização de produtos específicos como cigarro e bebida.
d) *Impuesto sobre los bienes personales no incorporados ao proceso económico,* que incidem sobre o patrimônio bruto.

Na Argentina há ainda os tributos provinciais que incidem sobre a atividade comercial, profissões autônomas, indústrias ou prestação de serviço. As transações com imóveis, hipotecas e contratos também têm tributação específica.

O Banco Mundial divulgou pesquisa que avalia a facilidade de fazer negócios em cada economia do globo, a *Doing Business.* A pesquisa elenca tópicos que compõem elementos básicos estruturais que são inerentes a regulações e funcionamento de negócio. Dentre eles, está o pagamento de impostos, o qual envolve sua complexidade de administração.

A base da análise foi feita em cima de coleta de dados concluída em maio de 2018. As economias foram classificadas entre 1 e 190. Uma classificação mais alta, mais próxima de 1, significa que as regulações e ambiente de negócio são mais propícios à abertura de atividades de uma empresa local.

Para verificação neste artigo, foram extraídos os resultados de 7 países para comparação. Abaixo a seleção de países e tópicos para demonstração:

Tabela 2 – Classificação de economias mundiais: ranking na facilidade de fazer negócios

País	Ranking	Abert. Empresas	Reg. Propriedades	Créd. Bancário	Proteção ao investidor	Pagamento impostos
Nova Zelândia	1	1	1	1	2	10
EUA	8	53	38	3	50	37
Alemanha	24	114	78	44	72	43
Japão	39	93	48	85	64	97
México	54	94	103	8	72	116
Brasil	109	140	137	99	48	**184**
Argentina	119	128	119	85	57	169

Fonte: Banco Mundial, pesquisa Doing Business

A Nova Zelândia aparece como sendo a primeira economia com ambiente mais propício para instalação de novos negócios, sendo menos burocrática na abertura de empresas, no registro de propriedades, na obtenção de crédito bancário e o grau de complexidade tributária classificado em 10. Ou seja, 10 é uma classificação excelente no sentido de facilidade de se administrar os tributos no País.

Em seguida, dentre os países escolhidos para o artigo, vem os Estados Unidos recebendo o 8 (oitavo) lugar no ranking mundial. Sua complexidade na abertura de empresas e também risco na proteção ao investidor minoritário é classificada como sendo de dificuldade maior quando comparado a sua classificação na administração tributária.

A escolha da Nova Zelândia foi para ilustrar qual a economia elegida como número para abertura de negócios.

Os Estados Unidos, Japão e Alemanha, embora tenham sistemas tributários bastante diferentes do Brasil e o restante da América, foram selecionados para mostrar o contraste da avaliação das regiões no quesito administração tributária pelo globo. Pela classificação fica evidente que países mais desenvolvidos são os que apresentam menor complexidade, e consequentemente menor custo tributário.

México, Argentina e Brasil são os países da seleção com o maior emaranhado em termos de regulamentação operacional com impostos. E, ainda que os outros dois países apresentem burocracia e custo elevado na administração de impostos, o Brasil é ainda o país eleito e classificado como vencedor do ponto de vista de nação com maior acervo de particularidades quando o assunto é tributar.

A empresa Access Informações Protegidas[16], divulgou artigo mencionando que esta mesma pesquisa de maio de 2018 do

[16] ACCESS Informações Protegidas. **Empresas Gastam Quase de 2 Mil Horas para Calcular Obrigações Acessórias no Brasil.** 2019. https://

Banco Mundo apontou o Brasil como o país em que as empresas gastam mais tempo para calcular e também pagar seus impostos.

Segue breve relato:

> E outro estudo do Banco Mundial aponta o Brasil como o país onde as empresas gastam mais tempo para calcular e pagar impostos – obrigações tributárias principais e obrigações acessórias – chegando a uma média de 1.958 horas por ano.

De todo modo, embora os números e pesquisas apontem que a demanda no custo administrativo do *compliance* seja elevado, esse gasto tem por outro seu viés de proteção as normas e proteção contra fraudes e sonegação. É inegável a necessidade de transparência e ética das empresas.

Em âmbito internacional, que traz também repercussão no Brasil, a OCDE (Organização para Cooperação e Desenvolvimento Econômico) liderou o projeto BEPS (*Base Erosion And Profit Shifting*) com ações específicas de nível global com o intuito de proporcionar transparência e integridade aos sistemas tributários.

No Brasil, a publicação da Lei número 11.638/2007, trouxe a adoção do padrão contábil internacional celebrando diversos acordos internacionais para troca de informações tributárias e econômicas que, em contrapartida, intensificou o volume de declarações fiscais eletrônicas dentro dos sistemas SPED (Sistema Público de Escrituração Digital).

Ao optar acerca da complexidade do sistema brasileiro atual, a IBDEE (Instituto Brasileiro de Direito e Ética Empresarial) publicou em seu site, por Renato Faria[17], texto com o seguinte trecho:

www.accesscorp.com.br/empresas-gastam-quase-2-mil-horas-para-calcular-obrigacoes-acessorias-no-brasil/ . Acesso em: 25 Jul 2019

[17] FARIA, Renato. **Compliance na Rotina Fiscal das Empresas. 2016.** Disponível em: http://www.ibdee.org.br/2015/compliance-na-rotina-fiscal-das-empresas/ . Acesso em: 30 Jul 2019.

Com tantas obrigações e declarações, a sensação é que o contribuinte está em um "big brother tributário", onde a qualquer deslize poderá ser exposto a sanções não apenas de ordem pecuniária, mas de imagem inclusive. Associa-se a isso o fato de a legislação tributária no Brasil ser altamente complexa: além da legislação federal, são 27 Estados, mais de cinco mil municípios e mais de 90 espécies tributárias. Não é à toa que, ano após ano, o Brasil figura como líder absoluto no quesito volume de horas gastas para o cumprimento da legislação e obrigações tributárias.

Importante frisar isso, que as obrigações tributárias acessórias são instrumentos importantes para garantir a transparência das empresas em suas atividades, assim como é um mecanismo fundamental no controle e fiscalização das operações de investidores no mercado econômico que evidencia a integridade de suas ações. Esta é uma justificativa para o encarecimento na atividade de tributar no País, assim como o alto custo na manutenção de profissionais fiscais de cada ente federativos que atuam na fiscalização das pessoas jurídicas com o intuito de atestar que todas as exigências estabelecidas nas intermináveis publicações de Leis e suas alterações, estão sendo aplicadas conforme ali descrito. O termo "fiscalização" para o contribuinte brasileiro é sinônimo de sentimento de apreensão, desgaste, tempo e dinheiro gastos em busca de explicações que comprovem sua boa-fé. Há, inclusive, diversos casos que autuações são aplicadas aos contribuintes por inobservância da lei e/ou incorreções nas informações declaradas em arquivos eletrônicos que por vezes a complexidade nos manuais de preenchimento, instruções normativas, programas de validação, entre outros são tão grandes que o contribuinte fica inapto de atender. Além de, muitos desses arquivos eletrônicos exigem investimento altíssimo em TI (Tecnologia da Informação) na implementação das novas regras e aquisição de softwares fiscais.

Porém, a exemplo do que demonstra a classificação apontada pela pesquisa *Doing Business*, deve o Brasil ter como exemplo os sistemas de tributação implementados por países de economia mais desenvolvida. Afinal é notável que, pelo seu próprio crescimento econômico é evidente que a forma de gerenciar e fiscalizar seus contribuintes em territórios do exterior é funcional e viável para o desenvolvimento e implementação de empresas nessas regiões. Haja vista sua economia desenvolvida e a credibilidade de suas operações.

Mais do que nunca, é urgente que o Brasil reformule seu sistema e apresente um país de tramites claros e saudáveis na administração de seu território.

3. Proposta de Reforma Tributária

A respeito do novo cenário do sistema tributário brasileiro, esta será mais uma indagação de qual será a tendência baseada nos projetos da emenda constitucional sobre o que poderá se desenhar em termos de redução na demanda e grau de complexidade com a nova forma de tributar.

Outro ponto relevante se refere a imposição prática de análise de dados que o fisco coloca ao estabelecer em seus termos de fiscalização que o contribuinte apresente o cruzamento de seus dados entre obrigações e outras, e este comprove e explique as informações transmitidas nos arquivos eletrônicos.

Alex Morais[18], em seu artigo faz a seguinte menção:

> Essas cadeias do compliance tributário precisam ter harmonia, de modo que as etapas, sejam elas compostas por processos internos ou externos, de baixo ou alto valor agregado, com tecnologia ou sem tecnologia, precisam ter uma lógica diretamente

[18] Moraes, Alex. **É possível Reduzir o Custo de Compliance?** 2017. p. 1. Disponível em: https://moraisalex.jusbrasil.com.br/artigos/499627402/e-possivel-reduzir-o-custo-do-compliance-tributario. Acesso em 21 nov.2018

conectada, de modo a validar operações realizadas, realizáveis, não realizadas e não realizáveis, seja por meio de auditorias, essas por amostragem, ou por perícias, essas sem amostragem.

Neste sentido é possível perceber que o fisco apesar das inúmeras inovações eletrônicas de demonstração de dados que exige, ainda assim estabelece cumprimentos adicionais com seu poder fiscalizatório por vezes até abusiva pela demanda e volume de informações solicitadas.

Assim, além da demasiada quantidade de dados transacionados nos mais diversos arquivos eletrônicos e magnéticos requeridos pelo fisco, que em verdade teria como finalidade facilitar o acesso aos dados e cruzamentos de informações de contribuintes, o tão conhecido SPED Fiscal, na prática o que vivenciamos nessa relação com os órgãos governamentais é que este não faz uso da então "simplificação" por ele mesmo estabelecida outrora e exige então das empresas que prestem informações adicionais para o uso em suas atividades fiscalizatórias.

Outro ponto de relevância refere-se as informações e comprovações exigidas pelos entes federativos quando concedido regime especial, incentivos fiscais ou outras formas de benefício em que o intuito é diminuir a carga tributária e viabilizar investimentos local. Se de um lado o regime é concedido com a intenção de beneficiar, por outro, o regulamento que o rege é detalhado de informações e exige relatórios e comprovações que encarecem a operação tornando inclusive questionável a vantagem da adesão.

Na indústria automotiva, por exemplo, no Estado de São Paulo, governo permite através de regime especial o programa Pró-Veículo (Decreto número 53.051/2008) que as empresas exportadoras de veículos monetizem (faça a venda) seus créditos de ICMS estes acumulados por conta das operações de exportação em maior volume, e até mesmo pelo excesso de crédito nos registros ficais devido o mecanismo, pelo princípio da não-cumulatividade. Ou seja, aquisição de insumos para fabricação no mercado doméstico ou importação sob alíquota de 18% de ICMS e saída dos veículos fabricados com isenção para o exterior, ou até mesmo sob uma alíquota inferior à entrada como à 12% ou 7% quando o veículo é vendido localmente para as regiões sul, norte ou nordeste.

Assim, como forma de beneficiar o contribuinte com a possibilidade de transformar seu crédito de imposto em dinheiro, o Estado facilitou para o segmento o processo de aprovação da venda deste imposto para outras empresas que estejam num cenário tributário de imposto a recolher.

Porém, essa aprovação acelerada que propõe o programa Pró-Veículo exige que dos contribuintes fabricantes de veículos sigam as seguintes etapas:

a) apresentação e aprovação de novo projeto de investimento no campo fabril situado no Estado, com detalhamento da previsão de gastos totais e o prazo de início e término;
   – Ex.: novo modelo de veículo, motor ou cambio, construção ou ampliação de fábricas;
b) aprovação do Secretário da Fazenda ao cronograma de utilização do crédito acumulado em cada mês de execução do projeto de investimento;
c) requerimento anual ao Estado e sua aprovação no *fast track*, que é a autorização para venda dos créditos antes de realizada a fiscalização nos pedidos de monetização;
d) após a aprovação dos dois anteriores, transmissão eletrônica mensal de DCA – Demonstrativo de Créditos Acumulados. Arquivos magnéticos com detalhe das transações de aquisição de insumo e saída de veículos com a geração do acúmulo de crédito de ICMS;
   – Informações demasiadamente detalhadas e leiaute complexo de validação prévio à transmissão;

e) acompanhamento de status no acolhimento do arquivo transmitido via e-Credac (Sistema Eletrônico de Crédito Acumulado);
   - Deferimento ou indeferimento;
   - Conta corrente on-line do contribuinte;
   - Pedido de venda e aceite do comprador na transmissão do crédito vendido;

f) elaboração e protocolo na repartição de relatório semestral com a comprovação detalhada dos investimentos em cada projeto durante o período;

g) elaboração e protocolo na repartição de relatório consolidado com a comprovação detalhada dos gastos totais de investimento no final de cada projeto.

h) o Decreto exige que os relatórios e gastos, semestrais e também os consolidados, sejam preparados e auditados por empresa de auditoria independente.

Redação do Decreto número 53.051/2013 Pro-Veículo sobre a instituição do programa:

> Artigo 1º – Fica instituído o Programa de Incentivo ao Investimento pelo Fabricante de Veículo Automotor – Pro-Veículo.
>
> **Parágrafo único** – Para aderir ao Pro-Veículo, as empresas fabricantes de máquinas, equipamentos e veículos automotores, classificados nos Capítulos 84 e 87 da Nomenclatura Brasileira de Mercadorias – Sistema Harmonizado – NBM/SH deverão apresentar projeto de investimento para a modernização, ampliação de suas plantas industriais, construção de novas fábricas, desenvolvimento de novos produtos ou, ainda, ampliação dos negócios neste Estado.
>
> Artigo 2º - O fabricante dos produtos descritos no parágrafo único do artigo 1º poderá utilizar o crédito acumulado do ICMS apropriado até 31 de dezembro de 2019 (...);

Resumidamente esses são os requisitos primordiais para a adesão e possibilidade de monetização de créditos de ICMS acumulados no Estado de São Paulo. Para o atendimento e cumprimento do que é exigido pelo Decreto Pro-veículo, se faz necessário preparar uma equipe interna para a elaboração e acompanhamento dos gastos, ter um especialista para gerar e validar os arquivos magnéticos transmitidos ao Governo mensalmente, horas de um líder para coordenar esta demanda e também a contratação mandatória de empresa de auditoria independente para a elaboração e revisão dos relatórios periódicos e finais (os relatórios semestrais e consolidados) com a comprovação de gastos no projeto.

O custo administrativo de tempo e pessoal no cumprimento destes requerimentos, não são passíveis de abatimento dos relatórios de comprovação de gastos. Nem mesmo o custo na contratação da empresa de auditoria independente que é uma exigência do Fisco estabelecida na legislação do programa Pró-veículo.

A respeito dessa exigência de que os relatórios de gastos de investimentos sejam preparados por uma empresa de auditoria independente é mais uma forma do Fisco transferir parte do trabalho que teria, neste caso com a revisão da comprovação de gastos, ao estabelecer que as montadoras habilitadas no pró-veículo sejam responsáveis por este custo adicional de contratação de auditoria conforme consta do Decreto.

Na prática, além de toda essa burocracia nos tramites de solicitação e comprovação do *compliance* para o uso deste benefício, as empresas ainda enfrentam tamanha dificuldade prática com o Governo do Estado na liberação dos créditos pleiteados.

Por diversas vezes líderes da direção de empresas montadoras dedicam tempo em reuniões com membros na Secretaria da Fazenda a fim de esclarecer que estão em dia com as condições exigidas no Decreto numa busca exaustiva por um posicionamento do órgão federativo sobre a autorização e liberação do uso de seus créditos.

Essa morosidade prejudica grandemente o planejamento de financeiro de empresas quando ao mesmo tempo encarece a administração de forma geral, incluindo o tempo da liderança dedicado em assunto que em vias de regra deveria seguir naturalmente o fluxo do que consta em seu roteiro redigido pela própria Fazenda Estadual.

Depois de reeleito presidente da câmara dos deputados em 2019, Rodrigo Maia declarou como prioridades na sua gestão as reformas da previdência e tributária.

Ainda em 2018, meados do mês de Agosto, o então deputado Luis Carlos Hauly relatou projeto de unificação de impostos cuja proposta teve como base a extinção dos tributos: IPI, IOF, CSLL, PIS, Pasep, Cofins, Salário-Educação, CIDE-Combustíveis, todos federais; o ICMS estadual; e ISS municipal. Em substituição, surgiria um imposto sobre o valor agregado de competência estadual, chamado de Imposto sobre Operações com Bens e Serviços – IBS e também o imposto de competência federal que chamaria de Imposto Seletivo, o IS. O ITCMD (Imposto sobre Transmissão Causa Mortis e Doação) passaria ser de competência federal e sua arrecadação direcionada para os Municípios. O IPVA (Imposto sobre Propriedade de Veículos Automotores), embora continuasse na esfera estadual, teria também a destinação da arrecadação para os Municípios. Na proposta de Hauly seriam preservadas as contribuições de folha de pagamento.

Essa proposta de emenda relatada à época foi muito discutida até início do novo ano calendário, 2019, e até certo ponto considerada no congresso como modelo a ser explorado em direção à reforma.

Porém, em maio de 2019 foi apresentada pelo deputado João Roma nova proposta para reforma essa também sugerindo a unificação dos tributos, porém com características de alguma maneira distintas.

A PEC 45/2019, tem autoria do deputado federal Baleia Rossi, e outros deputados, e vem sendo defendida pelo economista Bernard Appy que tem tido bastante proximidade com presidente da câmara Rodrigo Maia e frequentado encontros no congresso para discutir a proposta.

Esse projeto de emenda constitucional, então discutida, tem como característica pontos como:

Unificação de 5 tributos transformando-os em um único imposto, o IBS, sendo eles 3 federais (IPI, COFINS, PIS), mais o imposto de circulação de mercadorias (ICMS), estadual, e o imposto municipal (ISS) arrecadado pelo município. Essa alteração faz com que o País deixe de ter múltiplos impostos que incidem sobre produção e consumo de bens e serviços para ter apenas um e não cumulativo sobre o valor agregado (como um IVA, comumente utilizado em países no exterior).

Em um de seus Artigos, a PEC 45/2019 dispõe do seguinte:

> Art. 152-A. Lei complementar instituirá imposto sobre bens e serviços, que será uniforme em todo o território nacional, cabendo à União, aos Estados, ao Distrito Federal e aos Municípios exercer sua competência exclusivamente por meio da alteração de suas alíquotas.

Outra característica peculiar é o modelo de três alíquotas. Embora a proposta de recolhimento do imposto pelo contribuinte seja por alíquota única, a união, o estado e município teriam cada um a sua alíquota e a arrecadação de forma delineada. De acordo com a proposta, nas transações intermunicipais e interestaduais será aplicada alíquota do local de destino.

Para a aprovação do IBS deverá ser apresentada e aprovada Lei Complementar.

Para que não haja perda de arrecadação dos tributos substituídos pelo IBS o Tribunal de Contas da União, de acordo com a proposta, estabelecerá as alíquotas e a união, estados e municípios poderão fixar diferentes percentuais por meio de Lei Ordinária e esta seria aplicável a todo tipo de serviço, bem ou direito. Essa medida preserva a autonomia de cada ente federativo conforme é estabelecido na Constituição Federal, em cláusula pétrea.

A fim de controlar a arrecadação do novo imposto e sua distribuição entre os entes federativos, a previsão constante da proposta é que seja criado comitê nacional com representantes da União, Estados e Municípios. Estes serão responsáveis por regular a incidência do imposto e suas regras de fiscalização em cada esfera.

Do parágrafo sexto ao sétimo, o Art. 152 da PEC 45/2019 cita o seguinte:

> Art. 152-A
>
> § 6º A lei complementar referida no caput criará o comitê gestor nacional do imposto sobre bens e serviços, integrado por representantes da União,
>
> Dos Estados e do Distrito Federal e dos Municípios, a quem caberá:
>
> I – editar o regulamento do imposto, o qual será uniforme em todo o território nacional;
>
> II – gerir a arrecadação centralizada do imposto;
>
> III – estabelecer os critérios para a atuação coordenada da União, dos Estados, do Distrito Federal e dos Municípios na fiscalização do imposto;
>
> IV – operacionalizar a distribuição da receita do imposto, nos termos estabelecidos no parágrafo 5º deste artigo;
>
> V – representar, judicial e extrajudicialmente, a União, os Estados, o Distrito Federal e os Municípios nas matérias relativas ao imposto sobre bens e serviços.

§ 7º A representação judicial e extrajudicial do comitê gestor será exercida de forma coordenada pelos procuradores da Fazenda Nacional, dos Estados e dos Municípios.

Tendo em vista a atual complexidade do sistema tributário brasileiro, a transição exige que a mudança acontece de forma suave e gradual.

A proposta de Baleia Rossi traz duas sugestões como regra de transição sendo uma aplicável à substituição dos impostos e outra quanto a repartição das receitas entre União, Estados e Municípios.

Na transição de substituição dos impostos atuais para o IBS o período proposto é de dez anos. Nos primeiros dois, como período de teste do novo imposto, este será arrecadado com 1% a menos referente a Cofins para evitar aumento da carga tributária e prejuízo para Estados e Municípios. Nos anos seguintes a proposta prevê redução progressiva das alíquotas dos tributos que seriam substituídos e o IBS aumentaria conforme a proporção. No final da primeira década, a transição estaria concluída.

Isso vem disposto em seus artigos 117 e 118, conforme segue:

> Art. 117. No primeiro e no segundo anos subsequentes ao ano de referência:
>
> I – o imposto sobre bens e serviços será cobrado exclusivamente pela União, à alíquota de 1% (um por cento);
>
> II – as alíquotas das contribuições a que se referem o art. 195, I, "b" e IV da Constituição Federal serão reduzidas em montante equivalente à estimativa de receita do imposto sobre bens e serviços decorrente da aplicação do disposto no inciso I.
>
> "Art. 118. Do terceiro ao nono ano subsequentes ao ano de referência, as alíquotas dos impostos a que se referem o art. 153, IV, o art. 155, II, o art. 156,

III, das contribuições a que se referem o art. 195, I, "b" e IV e da contribuição para o Programa de Integração Social a que se refere o art. 239, todos da Constituição, serão progressivamente reduzidas (...)

Aqui cabe uma reflexão acerca de como se dará na prática o *modus operandi* em relação a administração da rotina fiscal dos dois sistemas tributário paralelamente. Ou seja, a partir do primeiro ano de migração, as empresas e suas equipes fiscais deverão estar preparadas para atender a nova e a antiga regra/atual ao mesmo tempo. Ainda que seja temporariamente, uma década é o período de introdução do novo sistema que pode requerer um acréscimo no custo do *compliance* fiscal até que o novo seja totalmente estabelecido.

Com leve aprofundamento na reflexão vem em mente gastos com consultorias no esclarecimento às nova regras, parametrização de sistemas, contratação de mão de obra pelo aumento na demanda, tempo dedicado a reestruturação das atividades para atendimento da nova rotina, etc.

Novamente, quando nos voltamos aos contribuintes profissionais da área tributária, essa reflexão é motivo de pânico e preocupação.

A segunda regra de transição, relacionada à forma de distribuição da arrecadação entre os órgãos da federação União, Estados e Municípios, será mais longa.

De acordo com a proposta essa deverá levar cerca de 50 anos sendo que nos primeiros 20 anos a transferência da arrecadação do IBS para Estados e Municípios será correspondente a soma da redução de sua receita de ICMS e ISS em cada ano da transição, corrigido pela inflação, mais o acréscimo ou redução da arrecadação em decorrência de alterações de alíquotas relativas a alíquota de referência. A partir do vigésimo primeiro ano, até o quadragésimo nono, a parcela do IBS que repõe a arrecadação atual do ICMS e ISS será progressivamente reduzida num ritmo de 1/30.

Em resumo, isso significa que a arrecadação dos Estados e Municípios será mantida integralmente durante os primeiros 20 anos com a perspectiva que após esse período, a receita do IBS atribuída a aplicação da metodologia do princípio do destino começa gradativamente a suprir e garantir o equilíbrio sem que haja prejuízo em qualquer ente federativo.

Trecho da citado em justificativa ao plano proposto no projeto:

> O § 2º do art. 120 do ADCT estabelece que do vigésimo primeiro ao quadragésimo nono ano, contados a partir da redução das alíquotas do ICMS e do ISS, a par- cela do IBS que repõe a receita real do ICMS e do ISS será progressivamente reduzida, ao ritmo de 1/30 por ano. Isto significa que a reposição integral da perda de receita dos Estados e dos Municípios será mantida durante vinte anos e que, do vigésimo primeiro ao quadragésimo nono ano, esta parcela será progressivamente reduzida. Na prática, esta redução progressiva da reposição da receita dos tributos substituídos pelo IBS implica em que parcela crescente da receita do IBS será distribuída nos termos do § 1º deste artigo, ou seja, pelo princípio do destino. O processo de transição para a distribuição integral da receita do IBS pelo princípio do destino (nos termos previstos no § 5º do art. 152-A da Constituição) será finalizado no quinquagésimo ano, conforme estabelecido no § 3º do art. 120 do ADCT.

Outro ponto da nova proposta de emenda constitucional é a devolução de gastos tributários às pessoas físicas. O plano é que famílias de baixa renda recebam de volta o imposto pago em suas compras por mecanismos atrelados ao CPF (Cadastro de Pessoa Física) informado nas aquisições com o cadastro em programas sociais.

Também pelo artigo 152, o parágrafo nono traz:

> Art. 152-A.
> § 9º Excetua-se do disposto no inciso IV do § 1º a devolução parcial, através de mecanismos de transferência de renda, do imposto recolhido pelos contribuintes de baixa renda, nos termos da lei complementar referida no caput.

Outra alteração que abarca a PEC 45/2019 é a criação do Imposto Seletivo, o IS, um tributo federal exclusivo para incidência sobre produtos específicos como cigarros e bebidas alcóolicas. O intuito é que estes tenham alíquotas mais altas para desestimular o consumo. A incidência do IS seria de forma monofásica, ou seja, em apenas uma etapa do processo de produção e distribuição que geralmente acontece na saída da fábrica e/ou na importação.

Por fim, o que a proposta traz de totalmente inovador é a tributação em base ampla os bens, serviços, intangíveis e direitos uma vez que o objetivo é a incidência sobre o consumo em todas as suas formas.

Assim como o automotivo, há setores na economia que usufruem de incentivos e benefícios fiscais específicos de cada segmento com os quais as empresas adquirem vantagens que contribuem financeiramente no desenvolvimento e crescimento operacional de seus negócios regionalmente. Com a reforma tributária seguindo no formato atual do projeto de emenda constitucional tais benefícios já implementados deixariam de existir, passando a valer simplesmente as novas regras de tributação e suas alíquotas reformuladas. Para que subsídios, redução de base de cálculo, crédito presumido, isenções sejam novamente estabelecidos, empresas e associações entrariam com novos pleitos para avaliação no congresso nacional. E, sendo aprovado, estes seriam submetidos a publicação de Lei (federal, estadual ou municipal) para sua concessão.

Conclusões

Que o País precisa ser repaginado do ponto de vista tributário isso é ponto pacífico. O Brasil pede por socorro e luta a cada golpe vindo dos casos de corrupção deflagrado e disputas dos representantes da nação focadas em seus próprios interesses.

O olhar para o País vizinho nesse momento deve ser encarado de forma saudável tendo em vista que sua intenção é buscar exemplos de como administrar e atribuir regras tributárias justas que atendam a demanda econômica brasileira.

É evidente que o peso na burocracia tributária do Brasil é um problema macroeconômico para o qual é emergencial adotar-se medidas inovadoras. Conforme a pesquisa citada anteriormente neste artigo, o Banco Mundial classifica o Brasil em 109º lugar (centésimo nono) entre as economias no mundo pelo seu grau de dificuldade de fazer negócio localmente. E, entre os tópicos avaliados para a classificação das nações, no item tributário o País ficou em 184º colocação (centésimo octogésimo quarto) em termos de carga tributária, complexidade e encarecimento no cumprimento das exigências fiscais.

De modo geral, a movimentação no congresso a favor da reforma tributária está sendo bem vista pelos brasileiros. Este está sendo o ano em que mais se tem discutido sobre propostas para renovação do emaranhado atual de impostos e com forte tendência de sequência concreta.

A exemplo disso, o evento da aprovação da reforma previdenciária é algo que pôde alavancar a positividade da população em relação as mudanças. Este foi um tema que passou certo tempo por alterações, até que por fim, em agosto de 2019, parlamentares entraram em acordo seguindo com a aprovação da reforma que traz o plano de garantir a manutenção de aposentadorias e a sua continuidade.

Embora seja ainda nebuloso o resultado prático do que propõe cada projeto já apresentado pelos deputados para nova formatação no mundo dos impostos, não há como negar que, em se tratando de tantos anos dessa monotonia em termos de renovação no sistema tributário, pensar que as discussões estão tomando força não deixa de ser um alento de perspectiva positiva para o futuro.

Como visto na proposta atualmente em discussão no congresso que segue viva no dia a dia dos parlamentares, o projeto tem como objetivo a criação do IBS, o imposto único, que será recolhido e pago ao estado destino. A redação da proposta menciona também que estados e municípios poderão sob Lei Ordinária determinar alíquotas dentre os limites estipulados em Lei Complementar, esta última que irá reger a matriz de tributação desse novo imposto.

Com isso posto, ressalto uma indagação no seguinte sentido: tendo os Estados e Municípios o poder de determinar a alíquota atribuída para sua localidade, não poderá isso continuar com a desigualdade e favorecimento tributário e econômico entre uma região e as demais no território nacional? Atualmente, no modelo que tanto precisamos de modificações, é conhecido o tratamento tributário diferenciado na tributação de acordo com as regiões do País. Manter essa configuração não irá eliminar ou reduzir o efeito nocivo do desequilíbrio entre os números que apresentam as operações aquecidas no Sul e Sudeste e o resultado da economia menos desenvolvidas no Norte e Nordeste. Pois, seguindo essa linha, os Estados que hoje tem economia aquecida manterão sua carga tributária no limite máximo permitido em Lei Complementar (e estabelecido por Lei Ordinária) enquanto os demais, de regiões menos favorecidas, não terão estímulo de explorar mercados como Sul e Sudeste, já que a carga tributária nestes destinos será maior e é onde deverá ser pago o imposto incidente na operação.

Outro ponto importante refere-se ao rateio da arrecadação entre os órgãos Federais, Estaduais e Municipais. Considerando que o IBS irá atribuir também os impostos Federais, IPI/PIS/COFINS, a proposta atual deixa brecha para possível confusão no percentual de direito de cada ente federativo no sentido de que a atribuição da alíquota de cada Estado e Município será determinada por este a cada um desses órgãos, o que poderá ser maior ou menor em termos de arrecadação. Assim poderá a União entender que sua fatia em determina operação ou região é mais ou menos favorecida causando novamente confusão e desigualdade no que se refere a operações com as localidades do País, assim como desiquilíbrio na balança econômica.

Como alternativa à proposta eu colocaria algo que seria no sentido de sim ter um imposto único, mas este ser unificado por órgão federativo. O rateio da arrecadação seria distribuído dentro do próprio ente (Federal, Estadual ou Municipal) conforme a necessidade do que consta de destinações pré-estabelecidas, eliminando a problemática da repartição entre as três esferas.

O plano seria criar uma alíquota média para cada ente. Ou seja, uma alíquota para o Federal, uma Estadual e outra Municipal. Cada alíquota seria calculada com base no total arrecadado e distribuído atualmente, para evitar demasiado desbalanceamento na média de receita periódica de cada órgão e possível déficit fiscal. Ponto importante é que nesse formato de cálculo da alíquota média nacional, haveria regiões que passariam a arrecadar mais ou menos receita considerando que há estados e municípios que atuam com alíquotas mínimas ou máxima atualmente. Com isso, nesse modelo, tomando como exemplo a esfera Municipal, a alíquota correspondente à tributação seria uma única aplicável a todas as cidades e essa abrangeria todos os impostos atualmente recolhidos e destinados ao município, como o ISS (Impostos Sobre Serviços), IPTU (Imposto sobre Propriedade Predial e Territorial Urbana), ITBI e outros.

Assim, de cinco impostos, sendo dois deles o ICMS e o ISS com as mais variadas alíquotas, o país passaria a ter três com percentual fixo de tributação destinado a cada esfera governamental.

Essa medida favoreceria o aquecimento da economia especialmente pelas regiões Norte e Nordeste que ainda hoje sofrem com o baixo estímulo de empresas e operações se instalarem por esses locais. O encorajamento de aquecer o comercio nessas regiões parte do princípio de que não haverá diferenciação no tratamento tributário entre as localidades, sendo a escolha do Estado ou Município uma mera opção de negócio e não sendo mais a vantagem tributária o motivo de viabilizar o investimento.

Do ponto de vista de impostos diretos, a proposta seria sem qualquer dúvida unificar IRPJ/CSLL em uma alíquota básica e, para os casos de rendas auferidas nas operações com produtos especiais (cigarros, bebidas, etc) a tributação seria por alíquota majorada.

Com relação a declarações de contribuintes aos governos, os impostos e transações comerciais com bens e serviços seriam todos reportados em uma obrigação acessória eletrônica única recepcionada por sistema da Receita Federal de base de dados exclusiva que teria autoridade e obrigatoriedade de fiscalizar e homologar as operações de contribuintes.

Os profissionais Fiscais que hoje atuam como funcionário de cada órgão governamental passariam a ser todos da Receita Federal. Ou seja, seus conhecimentos abrangeriam as regras de tributação Federal, Estadual e Municipal já que a RFB seria a centralizadora da recepção de dados fiscais dos contribuintes e responsável por fiscalizar a atuação das empresas em relação ao cumprimento de suas obrigações com o Fisco. Nesse sentido, embora o modelo de tributação e arrecadação seja separado por ente federativo, a Receita Federal do Brasil seria a centralizadora de informações e o banco de dados fiscais oficiais da nação.

De todo modo, foi visto que há mais de uma proposta apresentada para embasar esse novo Brasil Tributário que se desenha. Sendo esse ou aquele o formato aprovado, muito ainda há de se ver e ouvir sobre os tramites dessa reforma. O que não se pode de qualquer maneira é ser mantido o sistema atual que é defasado, caro, burocrático e claramente desvantajoso para o Brasil competitivamente frente a outros governos que aos olhos de investidores são mais atraentes por suas economias desenvolvidas e descomplicadas.

Por fim, a reforma tributária e a desburocratização do sistema deixou de ser apenas uma questão de melhoria na ordem de arrecadação fiscal, sendo de fato um problema macroeconômico que afeta a vinda de novos investimentos e a permanência dos que aqui estão.

E assim ficamos na torcida ansiosa para que não se demore o início desse novo capítulo de um País com administração simples, transparente e de grande eficiência em direção a sua alavancagem como Nação.

Referências

ACCESS, Informações Protegidas. **Empresas Gastam Quase de 2 Mil Horas para Calcular Obrigações Acessórias no Brasil.** 2019. Disponível em: https://www.accesscorp.com.br/empresas-gastam-quase-2-mil-horas-para-calcular-obrigacoes-acessorias-no-brasil/ . Acesso em: 25 Julho 2019

BANCO Mundial; pesquisa **Doing Business.** Disponível em: https://portugues.doingbusiness.org/pt/rankings. Acesso em: 08 Maio 2019.

Bertolucci, Aldo Vincenzo. **Uma contribuição ao estudo da incidência dos custos de conformidade às leis e disposições tributárias: um panorama mundial e pesquisa dos custos das companhias de capital aberto no Brasil.** 2001. 178 f. Dissertação (Mestrado em Controladoria e Contabilidade), Universidade de São Paulo, São Paulo, 2001. http://www.teses.usp.br. Acesso em: 29 Novembro 2018.

BRASIL. Lei nº 5. 172, 25 de Outubro de 1966. **Dispõe sobre o Sistema Tributário Nacional e institui normas gerais de direito tributário aplicáveis à União, Estados e Municípios. Diário Oficial da União.** Brasília, DF, 25 out. 1966. Disponível em: http://www.planalto.gov.br/ccivil_03/Leis/L5172.htm. Acesso em: 29 Novembro 2018.

CASTAGNA, Ricardo. **Reforma Tributária e o Cenário Adverso a Investimentos Estrangeiros.** 2019. Disponível em: https://www.migalhas.com.br/dePeso/16,MI303883,91041-Reforma+tributaria+e+o+cenario+adverso+a+investimentos+estrangeiros . Acesso em: 30 Junho 2019.

CÔRTES, Pedro Luiz. **Redução nos custos de conformidade tributária e os investimentos no sistema público de escrituração digital – SPED no Brasil. 2016.** Disponível em: http://www.jistem.fea.usp.br/index.php/jistem/article/view/10.4301%252FS1807-17752016000100006/0.pdf. Acesso em: 21 Novembro 2018

FARIA, Renato. **Compliance na Rotina Fiscal das Empresas.** 2016. Disponível em: http://www.ibdee.org.br/2015/compliance-na-rotina-fiscal-das-empresas/ . Acesso em: 30 Julho 2019.

FERREIRA, Fabiano; DIEHL, Carlos Alberto. **Concepção de um Método de Mensuração dos Custos de Conformidade Tributária: O caso da Emater/RS-Ascar.** São Leopoldo (RS): Dissertação (Mestrado) Unisinos, 2013. Disponível em: http://www.repositorio.jesuita.org.br/handle/UNISINOS/4160. Acesso em: 29 Novembro 2018.

HAULY, Luis Carlos. **Entenda as Três Propostas principais da Reforma Tributária.** Entrevista Globo News. 2019 Disponível em: http://g1.globo.com/globo-news/jornal-globo-news/videos/v/entenda-as-tres-propostas-principais-da-reforma-tributaria/7845129/ . Acesso em: 20 Agosto 2019.

INESC, Instituto de Estudos Socioeconômicos. **Sistemas Tributários Comparados: Brasil e Outros Países. 2017.** Disponível em: https://www.blbbrasil.com.br/blog/comparacao-sistemas-tributarios/ . Acesso em: 03 Agosto 2019.

MAIA, Glavany Lima; PESSOA, Maria Naiula Monteiro; SANTOS, Sandra Maria dos; CABRAL, Augusto César. **Custos de conformidade à tributação: uma análise da percepção de gestores e colaboradores em uma empresa estadual de saneamento.** ABCustos Revista da Associação Brasileira de Custos, v. 3, nº 3, p. 45-67, set/dez. 2008. Disponível em: http://www.unisinos.br. Acesso em: 29 Novembro 2018.

MORAES, Alex. **É possível reduzir o custo do compliance tributário?** 2017. Disponível em: https://moraisalex.jusbrasil.com.br/artigos/499627402/e-possivel-reduzir-o-custo-do-compliance-tributario. Acesso em 21 Novembro 2018

______; NASCIMENTO, Diogo Toledo do. Quanto custa pagar tributos? Revista Contabilidade & Finanças – USP, nº 29, p. 55-67, mai/ago. 2002. Disponível em: http://www.scielo.br. Acesso em: 29 Novembro 2018.

PLUTARCO, Hugo Mendes. **A sonegação e a Litigância como forma de financiamento** p. 139, 2012. Disponível em: http://www.quantocustaobrasil.com.br/artigos/a-sonegacao-e-a-litigancia-tributaria-como-forma-de-financiamento 2012. Acesso em: 12 Setembro 2019.

Receita Federal do Brasil (2010). **SPED. Apresentação**. 2010. Disponível em: http://www1.receita.fazenda.gov.br/sobre-o-projeto/apresentacao.htm Acesso em: 29 Novembro 2018.

RIBEIRO e Bugarin, 2003 citado por Plutarco, Hugo Mendes. **A Sonegação e a Litigância Tributária como Forma de Financiamento**, 2012 p. 123. Disponível em: http://www.quantocustaobrasil.com.br/artigos/a-sonegacao-e-a-litigancia-tributaria-como-forma-de-financiamento 2012. Acesso em: 12 Setembro 2019.

SANTOS, Rodrigo Campolina; SOUZA, Antônio Artur de. **Planejamento tributário: o impacto dos programas governamentais simples e simples geral nas micro e pequenas empresas**. Contabilidade Vista & Revista, v. 16, nº 1, p. 73-88, abr. 2005. Disponível em: http://www.face.ufmg.br. Acesso em: 29 Novembro 2018.

SCHOUERI, Luís Eduardo. **Direito Tributário**. Edição 7. São Paulo: Saraiva, 2016.

Obras complementares

BERTOLUCCI, Aldo V.; NASCIMENTO, Diogo Toledo. Quanto custa pagar tributos? Revista Contabilidade & Finanças. vol.13 no.29 São Paulo May/Aug. 2002.

BERTULUCCI, Aldo Vincenzo; NASCIMENTO, Diogo Toledo do. O custo de arrecadação de tributos federais. R. Cont. Fin. USP. São Paulo. Edição Comemorativa, p. 36 – 50, 30 de Setembro de 2006.

CASSONE, Vittorio. Direito Tributário. 23. Ed. São Paulo: Atlas, 2012.

NEVES, Silvério das; Viceconti, Paulo Eduardo. Contabilidade Básica. 17 Ed. São Paulo: Saraiva, 2017.

SILVA, Nelson Vinicius Brittes da. Principais aspectos da complexidade do sistema tributário brasileiro. 2012. Disponível em: http://www.administradores.com.br/artigos/negocios/a-complexidade-do-sistema-tributario-brasileiro-e-o-planejamento-tributario/68344/ Acesso em: 29 nov. 2018.

Referências legais e normativos

HAULY, Luis Carlos. **Notas Explicativas**. 2018. Blackboard Insper: https://insper.blackboard.com/webapps/blackboard/execute/content/file?cmd=view&content_id=_568209_1&course_id=_30436_1 2019. Acesso em: 12 set 2019

HAULY, Luis Carlos. **Reforma Tributária Proposta**. 2017. Blackboard Insper: https://insper.blackboard.com/webapps/blackboard/execute/content/file?cmd=view&content_id=_568210_1&course_id=_30436_1 2019. Acesso em 12 Set 2019

HAULY, Luis Carlos. **Projeto de Emenda Constitucional número 7/2018**. Disponível pelo blackboard Insper: https://insper.blackboard.com/webapps/blackboard/execute/content/file?cmd=view&content_id=_568212_1&course_id=_30436_1 2019. Acesso em: 12 Set 2019

ROSSI, Baleia. **Projeto de Emenda Constitucional número 45/2019**. Disponível em: https://www.camara.leg.br/proposicoesWeb/prop_mostrar integra?codteor=1728369&filename=PEC 2019. Acesso em: 12 Set 2019

Consulta Legislativa. **Quadro comparativo da PEC da Reforma Tributária**. 2018. Disponível pelo blackboard Insper: https://insper.blackboard.com/webapps/blackboard/execute/content/file?cmd=view&content_id=_568212_1&course_id=_30436_1 2019. Acesso em: 12 Set 2019

Decreto 59.051/2013 – Pro-veículo Estado de São Paulo. Disponível em: http://www.legislacao.sp.gov.br/legislacao/dg280202.nsf/5aeda0f13cd3be5f83256c1e00423b1d/9e0090ad59f40f6a0325745e0047bdba?OpenDocument . Acesso em: 12 Setembro 2019.

IPTU x ITR: Conflitos Existentes entre o Critério Espacial e da Destinação do Imóvel

Ilion Fleury Neto

Introdução

O Código Tributário Nacional (CTN), para fins de fato gerador do IPTU, em seu artigo 32, §1º, adotou o critério da localização do imóvel, considerando como urbana a área definida em lei municipal, desde que observadas pelo menos duas das melhorias listadas em seus incisos, quais sejam: I) meio-fio ou calçamento, com canalização de águas pluviais; II) abastecimento de água; III) sistema de esgotos sanitários; IV) rede de iluminação pública, com ou sem posteamento para distribuição domiciliar; e V) escola primária ou posto de saúde a uma distância máxima de 3 (três) quilômetros do imóvel considerado.

Acontece que o critério espacial, previsto no artigo 32 do CTN, não deve ser o único a ser respeitado, especialmente considerando que o artigo 15 do Decreto-Lei 57/1966, recepcionado pela Constituição Federal de 1988 como Lei Complementar, acrescentou o critério da destinação do imóvel para delimitação das competências Municipal (IPTU) e Federal (ITR).

Considerando, assim, a previsão legal emanada do CTN para incidência do IPTU, observado o critério da localização do imóvel, bem como a previsão legal contida no Decreto-Lei 57/66, o qual, frisa-se, foi recepcionado pela Constituição Federal de 1988 como Lei Complementar, e que estabelece o critério da destinação para delimitação da competência municipal (IPTU) e federal (ITR), especialmente com a vertiginosa expansão urbana verificada nos últimos anos, os conflitos entre IPTU e ITR tornaram-se significativos.

Os conflitos entre estes dois impostos surgem quando, em decorrência da necessária expansão urbana, um determinado imóvel esteja inserido dentro da zona urbana definida por lei, possuindo pelo menos duas das melhorias listadas pelos incisos do §1º do art. 32 do CTN, e, ao mesmo tempo, seja utilizado em exploração extrativa vegetal, agrícola, pecuária ou agroindustrial, amoldando-se, portanto, no critério da destinação trazido pelo art. 15 do Decreto-Lei 57/66.

Em que pese o Superior Tribunal de Justiça (STJ) já ter se posicionado, em sede de recurso repetitivo, sobre o tema, pacificando o entendimento de que o critério da destinação, trazido pelo Decreto-Lei 57/66, deve delimitar a incidência tributária sobre imóveis, não são raros os casos em que as prefeituras municipais, considerando especialmente o fato da destinação do imóvel depender de produção de provas, lancem o IPTU sobre imóveis que efetivamente desenvolvam a exploração extrativa vegetal, agrícola, pecuária ou agroindustrial, e que, portanto, deveriam ser alcançados pela incidência do ITR.

Mostra-se igualmente relevante o fato de que, apesar de já pacificado pelo STJ, a administração pública municipal, acaba por lançar o IPTU, sob a alegação de que o Decreto-Lei 57/66 exige a efetiva comprovação da atividade de exploração extrativa vegetal, agrícola, pecuária ou agroindustrial exercida no imóvel, e, por vezes, de forma completamente desamparada de fundamentos legais, e extrapolando sua própria competência, fundamentam que o contribuinte, apesar de demonstrar indícios de que no imóvel exista alguma atividade rural, não se eximem de demonstrar, indubitavelmente, que a destinação do mesmo é efetiva e exclusiva para atividades rurais.

Paralelo ao famigerado conflito entre Imposto sobre Circulação de Mercadoria e Serviços (ICMS) e Imposto Sobre Serviços (ISS), o conflito entre o IPTU e ITR é, sem sombra de dúvidas, um dos principais e mais recorrentes conflitos do direito tributário, trazendo um debate rico, uma vez que ambos possuem critérios materiais semelhantes, espaciais conflitantes e temporais idênticos.

A relevância da questão é evidenciada ao passo que o próprio STJ afetou Recurso Especial representativo do referido conflito, para análise pelo sistema de recursos repetitivos, o qual foi cadastrado como Tema 174.

Desta forma, o presente trabalho, após abordar conceitualmente os aspectos gerais e legislação específica dos impostos em voga, estabelecendo, ainda, os critérios materiais, espaciais e temporais de cada um, abordará os conflitos verificados na prática entre o IPTU e o ITR, demonstrando as consequências práticas e econômicas que eventualmente podem ocasionar.

Assim, em conclusão, o trabalho buscará além de demonstrar e justificar a prevalência do critério de destinação do imóvel para eliminar os conflitos entre IPTU e ITR, o que já analisado pelo STJ, trará elementos recentes que ainda são discutidos em instancias administrativas municipais, e instancias iniciais do judiciário, não tendo ainda as sido enfrentadas pelas instâncias superiores.

1. IPTU – Imposto sobre a Propriedade Predial e Territorial Urbana

1.1. Aspectos históricos, gerais e legislação específica

Atualmente, por força do que expresso na Constituição Federal de 1988 e previsões do CTN, é de competência municipal a instituição do imposto predial.

Ocorre que, a competência municipal para instituição do referido imposto, remonta, ainda, ao período colonial do Brasil, o qual, à época, era conhecido por "décima urbana" e tributava os imóveis edificados.

Em verdade, é possível identificar a previsão do imposto predial a partir de uma carta de 19 de maio de 1799, da lavra da Rainha Dona Maria I, em carta dirigida ao Governador Geral da Capitania da Bahia, Fernando José de Portugal, conforme mencionado por Aliomar Baleeiro[1], que assim dispôs:

> Atendendo ao nosso favor, que me proponho conceder-lhe, suprimindo os contratos de sal e pescaria das baleias, me proponho estabelecer o imposto de décima nas casas das cidades marítimas e a extensão do tributo do papel selado que seja paga nos meus domínios do continente da Europa.[2]

Para o doutrinador Valter Valério, passados nove anos da sua criação, em 27 de junho de 1808, a Real Coroa, através do Príncipe Regente D. João VI, instituí o imposto predial, denominado à época de Décima Urbana, por meio de Alvará, sendo exigido até o ano de 1834, quando então passou a ser de competência das províncias.[3]

Já mais à frente, em 1891, com a publicação da Constituição da República dos Estados Unidos do Brasil, foi estabelecido, em seu art. 9º, item 2º, a competência dos Estados para instituição e cobrança do imposto predial.

1 BALEEIRO, Aliomar. Direito Tributário Brasileiro. Atualizado por Misabel Abreu de Machado Derzi. 12ª ed. Rio de Janeiro: Ed. Forense, 2013, p. 316.

2 BALEEIRO, Aliomar. Direito Tributário Brasileiro. Atualizado por Misabel Abreu de Machado Derzi. 12ª ed. Rio de Janeiro: Ed. Forense, 2013, p. 316.

3 VÁLERIO, Walter Paldes. Programa de direito tributário – Parte especial. 12ª ed. Porto Alegre: Sulina, 1997, p. 135.

Por sua vez, com a promulgação da Constituição Federal de 1934, a competência para instituição do tributo foi redirecionada aos Municípios, por expressa disposição do inciso II, do §2º do seu art. 13.

Referida Constituição Federal trouxe, ainda, distinção entre dois diferentes impostos, onde um foi denominado de imposto predial, enquanto o segundo de imposto territorial urbano, fixando que sobre o imposto predial é que deveria se cobrado sob a forma de décima ou de cédula de renda.

A sistemática de dois impostos distintos, inaugurada pela Constituição Federal de 1934 foi mantida pela Constituição dos Estados de 1937, alterando, porém, as competências, fixado aos Estados para instituir e cobrar o imposto sobre propriedade territorial, exceto a urbana, a qual, por sua vez, ficou ao encargo dos Municípios.

O modelo que conhecemos atualmente foi inaugurado, por sua vez, com a Constituição de 1946, a qual, em seu art. 29, incisos I e II, eliminou a divisão do imposto, prevendo exclusivamente o imposto predial territorial urbano, sendo atribuída a competência de sua instituição e cobrança aos Municípios.

Na sequência, e sem alterações, a Constituição de 1969 estabeleceu em seu art. 24, inciso I, que foi posteriormente reproduzido pela Constituição Federal de 1988, estabelecendo que: "Compete aos Municípios instituir impostos sobre: I – propriedade predial e territorial urbana (...)"[4].

Por sua vez, o CTN, expandindo para fins de incidência do IPTU o conceito de propriedade trazido pela Constituição Federal de 1988, definindo, em seu art. 32, como fato gerador do IPTU "(...) a propriedade, o domínio útil ou a posse de bem imóvel por natureza ou por acessão física, como definido na lei civil, localizado na zona urbana do Município".

[4] BRASIL. Constituição (1988). Constituição da República Federativa do Brasil de 1988. Palácio do Planalto Presidência da República, Artigo 146, inciso I.

Com a expansão do conceito de propriedade, conforme explica Hugo de Brito Machado[5], o imposto deixa de incidir apenas sobre a terra, passando a alcançar, também, as edificações, em oposto ao que ocorre com o ITR, o qual não tem incidência sobre as edificações, mas apenas sobre a terra.

Apesar da inexistência de impostos distintos, como ocorria na Constituição Federal de 1934 e Constituição dos Estados de 1937, em que pese a previsão de único imposto predial e territorial pela Constituição Federal de 1988, a expansão do conceito de propriedade para fins de incidência do IPTU, permite que a lei defina, por exemplo, alíquotas diferentes para imóveis com construções e imóveis sem edificações.

A Constituição Federal de 1988 impõe que, sempre que possível os impostos deverão prever graduação segundo a capacidade econômica do contribuinte, determinando, de forma expressa em seu art. 145, §1º o seguinte:

> Art. 145. A União, os Estados, o Distrito Federal e os Municípios poderão instituir os seguintes tributos:
>
> (...)
>
> § 1º Sempre que possível, os impostos terão caráter pessoal e serão graduados segundo a capacidade econômica do contribuinte, facultado à administração tributária, especialmente para conferir efetividade a esses objetivos, identificar, respeitados os direitos individuais e nos termos da lei, o patrimônio, os rendimentos e as atividades econômicas do contribuinte.

Referida característica, imposta pela Constituição Federal, é conhecida como progressividade, e, ao seu respeito, leciona Aliomar Baleeiro que:

[5] MACHADO, Hugo de Brito. Curso de direito tributário. 20ª ed. São Paulo: Malheiros, 2002, p. 355.

Os tributos devem ser "graduados" conforme a capacidade econômica do contribuinte. Tributos graduados são os progressivos, ou seja, aqueles cuja alíquota cresce à medida que se eleva a quantidade ou valor da coisa tributada, em contraste com a relação constante dos impostos simplesmente proporcionais.

Especificamente com relação ao IPTU, o art. 156, §1º, incisos I e II da Constituição Federal, estabelecem ainda, expressamente, que o imposto sobre propriedade predial e territorial urbana, independente da progressividade no tempo a que se refere o art. 182, § 4º, inciso II também da Constituição Federal, poderá ser progressivo em razão do valor do imóvel e terem alíquotas diferentes de acordo com a localização e o uso do imóvel.

Por sua vez, a progressividade temporal mencionada, a qual tem previsão no art. 182, § 4º, inciso II, estabelece que:

> Art. 182. A política de desenvolvimento urbano, executada pelo Poder Público municipal, conforme diretrizes gerais fixadas em lei, tem por objetivo ordenar o pleno desenvolvimento das funções sociais da cidade e garantir o bem-estar de seus habitantes.
>
> (...)
>
> § 4º É facultado ao Poder Público municipal, mediante lei específica para área incluída no plano diretor, exigir, nos termos da lei federal, do proprietário do solo urbano não edificado, subutilizado ou não utilizado, que promova seu adequado aproveitamento, sob pena, sucessivamente, de:
>
> (...)
>
> II – imposto sobre a propriedade predial e territorial urbana progressivo no tempo;

Da análise dos dispositivos mencionados, constatamos que a progressividade do IPTU busca duas situações distintas, sendo a primeira, com finalidade fiscal, apenas elevar a arrecadação através do IPTU, e, a segunda, por sua vez, com finalidade extrafiscal, busca objetivos outros além da simples arrecadação, tais como o desenvolvimento urbano, e a própria função social dos imóveis urbanos.

Especificamente quanto à progressividade do IPTU advinda do que estabelecido pelo art. 156, §1º, incisos I e II da Constituição Federal, a qual foi inserida pela Emenda Constitucional nº 29/2000, muito se discute com a sua constitucionalidade, já que para alguns, a progressividade em razão do valor do imóvel confrontaria cláusulas pétreas, ao passo que colidiria com a restrição de que os impostos progressivos devem ser limitados aos pessoais.

Defendendo a inconstitucionalidade da progressividade do art. 156, §1º, incisos I e II da Constituição Federal, o doutrinador Aires Fernandino Barreto defende:

> Ao promulgar a Emenda, o Congresso Nacional detinha apenas o poder constituinte derivado que, de um lado, lhe faculta a introdução de emendas à Constituição, mas, de outro, impõe-lhe manter íntegra a área constituída por cláusulas pétreas. Dentre estas estão, sem dúvida, as que garantem aos contribuintes o direito de só serem submetidos à progressividade, em face de impostos pessoais (art. 145, §1º).[6]

O posicionamento de Aires Fernandino Barreto é ainda acompanhado por juristas como Ives Gandra Martins e Miguel Reale, sendo que, para este último, a progressividade inaugurada pelo art. 156, §1º, incisos I e II da Constituição Federal atingiu frontalmente um direito e garantia assegurados aos proprietários de imóveis pelo §4º, inciso IV do art. 60 da Consti-

[6] BARRETO, Aires Fernandino. Artigo: IPTU – progressividade e diferenciação *in* Revista Dialética Tributária nº 76.

tuição Federal, e, para ele, a edição da Emenda Constitucional nº 29/2000 violou incontestavelmente cláusula pétrea constitucional.[7]

O STF, por sua vez, e até a Emenda Constitucional nº 29/2000, se posicionava pela inconstitucionalidade de leis municipais que estabeleciam alíquotas progressivas para o IPTU, salvo se destinada a assegurar o cumprimento da função social da propriedade urbana, posicionamento o qual, inclusive, constou da edição da Súmula nº 668.

De outro lado, para parte da dogmática e jurisprudência, as diversas espécies de progressividade do IPTU são plenamente legais e constitucionais.

Para Roque Antônio Carraza, a Emenda Constitucional 29/2000 não trouxe qualquer inovação nas hipóteses de incidência do IPTU, mas apenas explicitou a progressividade, de forma que não confronta em absoluto cláusulas pétreas.[8]

Também se posicionando pela legalidade e constitucionalidade da Emenda Constitucional 29/2000, Elizabeth Nazar Carraza, *apud* Misabel Abreu, sustenta a existência de três distintas espécies de progressividade, dividindo-as em igualitária, extrafiscal e temporal, defendendo a plena possibilidade dos municípios instituírem todas elas.[9]

Desta forma, em que pese a discussão quanto à inconstitucionalidade, os municípios, em geral, utilizam-se da progressividade fiscal e extrafiscal, eis que devidamente amparados pela própria Emenda Constitucional nº 29/2000.

7 REALE, Miguel. O IPTU Progressivo e a Inconstitucionalidade da EC 29/2000, Revista Dialética de Direito Tributário, n. 8, junho-2002. São Paulo: Oliveira Rocha Comércio e Serviços LTDA. p. 124.

8 CARRAZA, Roque Antônio. Curso de Direito Constitucional Tributário. 19ª ed. São Paulo: Malheiros, 2003, p. 101.

9 CARRAZA, Elizabeth Nazar. IPTU e progressividade. Igualdade e capacidade contributiva. Curitiba: Juruá, 1992, p. 335.

1.2. Regra-matriz de incidência tributária

Tratando sobre a regra-matriz de incidência tributária, Isabela Bonfá de Jesus, de forma simples e acertada, define que:

> A regra-matriz de incidência tributária ou norma-padrão dos tributos é uma norma jurídica de comportamento, uma vez que é dirigida diretamente aos contribuintes e serve para prescrever condutas.[10]

Em sequência, prossegue defendendo que a regra-matriz de incidência tributária contempla os elementos mínimos exigidos em uma norma jurídica tributária, podendo nela serem identificados os critérios material, espacial, temporal, pessoal e quantitativo.[11]

Temos evidente, portanto, que a regra-matriz de incidência é norma de comportamento do sujeito passivo tributário, impondo à este as suas condutas que deverão ser observadas perante à prestação fiscal, deixando evidente, ainda, a exigência de que as normas padrões contenham critérios sem os quais não poderá ser definida de tal forma.

Para Paulo de Barros Carvalho, ao abordar a regra-matriz de incidência tributária, haverá a subsunção, quando o fato jurídico tributário constituído pela linguagem prescrita pelo direito positivo guardar absoluta identidade com o desenho normativo da hipótese tributária.[12]

Assim, vislumbra-se a devida importância da questão, já que, em não havendo absoluta correspondência entre o fato jurídico

[10] Jesus, Isabela Bonfá de. Manual de direito tributário. 2ª ed., rev., at. e amp.: São Paulo: Revista dos Tribunais, 2015, p. 128.

[11] Jesus, Isabela Bonfá de. Manual de direito tributário. 2ª ed., rev., at. e amp.: São Paulo: Revista dos Tribunais, 2015, p. 128.

[12] Carvalho, Paulo de Barros. Curso de direito tributário. 28ª ed.: São Paulo: Saraiva, 2017, p. 272.

tributário e a definição normativa da hipótese tributária, estaremos diante da ausência de tipicidade, e, por conseguinte, inexistência de efeitos jurídicos.

Retornando especificamente ao IPTU, da análise de tudo quanto já exposto, temos que para a construção da regra-matriz de incidência tributária, seu antecedente normativo (hipótese de incidência), deverá estabelecer um fato econômico praticado pelo sujeito passivo, enquanto o consequente atribuirá vínculo obrigacional entre o Estado, ou mesmo outro sujeito passivo, e o sujeito passivo do fato econômico.

Desta forma, e por consequência, o sujeito ativo estará apto a exigir do sujeito passivo o pagamento de quantia em dinheiro, enquanto, por sua vez, é dever do sujeito passivo cumprir com sua obrigação pecuniária.

Nomeadamente com relação ao imposto sobre propriedade predial e territorial urbana, a previsão e dados gerais para a construção da regra-matriz de incidência tributária são definidas pelo art. 156 da Constituição Federal, e artigos 32, 33 e 34 do CTN. Vejamos:

> CF – Art. 156. Compete aos Municípios instituir impostos sobre:
>
> I – propriedade predial e territorial urbana;
>
> II – transmissão "inter vivos", a qualquer título, por ato oneroso, de bens imóveis, por natureza ou acessão física, e de direitos reais sobre imóveis, exceto os de garantia, bem como cessão de direitos a sua aquisição;
>
> III – serviços de qualquer natureza, não compreendidos no art. 155, II, definidos em lei complementar.
>
> § 1º Sem prejuízo da progressividade no tempo a que se refere o art. 182, § 4º, inciso II, o imposto previsto no inciso I poderá:
>
> I – ser progressivo em razão do valor do imóvel; e
>
> I – ter alíquotas diferentes de acordo com a localização e o uso do imóvel.

CTN – Art. 32. O imposto, de competência dos Municípios, sobre a propriedade predial e territorial urbana tem como fato gerador a propriedade, o domínio útil ou a posse de bem imóvel por natureza ou por acessão física, como definido na lei civil, localizado na zona urbana do Município.

§ 1º Para os efeitos deste imposto, entende-se como zona urbana a definida em lei municipal; observado o requisito mínimo da existência de melhoramentos indicados em pelo menos 2 (dois) dos incisos seguintes, construídos ou mantidos pelo Poder Público:

I – meio-fio ou calçamento, com canalização de águas pluviais;

II – abastecimento de água;

III – sistema de esgotos sanitários;

IV – rede de iluminação pública, com ou sem posteamento para distribuição domiciliar;

V – escola primária ou posto de saúde a uma distância máxima de 3 (três) quilômetros do imóvel considerado.

§ 2º A lei municipal pode considerar urbanas as áreas urbanizáveis, ou de expansão urbana, constantes de loteamentos aprovados pelos órgãos competentes, destinados à habitação, à indústria ou ao comércio, mesmo que localizados fora das zonas definidas nos termos do parágrafo anterior.

CTN – Art. 33. A base do cálculo do imposto é o valor venal do imóvel.

Parágrafo único. Na determinação da base de cálculo, não se considera o valor dos bens móveis mantidos, em caráter permanente ou temporário, no imóvel, para efeito de sua utilização, exploração, aformoseamento ou comodidade.

CTN – Art. 34. Contribuinte do imposto é o proprietário do imóvel, o titular do seu domínio útil, ou o seu possuidor a qualquer título.

Adiante, estruturaremos, através dos enunciados prescritivos inerentes ao IPTU, a regra-matriz de incidência tributária, abordando individualmente os elementos essenciais para o presente trabalho, em específico, os critérios material, espacial e temporal.

1.2.1. Critério material

Para a doutrina, o critério material, dentre eles, é considerado o mais complexo, uma vez que reúne todos os dados de ordem objetiva, para permitir indicar, desde logo, o núcleo da hipótese de incidência tributária.

Alguns doutrinadores, como Paulo de Barros Carvalho, estabelecem que o critério material também pode ser intitulado por elemento objetivo do fato gerador ou aspecto material da hipótese de incidência, reforçando, assim, sua complexidade frente aos demais critérios.[13]

Nesta mesma sequência de raciocínio, Geraldo Ataliba, abordando de forma brilhante o critério material, sustenta que:

> a designação de todos os dados de ordem objetiva, configuradores do arquétipo em que ela (hipótese de incidência) consiste; é a própria consistência material do fato ou estado de fato descrito pela h.i; é a descrição dos dados substanciais que servem de suporte a h.i.[14]

Para identificação do critério material, Isabela Bonfá de Jesus ensina que devemos isolar o verbo e o seu complemento, indicativos da atividade, de forma a se obter, assim, a descrição exata do fato.[15]

[13] Carvalho, Paulo de Barros. Curso de direito tributário. 28ª ed.: São Paulo: Saraiva, 2017, p. 278.

[14] Ataliba, Geraldo. Hipótese de incidência tributária. 5ª ed: São Paulo: Malheiros, 2008, p. 95.

[15] Jesus, Isabela Bonfá de. Manual de direito tributário. 2ª ed., rev., at. e amp.: São Paulo: Revista dos Tribunais, 2015, p 128.

Prossegue exemplificando que, ao isolarmos os verbos de determinadas regras-matrizes, encontraremos: auferir receita, circular mercadoria e ser proprietário de bem imóvel, os quais indicam os aspectos materiais, respectivamente, dos impostos de renda, de circulação de mercadorias, e de propriedade predial e territorial urbana.

No que tange o imposto de propriedade predial e territorial urbana, ao isolarmos o verbo "ser" e o complemento "proprietário de imóvel predial ou territorial urbano, titular do seu domínio útil, ou seu possuidor a qualquer título", identificamos o critério material do IPTU.

É de se destacar, que ao analisarmos o complemento destacado, verifica-se que para a incidência do IPTU, não é necessário haver registro público em cartório, como exigido no direito civil (art. 1.248 do Código Civil) para então ser considerado sujeito passivo.

Aliás, neste sentido, observamos que o critério material identificado abarca não apenas o proprietário, como o possuidor a qualquer título, ou seja, mesmo que este detenha apenas a posse do imóvel, ainda que desprovido de qualquer documento formal ou informal, também será considerado sujeito passivo na referida relação, uma vez que o conceito de proprietário, trazido pela Constituição Federal, e expandido pelo CTN, que compõe a regra-matriz de incidência tributário do IPTU, também deve ser interpretado como posse, domínio útil, e *animus* de ser proprietário.

1.2.2. Critério espacial

O critério espacial, por seu turno, mostra-se relevante para definir a competência tributária, ao passo que determina onde o fato deverá ocorrer para que as consequências normativas sejam exigidas.

Adentrando no critério espacial, Paulo de Barros Carvalho esquematiza classificação didática do tributo, definindo por grau de elaboração do critério espacial da respectiva norma tributária. Vejamos:

> 1) Hipótese cujo critério espacial faz menção a determinado local para a ocorrência do fato típico, i.e., impostos de importação e exportação;
>
> 2) Hipótese em que o critério espacial alude a áreas específicas, quando então o acontecimento apenas ocorrerá quando nelas houver ocorrido geograficamente, i.e., imposto sobre a propriedade territorial rural e imposto sobre a propriedade predial e territorial urbana; e
>
> 3) Hipótese de critério espacial genérico, quando todo e qualquer fato ocorrido sob a vigência territorial da lei instituidora estará apto a desencadear seus efeitos. CARVALHO enquadra todos os demais impostos nesta espécie, i.e., imposto sobre produtos industrializados e imposto sobre a circulação de mercadorias e serviços.[16]

É de se observar, e destacar que nem sempre haverá correspondência entre o critério espacial e a eficácia territorial da lei, razão pela qual não podem estes dois elementos serem confundidos. Exemplificando, destaca-se o imposto de renda e o próprio imposto sobre a propriedade predial e territorial urbana, ao passo que no primeiro, o tributo abarca fatos ocorridos fora das fronteiras do nosso país, e no segundo (IPTU), a lei municipal que o instituí provoca efeitos por toda a extensão do território municipal, mas alcança, também, as zinas rurais não incluídas no impacto tributário.[17]

[16] CARVALHO, Paulo de Barros. Curso de direito tributário. 28ª ed.: São Paulo: Saraiva, 2017, p. 282.

[17] CALMON, Sacha e DERZI, Misabel. Aspecto Espacial da Regra-matriz do Imposto Municipal sobre Serviços à luz da Constituição: São Paulo: Dialética, nº 88, jan. 2003, p. 131/132.

Especificamente quanto ao imposto sobre a propriedade predial e territorial urbana, identificamos na regra-matriz de incidência tributária que o IPTU incidirá sobre os imóveis localizados na zona urbana do município, o que, a *contrario sensu*, permite excluirmos os imóveis que estejam na zona rural.

O próprio CTN, em seu artigo 32, §1º, estabelece o conceito de zona urbana, reconhecendo como aquela, definida por lei municipal, observe a existência mínima de dois melhoramentos indicados pela lei.

Por outro lado, o §2º do artigo 32 do CTN autoriza que a lei municipal considere urbana as áreas urbanizáveis, ou de expansão urbana, constantes de loteamentos aprovados pelos órgãos competentes, destinados à habitação, à indústria ou ao comércio, mesmo quando localizadas fora da zona urbana.

1.2.3. Critério temporal

Para Isabela Bonfá de Jesus, o critério temporal é responsável por permitir indicarmos o momento em que se considera ocorrido o fato imponível, nascendo, então, a obrigação tributária.[18]

Assim, temos que será o próprio legislador o responsável por delimitar o momento em que será reputado consumado o fato tributário, sendo que, quando omissa a legislação, coincidirá com a ocorrência do fato material descrito pela regra-matriz de incidência tributária.

Assim, por óbvio, e em prestígio ao princípio da irretroatividade da lei, consignado no art. 150, inciso III, "a" da Constituição Federal, o aspecto temporal não poderá ser fixado em momento anterior ao momento da consumação do fato.

Neste sentido, Geraldo Ataliba consigna que a violação ao princípio da irretroatividade implica em "inconstitucionalidade

[18] JESUS, Isabela Bonfá de. Manual de direito tributário. 2ª ed., rev., at. e amp.: São Paulo: Revista dos Tribunais, 2015, p. 130.

das antecipações de tributos (algumas das vezes camufladas sob a capa da substituição tributária)".[19]

2. ITR – Imposto territorial rural

2.1. Aspectos históricos, gerais e legislação específica

Conforme já visto neste próprio trabalho, durante bastante tempo, iniciando ainda no período colonial, o imposto territorial instituído, não fazia diferenciação entre imóveis urbanos ou rurais.

Foi com a Constituição de 1934 que se tem registro da primeira distinção, em impostos diferentes, entre o incidente sobre imóvel urbano e o sobre imóvel rural, sendo que a competência para instituir e cobrar este último, tocou ao Estados, o que foi posteriormente reafirmado pelas Constituições de 1937 e 1946.

Já em 1961, em decorrência de Emenda Constitucional nº 5, editada naquele ano, a cobrança do imposto territorial rural foi repassada ao Municípios, até que, três anos mais tarde, por nova Emenda Constitucional nº 10 de 1964, a cobrança do imposto foi transferida para a União, com a sua receita sendo distribuída entre os municípios em que os imóveis estivessem localizados.[20]

Referida forma foi mantida pelas Constituições de 1967 e 1969, período em que o ITR era cobrado pelo Instituto Brasileiro de Reforma Agrária (IBRA), o qual, por sua vez, foi extinto em 1970, transferindo-se a cobrança do ITR para o Instituto Nacional de Colonização e Reforma Agrária (INCRA), o que perdurou até a década de 90, quando então sua cobrança passou a ser realizada pela Receita Federal do Brasil.

[19] ATALIBA, Geraldo. Hipótese de incidência tributária. 5ª ed: São Paulo: Malheiros, 2008, p. 95.

[20] MACHADO, Hugo Brito, Calcini, Fábio Pallaretti (Coord.). Imposto Predial e Territorial Urbano (IPTU) e Imposto Territorial Rural (ITR). [Minha Biblioteca], p. 125.

A Constituição Federal de 1988, em seu art. 153, inciso VI, prevê a competência da União para instituir impostos sobre a propriedade rural.

Em 2003, através da Emenda Constitucional nº 42, sem alterar a competência para instituição do imposto, foi inserido ao mencionado art. 153 da Constituição Federal, o §4º, cujo o inciso III estabelece que, sem prejuízo da competência da União, a fiscalização e cobrança do ITR poderá ser realizada pelos municípios que "optarem, na forma da lei, desde que não implique redução do imposto ou qualquer outra forma de renúncia fiscal".[21]

Considerando sua razão de, deve ser destacado que esta mesma Emenda Constitucional inseriu por meio do inciso II do §4º do art. 153 da Constituição Federal, que o ITR "não incidirá sobre pequenas glebas rurais, definidas em lei, quando as explore o proprietário que não possua outro imóvel".

Por sua vez, o CTN, que apesar de se tratar de Lei Ordinária anterior à Constituição Federal de 1988, também já atribuía a competência do ITR à União, fixando em seu art. 29 que "o imposto (...) sobre a propriedade territorial rural tem como fato gerador a propriedade, o domínio útil ou a posse de imóvel por natureza, como definido na lei civil, localização fora da zona urbana do Município".

Assim como ocorrido com o IPTU, o conceito de proprietário de imóvel rural, estabelecido pela Constituição Federal, foi expandido pelo CTN, de forma a alcançar o proprietário e o possuidor, a qualquer título.

Tratou o CTN, igualmente, de estabelecer que imóvel rural será aquele cuja localização esteja fora da zona urbana do Município.

[21] MACHADO, Hugo Brito, Calcini, Fábio Pallaretti (Coord.). Imposto Predial e Territorial Urbano (IPTU) e Imposto Territorial Rural (ITR). [Minha Biblioteca], p. 126.

Nos ensinamentos de Hugo Brito Machado, analisando o art. 29 do CTN, pontua que "O fato gerador do ITR é definido em lei ordinária da União, pessoa jurídica de direito público titular da competência para a sua instituição".[22]

Analisando, porém, a parte final do art. 29 do CTN, é possível extrair que o legislador, ao delimitar a incidência do ITR aos imóveis localizados fora da zona urbana, elegeu o critério da localização para determinar a competência tributária.

Ocorre que, já o Decreto-Lei nº 57/66, editado no mesmo ano em que publicada a Lei Ordinária que instituiu o CTN, e já considerando a instituição do IPTU pelo mesmo, estabeleceu que:

> Art 15. O disposto no art. 32 da Lei nº 5.172, de 25 de outubro de 1966, não abrange o imóvel de que, comprovadamente, seja utilizado em exploração extrativa vegetal, agrícola, pecuária ou agro-industrial, incidindo assim, sôbre o mesmo, o ITR e demais tributos com o mesmo cobrados.

Conforme já visto no decorrer deste trabalho, o mencionado art. 32 do CTN (Lei nº 5.172/66) contempla o fato gerador do IPTU, estabelecendo que o mesmo incide sobre a propriedade localizada na zona urbana.

Por sua vez, o Decreto-Lei nº 57/66 traz, em seu art. 15, inovação quanto à estipulação do fato gerador do ITR e do IPTU, ao passo que propõe que a competência seria definida pela destinação econômica do imóvel, sobrepondo-se ao critério da localização adotado, por outro lado, pela Constituição Federal e CTN.

Com efeito, ao analisarmos isoladamente o art. 15 do Decreto-Lei nº 57/66, concluímos que determinado imóvel, ainda que inserido na zona urbana do município, mas que utilizado para

[22] MACHADO, Hugo de Brito. Curso de direito tributário. 32ª ed. São Paulo: Malheiros, 2010, p. 347.

exploração extrativa vegetal, agrícola, pecuária ou agroindustrial deverá ser tributado pelo ITR em detrimento do IPTU.

Considerando que esta questão será destrinchada no decorrer do próximo capítulo, imperioso, neste momento, passarmos a abordagem do caráter extrafiscal do ITR, assim como feito com o IPTU em capítulo anterior.

Originalmente, conforme nos ensina Hugo de Brito Machado, o texto Constitucional não trazia a possibilidade expressa quanto à progressividade do ITR, limitando-se em afirmar que as alíquotas seriam fixadas com o objetivo de desestimular a manutenção de propriedades improdutivas. Vejamos suas lições:

> A redação original do texto do § 4º do art. 153 não previa, expressamente, a possibilidade da progressividade do imposto. Apenas estabelecia que "terá suas alíquotas fixadas de forma a desestimular a manutenção de propriedades improdutivas e não incidirá sobre pequenas glebas rurais, defini- das em lei, quando as explore, só ou com sua família, o proprietário que não possua outro imóvel". Como o Supremo Tribunal Federal possui arraigado entendimento de que a progressividade de impostos reais só é válida quando expressamente prevista na Constituição, essa redação original levava à proibição de o legislador ordinário criar ITR progressivo. Daí a redação expressa dada pela emenda constitucional de modo a elidir qualquer dúvida quanto à possibilidade para tanto[23]

No caso do ITR, assim como ocorre com o IPTU, a função extrafiscal atribuída ao imposto claramente não busca, primor-

[23] MACHADO, Hugo Brito, Calcini, Fábio Pallaretti (Coord.). Imposto Predial e Territorial Urbano (IPTU) e Imposto Territorial Rural (ITR). [Minha Biblioteca], p. 127.

dialmente, a arrecadação financeira para fomentar o Estado, já que, antes, almeja regrar a propriedade norteada por sua função social, servindo ainda para intervenção conjunturais ou estruturais da economia.[24]

Com efeito, os dispositivos legais atinentes ao ITR estão, inegavelmente, alinhados com a disposição inserida pelo art. 5º, inciso XXIII da Constituição Federal, em busca da preservação da função social da propriedade, possuindo, nas palavras de Ricardo Lobo Torres, "como objetivo principal promover a Reforma Agrária e a redistribuição de terras no país", evidenciando, assim, sua função extrafiscal.[25]

Neste mesmo sentido, e em arremate, ensina Hugo de Brito Machado que "o ITR é um imposto que, em parte, tem o caráter fiscal, para conseguir os recursos necessários para a execução da Reforma Agrária e, em parte, tem o caráter extrafiscal, como instrumento para forçar o proprietário a promover a sua execução".[26]

2.2. Regra-matriz de incidência tributária

Em complemento ao que já exposto neste trabalho quanto à regra-matriz de incidência tributária, temos que esta é que define a incidência fiscal, devendo sua estrutura prever no antecedente, um comportamento, e no consequente, uma determinada conduta, a qual, por sua vez, se desobedecida ocasionará sanção pela sua inobservância.

Abordando os elementos que compõe o antecedente e o consequente da regra-matriz de incidência tributária, o professor

[24] BALEEIRO, Aliomar. Direito Tributário Brasileiro. Atualizado por Misabel Abreu de Machado Derzi. 12ª ed. Rio de Janeiro: Ed. Forense, 2013, p. 304.

[25] TORRES, Ricardo Lobo. Curso de direito financeiro e tributário: de acordo com a emenda constitucional nº 3 de 1993. Rio de Janeiro: Renovar, 1993, p. 314.

[26] MACHADO, Hugo de Brito. Curso de Direito Tributário. Rio de Janeiro: Ed. Forense, 1993, p. 247.

Paulo de Barros Carvalho, de forma didática, brilhante e irretocável, pontua que:

> A hipótese alude a um fato e a consequência prescreve os efeitos jurídicos que o acontecimento irá propagar, razão pela qual se fala em *descritor* e *prescritor*, o primeiro para designar o antecedente normativo e o segundo para indicar seu consequente.[27]

Conforme já destacado anteriormente, Isabela Bonfá de Jesus ensina que da regra-matriz de incidência tributária, extrairemos todos os elementos exigidos da norma jurídica tributária, de onde, ainda, será possível extrair os critérios material, espacial, temporal, pessoal e quantitativo.[28]

No caso específico do ITR, temos que a competência para sua instituição é reservada à União, por expressa disposição Constitucional, podendo, porém, também fiscalizar e cobrar o ITR os municípios, desde que celebrado convênio com a União, do qual não resulte em redução do imposto ou qualquer tipo de renúncia fiscal.[29] Vejamos:

> Art. 153. Compete à União instituir impostos sobre:
> (...)
> VI – propriedade territorial rural;
> (...)
> 4º O imposto previsto no inciso VI do caput:
> I – será progressivo e terá suas alíquotas fixadas de forma a desestimular a manutenção de propriedades improdutivas;

[27] CARVALHO, Paulo de Barros. Curso de direito tributário. 25ª ed. São Paulo: Saraiva, 2013, p. 239.

[28] JESUS, Isabela Bonfá de. Manual de direito tributário. 2ª ed., rev., at. e amp.: São Paulo: Revista dos Tribunais, 2015, p. 128.

[29] MACHADO, Hugo Brito, Calcini, Fábio Pallaretti (Coord.). Imposto Predial e Territorial Urbano (IPTU) e Imposto Territorial Rural (ITR). [Minha Biblioteca], p. 125.

> II – não incidirá sobre pequenas glebas rurais, definidas em lei, quando as explore o proprietário que não possua outro imóvel;
> III – será fiscalizado e cobrado pelos Municípios que assim optarem, na forma da lei, desde que não implique redução do imposto ou qualquer outra forma de renúncia fiscal.

No que diz respeito ao convênio permitido entre União e os Municípios, estabelece a Lei 11.250/2005:

> Art.1º A União, por intermédio da Secretaria da Receita Federal, para fins do disposto no inciso III do § 4º do art. 153 da Constituição Federal, poderá celebrar convênios com o Distrito Federal e os Municípios que assim optarem, visando a delegar as atribuições de fiscalização, inclusive a de lançamento dos créditos tributários, e de cobrança do Imposto sobre a Propriedade Territorial Rural, de que trata o inciso VI do art. 153 da Constituição Federal, sem prejuízo da competência supletiva da Secretaria da Receita Federal.
> § 1º Para fins do disposto no caput deste artigo, deverá ser observada a legislação federal de regência do Imposto sobre a Propriedade Territorial Rural.
> § 2º A opção de que trata o caput deste artigo não poderá implicar redução do imposto ou qualquer outra forma de renúncia fiscal.

Por seu turno, o CTN normatiza o ITR em seus artigos 29, 30 e 31:

> Art. 29. O imposto, de competência da União, sobre a propriedade territorial rural tem como fato gerador a propriedade, o domínio útil ou a posse de imóvel por natureza, como definido na lei civil, localização fora da zona urbana do Município.
> Art. 30. A base do cálculo do imposto é o valor fundiário.

> Art. 31. Contribuinte do imposto é o proprietário do imóvel, o titular de seu domínio útil, ou o seu possuidor a qualquer título.

Por sua vez, da Lei 9.393/96, a qual disciplina o ITR, é possível identificar, de forma sucinta, todos os elementos que compõe sua hipótese de incidência:

> Art. 1º O Imposto sobre a Propriedade Territorial Rural – ITR, de apuração anual, tem como fato gerador a propriedade, o domínio útil ou a posse de imóvel por natureza, localizado fora da zona urbana do município, em 1º de janeiro de cada ano.
>
> § 1º O ITR incide inclusive sobre o imóvel declarado de interesse social para fins de reforma agrária, enquanto não transferida a propriedade, exceto se houver imissão prévia na posse.
>
> § 2º Para os efeitos desta Lei, considera-se imóvel rural a área contínua, formada de uma ou mais parcelas de terras, localizada na zona rural do município.
>
> § 3º O imóvel que pertencer a mais de um município deverá ser enquadrado no município onde fique a sede do imóvel e, se esta não existir, será enquadrado no município onde se localize a maior parte do imóvel.

Antes de entrarmos individualmente nos critérios da regra-matriz de incidência tributária, é necessário esclarecer, desde já, que apesar do que dispõe a Lei 9.393/96, conforme conceito inserido no art. 29 do CTN, a zona rural é definida por exclusão frente à zona urbana, a qual, por sua vez, é conceituada pelo art. 32 §§ 1º e 2º do CTN, conforme já visto quando abordado o IPTU.

2.2.1. Critério material

Hugo de Brito Machado, destaca que o critério material da hipótese de incidência tributária é o núcleo que define a conduta causadora da incidência do tributo, e "(...) é traduzido por um verbo mais complemento, inferidos desde o âmbito de incidência possibilitado no plano constitucional". Prossegue afirmando que "No caso dos impostos, tem-se uma conduta do particular que denota capacidade contributiva, aptidão econômica de contribuir para os cofres públicos".[30]

Conforme já visto, o ITR tem como parâmetro constitucional para a regra-matriz de incidência tributária a propriedade territorial rural, sendo, portanto, o critério material deste imposto, ter a propriedade territorial de imóvel situado em zona rural.

É necessário, então, definir propriedade territorial, bem como zona rural, para então constatarmos a hipótese de incidência tributária do ITR.

Assim como ocorrido com o IPTU, muito se debateu acerca da ampliação do conceito de propriedade trazida pelo CTN, em face do que originalmente previsto pela Constituição Federal, uma vez que o CTN ampliou o conceito de propriedade para estabelecer que o ITR "tem como fato gerador a propriedade, o domínio útil ou a posse de imóvel por natureza, como definido na lei civil".

Muitos ainda foram os questionamentos de que o CTN não poderia ampliar as definições instituídas pelas Constituição Federal, sobretudo em decorrência do previsto pelo art. 110 do CTN:

> Art. 110. A lei tributária não pode alterar a definição, o conteúdo e o alcance de institutos, conceitos e formas de direito privado, utilizados, expressa ou implicitamente, pela Constituição Federal, pelas Constituições dos Estados, ou pelas Leis Orgânicas

[30] MACHADO, Hugo Brito, Calcini, Fábio Pallaretti (Coord.). Imposto Predial e Territorial Urbano (IPTU) e Imposto Territorial Rural (ITR). [Minha Biblioteca], p. 129.

do Distrito Federal ou dos Municípios, para definir ou limitar competências tributárias.

Defendendo o acerto do CTN, temos a lição de Hugo de Brito Machado e Fábio Palleretti Calcini, na obra Imposto Predial e Territorial Urbano (IPTU) e Imposto Territorial Rural (ITR):

> Acerca da propriedade, vale para o ITR o que foi visto em relação ao IPTU. Não se trata apenas de uma definição do termo por critérios estrita- mente jurídicos, ou seja, não se trata de investigar o que seja o direito real de propriedade como definido pelo Código Civil. A propriedade é um antigo fenômeno econômico e social revelador de capacidade contributiva que não pode ser reduzido aos estreitos limites de um único direito real. A propriedade a que se alude é uma dimensão maior, que retrata o domínio econômico sobre o bem imóvel, que pode ser operado por outros direitos ou institutos jurídicos que não apenas o de propriedade assim como definido pela lei civil.
>
> Daí o acerto do Código Tributário Nacional em eleger um conceito eco- nômico de propriedade, alcançando situações em que alguém detém, com alguma sorte de proteção jurídica diversa do específico direito real de pro- priedade, o domínio econômico sobre coisa. O art. 29 do CTN prescreve que "o imposto, de competência da União, sobre a propriedade territorial rural tem como fato gerador a propriedade, o domínio útil ou a posse de imóvel por natureza, como definido na lei civil". De fato, o controle dos fatores econômicos do imóvel, que denota capacidade contributiva, pode ser obtido também pelo domínio útil e pela posse, além, claro, pelo direito real de pro- priedade, o mais amplo direito real sobre um bem.[31]

[31] MACHADO, Hugo Brito, Calcini, Fábio Pallaretti (Coord.). Imposto Predial e Territorial Urbano (IPTU) e Imposto Territorial Rural (ITR). [Minha Biblioteca], p. 133.

Para Paulo de Barros Carvalho, ao tratar sobre o domínio útil e a posse, conforme conceito ampliado pelo CTN:

> O domínio útil e a posse são atributos intrínsecos a um direito maior, que é o direito de propriedade. Dessa maneira, as normas infraconstitucionais não estariam ampliando a previsão da Lei Fundamental, mas tão só desdobrando a relação jurídica 'propriedade' em outras duas que, em princípio, nela estão interligadas. Digamos que ambas contribuem para a formação da situação jurídica da propriedade, entendo aqui essa expressão como o plexo de relação que tem, num único sujeito, pontos de referência.[32]

Desta forma, tanto a doutrina como a jurisprudência seguiram para reconhecer como critério material do ITR todo o complemento estipulado no art. 29 do CTN, uma vez que, assim como na ampliação do conceito para o IPTU, se buscou "(...) alcançar, pois, uma posse mais estável que denuncie um estado de fato em que alguém se comporta como dono, ou seja, que tenha, como dito e repetido, o domínio sobre os fatores econômicos do bem".[33]

2.2.2. Critério espacial

Conforme já visto, o critério espacial na regra-matriz de incidência tributária tem por objetivo definir a competência tributária, determinando onde o fato deverá ocorrer para que as consequências normativas sejam exigíveis.

Para Hugo de Brito Machado e Fábio Pallari Calcini, com relação ao ITR, considerando até mesmo a sua denominação,

[32] CARVALHO, Paulo de Barros. Curso de direito tributário. 28ª ed.: São Paulo: Saraiva, 2017, p. 281.

[33] MACHADO, Hugo Brito, Calcini, Fábio Pallaretti (Coord.). Imposto Predial e Territorial Urbano (IPTU) e Imposto Territorial Rural (ITR). [Minha Biblioteca], p. 131.

não é necessária análise mais profunda para constatar que seu critério espacial indica que a ação do núcleo material deverá ocorrer na zona rural, a qual, por sua vez, se contrapõe, conceitualmente, à zona urbana:

"(...) há duas maneiras para definir a contra-posição entre urbano e rural. A primeira diz respeito à localização geográfica do imóvel. No ITR, o rural é indicado por exclusão: aquilo que está fora da zona urbana. É a solução do art. 29 do Código Tributário Nacional. Então, define-se o que seja urbano, e o que não se enquadrar nele será, consequentemente, rural.

É competência do Município, a ser exercida por lei local própria, fixar seu espaço urbano, via de regra por meio do plano diretor. Decorre da divisão vertical de poderes que reserva aos Municípios o disciplinamento dos interesses locais, entre os quais o que seja espaço urbano. Sem dúvidas, tal matéria atende às duas características que a inserem no âmbito de interesse local, consoante já defendido em outra obra:

A primeira é a imediatidade, no sentido de que a lei deve versar sobre comporta- mento humano que se exaure dentro dos limites territoriais locais, nele surtindo seus principais efeitos. Isso é necessário porque só assim será eficiente o disciplinamento normativo que também possui esse limite territorial de eficácia jurídica. A segunda característica é a da preponderância, entendida como uma mais próxima relação da conduta disciplinada com a vida local dos munícipes, os institutos e instituições do Município, não abarcando comportamentos que atinjam indistintamente pessoas e entidades em territórios variados.11

Considerando, pois, esses dois elementos definidores do interesse local, resta claro o atendimento de ambos na matéria pertinente à definição de área urbana. As repercussões do espaço urbano se restringem, em quase sua totalidade, ao limite do Município, porquanto, quando muito, alcança cidades vizinhas, demandando cooperação federativa entre as duas partes no exercício de competências próprias e autônomas inconfundíveis. Somente quando há um aglomerado mais abrangente, que faça emergir outro interesse juridicamente qualificado (o regional), é possível a atuação estadual mediante a criação de Região Metropolitana, mas sempre observando a soma das partes urbanas predefinidas por parte de cada Município.

Desta forma, sem ainda adentrar no conflito existente entre localização e destinação, temos que o critério espacial do ITR é definido pela localização do imóvel na zona rural.

O conceito de zona rural, por sua vez, e como já abordado, se dará por exclusão, conforme previsto pelo CTN em seu art. 29, já que, conceitualmente, será considerada como aquela que não é definida como zona urbana.

2.2.3. Critério temporal

O critério temporal, como ensina Isabela Bonfá de Jesus, permite identificar e indicar o momento exato, projetado no tempo, em que se considerará consumado o fato gerador, ocasionando o surgimento da obrigação tributária.[34]

Usualmente, a própria lei define o critério espacial, e de forma expressa, delimitando o momento exato em que será reputado consumado o fato tributário.

Quando a legislação é omissa em indicar exatamente o critério temporal, este deverá coincidir com a efetiva ocorrência do fato material estabelecido pela regra-matriz de incidência tributária.

Vale relembrar que a Constituição Federal veda a irretroatividade da lei, de forma que para ser expresso na legislação, o

[34] JESUS, Isabela Bonfá de. Manual de direito tributário. 2ª ed., rev., at. e amp.: São Paulo: Revista dos Tribunais, 2015, p. 130.

critério temporal sempre deverá ser estabelecido legalmente antes do fato material ser consumado efetivamente, sob pena de violação ao princípio da irretroatividade.[35]

O art. 1º da Lei 9.393/96, tratou de fixar, expressamente, o critério temporal como sendo 1º de janeiro de cada ano, o que não permite qualquer maior discussão quanto à este critério. Vejamos:

> Art. 1º O Imposto sobre a Propriedade Territorial Rural – ITR, de apuração anual, tem como fato gerador a propriedade, o domínio útil ou a posse de imóvel por natureza, localizado fora da zona urbana do município, em 1º de janeiro de cada ano.

3. IPTU X ITR: Conflitos existentes entre os critérios da localização e da destinação

3.1. Identificação do conflito entre o critério da localização e da destinação do imóvel

O Ministro Herman Benjamin, do Superior Tribunal de Justiça (STJ), relator do Recurso Especial (RESP) nº 1.112.646 – SP (2009/0051088-6), o qual foi reconhecido como representativo de controvérsia nos termos do art. 543-C do Código de Processo Civil de 1973 (CPC/73), ao proferir seu voto em sessão de julgamento, consignou que "a discussão a respeito da incidência do IPTU ou do ITR é caso clássico de conflito de competência a ser dirimido pela legislação complementar, nos termos do art. 146, I, da CF"[36], que assim dispõe:

[35] Ataliba, Geraldo. Hipótese de incidência tributária. 5ª ed: São Paulo: Malheiros, 2008, p. 95.

[36] TRIBUTÁRIO. IMÓVEL NA ÁREA URBANA. DESTINAÇÃO RURAL. IPTU.
NÃO-INCIDÊNCIA. ART. 15 DO DL 57/1966. RECURSO REPETITIVO. ART. 543-C DO CPC.

> Art. 146. Cabe à lei complementar:
>
> I – dispor sobre conflitos de competência, em matéria tributária, entre a União, os Estados, o Distrito Federal e os Municípios;

Conforme já demonstrado em capítulo anterior, o CTN, ao dispor sobre o ITR, definiu sua hipótese de incidência em seu art. 32.

Por sua vez, o §1º do art. 32 adotou o critério da localização do imóvel e considerou urbana a área definida na lei municipal, desde que observadas ao menos duas melhorias das listadas em seus incisos.

Em complemento, o §2º do mesmo art. 32 estabeleceu que a lei municipal poderá, ainda, considerar urbana as áreas urbanizáveis ou de expansão urbana, constantes de loteamentos aprovados. Vejamos:

> Art. 32. O imposto, de competência dos Municípios, sobre a propriedade predial e territorial urbana tem como fato gerador a propriedade, o domínio útil ou a posse de bem imóvel por natureza ou por acessão física, como definido na lei civil, localizado na zona urbana do Município.
>
> § 1º Para os efeitos deste imposto, entende-se como zona urbana a definida em lei municipal; observado o requisito mínimo da existência de melhoramentos indicados em pelo menos 2 (dois) dos incisos seguintes, construídos ou mantidos pelo Poder Público:
>
> I – meio-fio ou calçamento, com canalização de águas pluviais;

1. Não incide IPTU, mas ITR, sobre imóvel localizado na área urbana do Município, desde que comprovadamente utilizado em exploração extrativa, vegetal, agrícola, pecuária ou agroindustrial (art. 15 do DL 57/1966).
2. Recurso Especial provido. Acórdão sujeito ao regime do art. 543-C do CPC e da Resolução 8/2008 do STJ.
(REsp 1112646/SP, Rel. Ministro HERMAN BENJAMIN, PRIMEIRA SEÇÃO, julgado em 26/08/2009, DJe 28/08/2009)

II – abastecimento de água;

III – sistema de esgotos sanitários;

IV – rede de iluminação pública, com ou sem posteamento para distribuição domiciliar;

V – escola primária ou posto de saúde a uma distância máxima de 3 (três) quilômetros do imóvel considerado.

§ 2º A lei municipal pode considerar urbanas as áreas urbanizáveis, ou de expansão urbana, constantes de loteamentos aprovados pelos órgãos competentes, destinados à habitação, à indústria ou ao comércio, mesmo que localizados fora das zonas definidas nos termos do parágrafo anterior.

Abordando a definição e delimitação da zona urbana, e conceito de urbano, Hugo de Brito Machado ensina que:

"(...) é o Município que deve definir o que seja o urbano (o espaço rural é obtido por exclusão do que não for urbano), por ser matéria de interesse local, dada a imediatidade e preponderância do assunto relacionadas aos lindes locais, e a União deverá respeitar essa normatização municipal para entender o que seja rural."[37]

O autor ainda defende que o CTN, ao fixar o critério espacial do IPTU (zona urbana), não exauriu a definição do assunto, mas apenas fixou os parâmetros gerais, sobre os quais deverão os municípios delimitarem seu espaço urbano, o qual deverá ser observado pela união quando da cobrança do ITR.[38]

[37] MACHADO, Hugo Brito, Calcini, Fábio Pallaretti (Coord.). Imposto Predial e Territorial Urbano (IPTU) e Imposto Territorial Rural (ITR). [Minha Biblioteca], p. 39.

[38] MACHADO, Hugo Brito, Calcini, Fábio Pallaretti (Coord.). Imposto Predial e Territorial Urbano (IPTU) e Imposto Territorial Rural (ITR). [Minha Biblioteca], p. 38/39.

Exatamente neste sentido, o CTN determina que, por sua vez, o ITR incidirá sobre a propriedade rural localizada fora da zona urbana do município:

> Art. 29. O imposto, de competência da União, sobre a propriedade territorial rural tem como fato gerador a propriedade, o domínio útil ou a posse de imóvel por natureza, como definido na lei civil, localização fora da zona urbana do Município.

Em uma análise primária, não se vislumbra qualquer conflito entre as disposições, ao passo que ambos os artigos elegem o critério da localização para fins de verificar qual dos impostos incidirá sobre a propriedade.

Novamente citando Hugo de Brito Machado:

> "Foi visto, ao estudar o IPTU, que há duas maneiras para definir a contra- posição entre urbano e rural. A primeira diz respeito à localização geográfica do imóvel. No ITR, o rural é indicado por exclusão: aquilo que está fora da zona urbana. É a solução do art. 29 do Código Tributário Nacional. Então, define-se o que seja urbano, e o que não se enquadrar nele será, consequen- temente, rural.
>
> É competência do Município, a ser exercida por lei local própria, fixar seu espaço urbano, via de regra por meio do plano diretor. Decorre da divi- são vertical de poderes que reserva aos Municípios o disciplinamento dos interesses locais, entre os quais o que seja espaço urbano."[39]

[39] MACHADO, Hugo Brito, Calcini, Fábio Pallaretti (Coord.). Imposto Predial e Territorial Urbano (IPTU) e Imposto Territorial Rural (ITR). [Minha Biblioteca], p. 140/141.

Para Juraci Mourão Lopes Filho, a forma trazida pelo CTN atende às duas características que a inserem no âmbito do interesse local:

> "A primeira é a imediatidade, no sentido de que a lei deve versar sobre comporta- mento humano que se exaure dentro dos limites territoriais locais, nele surtindo seus principais efeitos. Isso é necessário porque só assim será eficiente o discipli- namento normativo que também possui esse limite territorial de eficácia jurídica. A segunda característica é a da preponderância, entendida como uma mais próxi- ma relação da conduta disciplinada com a vida local dos munícipes, os institutos e instituições do Município, não abarcando comportamentos que atinjam indistin- tamente pessoas e entidades em territórios variados."[40]

Ocorre, porém, que o Decreto-Lei 57/66, o qual, assim como o CTN, também foi recepcionado como lei complementar pela Constituição Federal de 1988, tratou sobre o potencial conflito de competência entre a União e os Municípios, definindo que os imóveis que se destinam à exploração extrativa vegetal, agrícola, pecuária ou agroindustrial, ainda que localizados dentro da zona urbana, nos termos do art. 32 do CTN, serão alcançados pelo ITR:[41]

> Art 15. O disposto no art. 32 da Lei nº 5.172, de 25 de outubro de 1966, não abrange o imóvel de que, comprovadamente, seja utilizado em exploração extrativa vegetal, agrícola, pecuária ou

[40] LOPES FILHO, Juraci Mourão. Competências federativas – na Constituição e nos prece- dentes do STF. Salvador: Juspodivm, 2012, p. 298.

[41] BRASIL. STF. RE 140773, Relator(a): Min. SYDNEY SANCHES, Tribunal Pleno, julgado em 08/10/1998, DJ 04-06-1999 PP-00017 EMENT VOL-01953-01 PP-00127.

agro-industrial, incidindo assim, sôbre o mesmo, o ITR e demais tributos com o mesmo cobrados.

Posteriormente, houve a edição da Lei nº 5.868/72, que estabeleceu em seu art. 6º o seguinte:

> Art. 6º – Para fim de incidência do Imposto sobre a Propriedade Territorial Rural, a que se refere o Art. 29 da Lei número 5.172, de 25 de outubro de 1966, considera-se imóvel rural aquele que se destinar à exploração agrícola, pecuária, extrativa vegetal ou agroindustrial e que, independentemente de sua localização, tiver área superior a 1 (um) hectare.
>
> Parágrafo único. Os imóveis que não se enquadrem no disposto neste artigo, independentemente de sua localização, estão sujeitos ao Imposto sobre a Propriedade Predial e Territorial Urbana, a que se refere o Art. 32 da Lei número 5.172, de 25 de outubro de 1966.

Ocorre que, referido artigo foi declarado inconstitucional pelo Supremo Tribunal Federal (STF), quando do julgamento do Recurso Extraordinário (RE) nº 93.850-8/MG, sendo posteriormente editada a Resolução 313/83 do Senado Federal, a qual suspendeu a execução do referido artigo.[42]

Na sequência, sobrevieram as Leis nºs 8.847/94 e 9.393/96, as quais dispuseram acerca do ITR, sendo que a mais recente revogou praticamente a integralidade da anterior, restando disposto em seu art. 1º que:

> Art. 1º O Imposto sobre a Propriedade Territorial Rural – ITR, de apuração anual, tem como fato gerador a propriedade, o

[42] BRASIL. STF. RE nº 93.850-8-MG, Plenário, Min. Moreira Alves, DJ de 27.08.82.

domínio útil ou a posse de imóvel por natureza, localizado fora da zona urbana do município, em lo de janeiro de cada ano.

Em que pese todas as mencionadas disposições, situação que se mostra extremamente costumeira são os imóveis que, localizados dentro do perímetro urbano definido por legislação municipal, nos termos do art. 32 do CTN, sejam destinadas à exploração extrativa vegetal, agrícola, pecuária ou agroindustrial.

Desta forma, surge o clássico conflito entre o ITR e o IPTU, ao passo que, ao se observar estritamente o que dispõe o CTN, elegendo o critério da localização, estaremos diante da incidência do IPTU, já que o imóvel se encontra dentro da zona urbana.

Por outro lado, ao considerar o Decreto-Lei nº 57/66, o qual, frisa-se, foi recepcionado como lei complementar pela Constituição Federal, incidiria sob o mesmo imóvel o ITR, eis que referida Lei elege o critério da destinação.

3.2. O critério da destinação do imóvel como balizador da hipótese de incidência tributária

Conforme já visto, o CTN, em seus artigos 29 e 32 adotaram o critério da localização para definir a incidência entre o ITR ou o IPTU, de forma que estando o imóvel localizado dentro da zona urbana, definida por lei municipal, deverá incidir o IPTU, e, por exclusão, caso o imóvel não esteja dentro da zona urbana, consequentemente estará em zona rural, e será alcançado, portanto, pelo ITR.[43]

Por outro lado, considerando a plena vigência do art. 15 do Decreto-Lei nº 57/66, o qual adotou o critério da destinação,

[43] MACHADO, Hugo Brito, Calcini, Fábio Pallaretti (Coord.). Imposto Predial e Territorial Urbano (IPTU) e Imposto Territorial Rural (ITR). [Minha Biblioteca], p. 39.

temos que, ainda que o imóvel esteja inserido em zona urbana, definida por lei municipal, mas seja destinado à exploração de atividades extrativa vegetal, agrícola, pecuária ou agroindustrial, deverá sofrer a tributação do ITR.[44]

A doutrina, de forma geral, ratifica o critério geográfico de definição dos espaços urbanos para fins de incidência do IPTU.

De maneira contrária, no entanto, o STJ tem se posicionado pela prevalência do critério da destinação. Referido entendimento, para Hugo de Brito Machado e Fábio Pallaretti Calcini é fruto de "uma estreita análise exclusivamente legal".[45]

A jurisprudência do STF já se posicionou no sentido de que o Decreto-Lei 57/66 foi recepcionado pela Constituição de 1967 como lei complementar, antes mesmo que CTN entrasse em vigor.

Desta forma, para o STF, quando o CTN entrou em vigor, em 1º de janeiro de 1967, este já contemplava o que estabelecido pelo Decreto-Lei 57/66, o qual, naquela oportunidade, já estava vigendo.[46]

[44] MACHADO, Hugo Brito, Calcini, Fábio Pallaretti (Coord.). Imposto Predial e Territorial Urbano (IPTU) e Imposto Territorial Rural (ITR). [Minha Biblioteca], p. 142/145.

[45] MACHADO, Hugo Brito, Calcini, Fábio Pallaretti (Coord.). Imposto Predial e Territorial Urbano (IPTU) e Imposto Territorial Rural (ITR). [Minha Biblioteca], p. 142.

[46] EMENTA: – DIREITO CONSTITUCIONAL, TRIBUTÁRIO E PROCESSUAL CIVIL. IMPOSTO PREDIAL E TERRITORIAL URBANO (I.P.T.U.). IMPOSTO TERRITORIAL RURAL (I.T.R.). TAXA DE CONSERVAÇÃO DE VIAS. RECURSO EXTRAORDINÁRIO. 1. R.E. não conhecido, pela letra "a" do art. 102, III, da C.F., mantida a declaração de inconstitucionalidade da Lei Municipal de Sorocaba, de n 2.200, de 03.06.1983, que acrescentou o parágrafo 4 ao art. 27 da Lei n 1.444, de 13.12.1966. 2. R.E. conhecido, pela letra "b", mas improvido, mantida a declaração de inconstitucionalidade do art. 12 da Lei federal n 5.868, de 12.12.1972, no ponto em que revogou o art. 15 do Decreto-lei n 57, de 18.11.1966. 3. Plenário. Votação unânime. (RE 140773, Relator(a): Min.

Por sua vez, a jurisprudência do STJ, desde muito, já reconhecia que, considerando que o Decreto-Lei 57/66 permanecia em vigor, sobretudo justamente porque alçado à condição de lei complementar, e não atingido pela revogação prescrita na forma do art. 12 da Lei nº 5.686/72, o legislador federal optou por abrandar o critério da localização adotado pelo CTN, consolidando a prevalência do critério da destinação econômica do imóvel.[47]

Em 2009, ao analisar RESP interposto contra acórdão do Tribunal de Justiça de São Paulo (TJSP), o qual versava sobre a incidência do IPTU sobre imóveis em qual, apesar de incluídos na zoa urbana definida por lei municipal, havia a exploração de

SYDNEY SANCHES, Tribunal Pleno, julgado em 08/10/1998, DJ 04-06-1999 PP-00017 EMENT VOL-01953-01 PP-00127)

[47] TRIBUTÁRIO. IPTU. ITR. FATO GERADOR. IMÓVEL SITUADO NA ZONA URBANA.
LOCALIZAÇÃO. DESTINAÇÃO. CTN, ART. 32. DECRETO-LEI N. 57/66. VIGÊNCIA.
1. Ao ser promulgado, o Código Tributário Nacional valeu-se do critério topográfico para delimitar o fato gerador do Imposto sobre a Propriedade Predial e Territorial Urbana (IPTU) e o Imposto sobre a Propriedade Territorial Rural (ITR): se o imóvel estivesse situado na zona urbana, incidiria o IPTU; se na zona rural, incidiria o ITR.
2. Antes mesmo da entrada em vigor do CTN, o Decreto-Lei nº 57/66 alterou esse critério, estabelecendo estarem sujeitos à incidência do ITR os imóveis situados na zona rural quando utilizados em exploração vegetal, agrícola, pecuária ou agroindustrial.
3. A jurisprudência reconheceu validade ao DL 57/66, o qual, assim como o CTN, passou a ter o status de lei complementar em face da superveniente Constituição de 1967. Assim, o critério topográfico previsto no art. 32 do CTN deve ser analisado em face do comando do art. 15 do DL 57/66, de modo que não incide o IPTU quando o imóvel situado na zona urbana receber quaisquer das destinações previstas nesse diploma legal.
4. Recurso especial provido.
(REsp 492.869/PR, Rel. Ministro TEORI ALBINO ZAVASCKI, PRIMEIRA TURMA, julgado em 15/02/2005, DJ 07/03/2005, p. 141)

atividades agrícolas, à luz do Decreto-Lei 57/66, o STJ admitiu o RESP como Repetitivo.

Posteriormente, no ano de 2009, ao analisar Recurso Especial interposto contra acórdão do Tribunal de Justiça de São Paulo, que versava sobre a incidência de IPTU sobre imóveis em qual há exploração de atividade agrícola, à luz do Decreto-Lei 57/66, o Relator do RESP no STJ, Min. Herman Benjamin, admitiu o Recurso como representativo de controvérsia (tema 174), nos termos do artigo 543-C do CPC/73, e consolidou o entendimento no sentido de não incidir o IPTU/ITU, mas sim o ITR, sobre imóveis localizados na área urbana do município, desde que comprovadamente seja utilizado em exploração extrativa vegetal, agrícola pecuária ou agroindustrial.[48]

Desta forma, desde então, com a questão decidida pelo STJ em sede de repetitivo, passou-se a prevalecer o critério da destinação econômica, em detrimento do critério da localização.

Tecendo críticas ao decidido pelo STJ, Hugo de Brito Machado e Fábio Pallaretti Calcini pontuam que as razões da referida Corte para decidir, foram:

> (...) eminentemente infracons- titucionais. Não é considerada a repartição das competências federativas operada na atual Constituição Federal que, como sabido e divulgado, redesenhou intei-

[48] TRIBUTÁRIO. IMÓVEL NA ÁREA URBANA. DESTINAÇÃO RURAL. IPTU.
NÃO-INCIDÊNCIA. ART. 15 DO DL 57/1966. RECURSO REPETITIVO. ART. 543-C DO CPC.
1. Não incide IPTU, mas ITR, sobre imóvel localizado na área urbana do Município, desde que comprovadamente utilizado em exploração extrativa, vegetal, agrícola, pecuária ou agroindustrial (art. 15 do DL 57/1966).
2. Recurso Especial provido. Acórdão sujeito ao regime do art. 543-C do CPC e da Resolução 8/2008 do STJ.
(REsp 1112646/SP, Rel. Ministro HERMAN BENJAMIN, PRIMEIRA SEÇÃO, julgado em 26/08/2009, DJe 28/08/2009)

> ramente o pacto federativo, conferindo maior autonomia aos entes periféricos. E é precisamente aí que a linha jurisprudencial do STJ mostra sua debilidade. Basta considerar, como dito, os dois elementos definidores do interesse local que faz emergir a competência do Município para definir sua área urbana.
>
> (...)
>
> Essa nova perspectiva surgida com a Constituição Federal de 1988, e não enfrentada pelo Superior Tribunal de Justiça, justamente por envolver matéria constitucional, é corroborada pela Lei no 9.393/1996, que traz a regra matriz do ITR sem prever a incidência do imposto em imóvel urbano com destinação rural. O art. 1º, § 2º, é eloquente ao determinar que o imóvel será rural, para efeitos de tributação, se estiver localizado na zona rural do Município.
>
> Ante a omissão da Lei no 9.393/1996, mesmo prevalecendo o entendi- mento da destinação do imóvel, ainda assim, a União não poderá cobrar o ITR em tal circunstância, por falecer prescrição legal para tanto. O embate acerca do critério é travado no plano das leis gerais sobre tributação, não su- ficientes para ensejar a relação tributária, demandando o estabelecimento de regra matriz específica veiculada por lei ordinária. Como a Lei no 9.393/1996 não prevê a incidência do imposto em imóvel urbano com destinação rural, não poderá haver a cobrança.[49]

Seguindo o mesmo raciocínio, apesar de não discordar do que decidido pelo STJ, René Bergmann Ávila:

> Não obstante o acerto do STJ em sua orientação sobre a impossibilidade de incidência do IPTU, haja vista a ausência de compe-

[49] MACHADO, Hugo Brito, Calcini, Fábio Pallaretti (Coord.). Imposto Predial e Territorial Urbano (IPTU) e Imposto Territorial Rural (ITR). [Minha Biblioteca], p. 147.

tência municipal de cobrá-lo sobre a propriedade dos imóveis ora tratados, para que a incidência do ITR seja possível, é necessária lei ordinária federal criando esta hipótese de incidência.

(...)

A simples leitura dos dispositivos da Lei n. 9.393/96 torna claro que o legislador ordinário federal não exerceu a prerrogativa que lhe atribuiu o art. 15 do DL 37/66, abdicando da competência impositiva de instituição dessa incidência do ITR sobre imóveis situados fora da zona rural e que, embora na zona urbana, sejam com- provadamente utilizados na atividade rural. Deixou, aí, um vácuo legislativo a ser futuramente preenchido. Eventual conclusão em sentido contrário somente seria possível caso se entendesse que o art. 15 do DL 37/66, que estabelece a regra excepcional, seria por si só suficiente para permitir a cobrança. Tal interpretação, porém, não nos parece aceitável, eis que não cabe ao intérprete inferir do texto legal expressões que o legislador não aprovou, ou atribuir ao dispositivo legal sentido ou força mais ampla do que o que de sua leitura resulte.[50]

Recentemente, já em 2018, a Receita Federal do Brasil (RFB) ao ser instada por contribuinte, firmou entendimento, através da Solução de Consulta Cosit nº 198 de 05 de novembro de 2018, contrário ao que estabelecido pelo STJ. A RFB consignou, na Solução de Consulta, que:

Inobstante, em que pese o respeitável entendimento do Colendo STJ acima transcrito, assinale-se que a Lei nº 9.393, de 1996, não exerceu a possibilidade constante do art. 15 do Decreto--Lei no 57, de 1966, uma vez que não trouxe dispositivo prevendo

[50] Ávila, René Bergmann. ITR e imóveis com destinação rural na zona urbana. In: Anan Junior, Pedro; Peixoto, Marcelo Magalhães. Imposto sobre a propriedade territorial ru- ral – à luz da jurisprudência do Conselho Administrativo de Recursos Fiscais. São Paulo: MP Editora, 2012, p. 288.

que o ITR incidirá também sobre a propriedade de imóveis situados na zona urbana que tenham destinação comprovadamente rural.

Conclusão

Diante do exposto, é forçoso concluir que o ITR não incide sobre imóvel localizado na zona urbana do Município, ainda quando seja utilizado em exploração extrativa vegetal, agrícola, pecuária ou agroindustrial, uma vez que tal hipótese não se encontra prevista na lei ordinária instituidora desse tributo.[51]

Verificamos, portanto, que o assunto ainda é tormentoso, e gera conflitos, ao passo que, a Receita Federal ainda se opõe ao entendimento do STJ, o qual, por sua vez, foi fixado em RESO afetado ao procedimento de representativo de controvérsia, nos termos do artigo 543-C do CPC/73.

Considerações finais

Conforme é verificado pelo estudo que ora se concluí, por certo que, para delimitar a incidência do IPTU e do ITR, o CTN adotou o critério da localização, também chamado de espacial, ao passo que definiu a incidência do IPTU sobre a propriedade de imóveis situados na zona urbana, prevendo a incidência do ITR sobre a propriedade de imóveis localizados na zona rural.

O próprio CTN ainda tratou de definir zona urbana como sendo aquela que, prevista em lei municipal, possua ao menos dois dos melhoramentos fixados em lei.

Por outro lado, quanto à zona rural, por exclusão, definiu tratar-se daquela que não compreenda a zona urbana.

Por outro lado, o Decreto-Lei nº 57/66 elegeu o critério da destinação econômica do imóvel, dispondo que, ainda que

51 BRASIL. Receita Federal do Brasil. Solução de Consulta Cosit nº 198 de 05 de novembro de 2018. Publicado(a) no DOU de 26/11/2018, seção 1, página 25.

determinado imóvel esteja inserido na zona urbana, sendo beneficiado por dois ou mais melhoramentos indicados em lei, ainda assim, caso seja destinado a atividade preponderantemente rural, sofrerá a incidência do ITR em detrimento ao IPTU.

Em que pese as enormes discussões travadas pela doutrina e jurisprudência, esta última caminhou para pacificar a prevalência do critério da destinação econômica, inaugurada pelo Decreto-Lei nº 57/66, sobre o critério da localização, também conhecido por critério espacial, trazido pelo CTN.

Neste sentido, não se pode olvidar o julgamento, pelo STJ, do RESP nº 1.112.646 – SP, da relatoria do Min. Herman Benjamin, o qual, processado como representativo de controvérsia, elegeu o critério da destinação econômica para decidir que "não incide IPTU, mas sim o ITR, sobre imóvel localizado na área urbana do Município, desde que, comprovadamente, seja utilizado em exploração extrativa, vegetal, agrícola, pecuária ou agroindustrial".[52]

É de se observar, ainda, que apesar do julgamento pelo STJ, o qual, frisa-se, foi processado como representativo de controvérsia, não são raras as decisões administrativas que ainda se valem do critério da localização para delimitar a incidência do IPTU.

Neste sentido, inclusive, conforme abordado em capítulo anterior, a própria Receita Federal, em Solução de Consulta Cosit nº 198 de 05 de novembro de 2018, em sentido diametralmente oposto ao que decidido pelo STJ, consignou que "concluir que o ITR não incide sobre imóvel localizado na zona urbana do Município, ainda quando seja utilizado em exploração extrativa vegetal, agrícola, pecuária ou agroindustrial".[53]

[52] BRASIL. Superior Tribunal de Justiça. REsp 1112646/SP, Rel. Ministro HERMAN BENJAMIN, PRIMEIRA SEÇÃO, julgado em 26/08/2009, DJe 28/08/2009

[53] BRASIL. Receita Federal do Brasil. Solução de Consulta Cosit nº 198 de 05 de novembro de 2018. Publicado(a) no DOU de 26/11/2018, seção 1, página 25.

Com efeito, temos que o assunto ainda se mostra tormentoso, trazendo uma séria insegurança jurídica aos contribuintes, especialmente ao considerarmos que os conflitos entre o ITR e o IPTU são mais comuns em pequenos municípios.

Desta forma, e considerando principalmente o recente posicionamento da Receita Federal, contrário ao que decidido pelo STJ, acredita-se que em breve a questão acabará sendo submetida ao crivo do STF, quando então poderemos ter uma solução definitiva ao conflito.

Referências

ATALIBA, Geraldo. **Hipótese de incidência tributária**. 5ª ed: São Paulo: Malheiros, 2008.

ÁVILA, René Bergmann. **ITR e imóveis com destinação rural na zona urbana**. In: ANAN JUNIOR, Pedro; PEIXOTO, Marcelo Magalhães. **Imposto sobre a propriedade territorial rural – à luz da jurisprudência do Conselho Administrativo de Recursos Fiscais**. São Paulo: MP Editora, 2012.

BALEEIRO, Aliomar. **Direito Tributário Brasileiro**. Atualizado por Misabel Abreu de Machado Derzi. 12ª ed. Rio de Janeiro: Ed. Forense, 2013.

BARRETO, Aires Fernandino. Artigo: **IPTU – progressividade e diferenciação** in Revista Dialética Tributária nº 76.

CALMON, Sacha e DERZI, Misabel. **Aspecto Espacial da Regra-matriz do Imposto Municipal sobre Serviços à luz da Constituição**: São Paulo: Dialética, nº 88, jan. 2003.

CARRAZA, Elizabeth Nazar. **IPTU e progressividade. Igualdade e capacidade contributiva**. Curitiba: Juruá, 1992.

CARRAZA, Roque Antônio. **Curso de Direito Constitucional Tributário**. 19ª ed. São Paulo: Malheiros, 2003.

CARVALHO, Paulo de Barros. **Curso de direito tributário**. 25ª ed. São Paulo: Saraiva, 2013.

CARVALHO, Paulo de Barros. **Curso de direito tributário**. 28ª ed.: São Paulo: Saraiva, 2017.

JESUS, Isabela Bonfá de. **Manual de direito tributário**. 2ª ed., rev., at. e amp.: São Paulo: Revista dos Tribunais, 2015.

LOPES FILHO, Juraci Mourão. **Competências federativas – na Constituição e nos prece- dentes do STF**. Salvador: Juspodivm, 2012.

MACHADO, Hugo Brito, Calcini, Fábio Pallaretti (Coord.). **Imposto Predial e Territorial Urbano (IPTU) e Imposto Territorial Rural (ITR).** [Minha Biblioteca].

MACHADO, Hugo de Brito. **Curso de direito tributário.** 20ª ed. São Paulo: Malheiros, 2002.

MACHADO, Hugo de Brito. **Curso de direito tributário.** 32ª ed. São Paulo: Malheiros, 2010.

MACHADO, Hugo de Brito. **Curso de Direito Tributário.** Rio de Janeiro: Ed. Forense, 1993.

REALE, Miguel. **O IPTU Progressivo e a Inconstitucionalidade da EC 29/2000**, Revista Dialética de Direito Tributário, n. 8, junho-2002. São Paulo: Oliveira Rocha Comércio e Serviços LTDA.

TORRES, Ricardo Lobo. **Curso de direito financeiro e tributário: de acordo com a emenda constitucional nº 3 de 1993.** Rio de Janeiro: Renovar, 1993.

VÁLERIO, Walter Paldes. **Programa de direito tributário – Parte especial.** 12ª ed. Porto Alegre: Sulina, 1997.

Legislação e jurisprudência

BRASIL. Constituição (1988). **Constituição da República Federativa do Brasil de 1988. Palácio do Planalto Presidência da República, Brasília,** DF, 05 out. 1988 Disponível em: <http://www.planalto.gov.br/ccivil_03/constituicao/constituicao.htm> Acesso em: 28 ago. 2018.

BRASIL. **Constituição da República dos Estados Unidos do Brasil (1891)**, de 24 de fev. de 1891. Disponível em: <http://www.planalto.gov.br/ccivil_03/constituicao/constituicao91 htm > Acesso em: 28 ago. 2018.

BRASIL. **Constituição da República dos Estados Unidos do Brasil (1934)**, de 16 de jul. de 1934. Disponível em: <http://www.planalto.gov.br/ccivil_03/constituicao/constituicao34.htm> Acesso em: 28 ago. 2018.

BRASIL. **Constituição da República dos Estados Unidos do Brasil (1937)**, de 10 de nov. de 1937. Disponível em: < http://www.planalto.gov.br/ccivil_03/constituicao/constituicao37.htm> Acesso em: 28 ago. 2018.

BRASIL. **Constituição dos Estados Unidos do Brasil (1946)**, de 18 de set. de 1946. Disponível em: <http://www.planalto.gov.br/ccivil_03/constituicao/constituicao46.htm> Acesso em: 28 ago. 2018.

BRASIL. **Constituição República Federativa do Brasil (1967)**, de 20 de out. de 1969. Disponível em: <http://www.planalto.gov.br/ccivil_03/Constituicao/Constituicao67EMC69.htm> Acesso em: 28 ago. 2018.

BRASIL. Decreto-Lei nº 57 de 18 de novembro de 1966. **Palácio do Planalto Presidência da República, Brasília,** DF, 18 nov. 1966. Disponível em: <http://www.planalto.gov.br/ccivil_03/Decreto-Lei/Del0057.htm> Acesso em: 05 set. 2019.

BRASIL. Lei nº 5.172 de 25 de outubro de 1966. Código Tributário Nacional. **Palácio do Planalto Presidência da República, Brasília**, DF, 25 out. 1966. Disponível em: <http://www.planalto.gov.br/ccivil_03/LEIS/L5172.htm> Acesso em: 05 set. 2019.

BRASIL. Lei nº 5.868 de 12 de dezembro de 1972. **Palácio do Planalto Presidência da República, Brasília,** DF, 12 dez. 1972. Disponível em: < http://www.planalto.gov.br/ccivil_03/LEIS/L5868.htm> Acesso em: 05 set. 2019.

BRASIL. Lei nº 5.869 de 11 de janeiro de 1973. Código de Processo Civil. **Palácio do Planalto Presidência da República, Brasília**, DF, 11 jan. 1973. Disponível em: <http://www.planalto.gov.br/ccivil_03/leis/L5869impressao.htm> Acesso em: 05 set. 2019.

BRASIL. Receita Federal do Brasil. **Solução de Consulta Cosit nº 198 de 05 de novembro de 2018**. Publicado(a) no DOU de 26/11/2018, seção 1, página 25.

BRASIL. Superior Tribunal de Justiça. **Recurso Especial nº 1112646/SP**, Rel. Ministro HERMAN BENJAMIN, PRIMEIRA SEÇÃO, julgado em 26/08/2009, DJe 28/08/2009.

BRASIL. Superior Tribunal de Justiça. **Recurso Especial nº 1112646/SP**, Rel. Ministro HERMAN BENJAMIN, PRIMEIRA SEÇÃO, julgado em 26/08/2009, DJe 28/08/2009.

BRASIL. Superior Tribunal de Justiça. **Recurso Especial nº 492.869/PR**, Rel. Ministro TEORI ALBINO ZAVASCKI, PRIMEIRA TURMA, julgado em 15/02/2005, DJ 07/03/2005.

BRASIL. Supremo Tribunal Federal. **Recurso Extraordinário nº 140773**, Relator(a): Min. SYDNEY SANCHES, Tribunal Pleno, julgado em 08/10/1998, DJ 04-06-1999 PP-00017 EMENT VOL-01953-01 PP-00127.

BRASIL. Supremo Tribunal Federal. **Recurso Extraordinário nº 93.850-8-MG**, Plenário, Min. Moreira Alves, DJ de 27.08.82.

Rede Brasileira de Tratados para Evitar a Dupla Tributação no Cone Sul: Aspectos Práticos

Karen Steuer Costa Murakami

Introdução

Objetivo

Aos se tratar se tratar das transações e internacionais realizadas pelos multinacionais, é bastante recorrente o questionamento quanto à melhor jurisdição para criação de suas subsidiárias na América do Sul, visando atender toda a região e essencialmente, com eficiência sob a perspectiva tributária. Nesse sentido, percebe-se certa carência de doutrina e estudos voltados à análise da rede de tratados para evitar a bitributação, focada nas transações realizadas dentro da América do Sul. Ao se especular as possíveis razões, depara-se com algumas hipóteses, tais como uma tendência em subestimar o potencial econômico dos vizinhos sul-americanos ou devido à volatilidade das legislações domésticas destes países. Consequência, que desta hipótese decorre, é que tais estudos correm o risco de tornarem-se obsoletos mais rapidamente, conforme observou José Roberto Afonso em seu seminário acerca da tributação na américa latina[1].

[1] Afonso, José Roberto. Tributação, Reforma e Federalismo: uma visão atual da América Latina, tópico apresentado no XX Seminário Regional de Política Fiscal, em Santiago do Chile, entre 28 e 31/1/2008, disponível em <http://www.scielo.org.ar/scielo.php?script=sci_arttext&pid=S1851-37272007000200007> Acesso em 09.ago.2019.

Assim, com a crença de que o Brasil pode diversificar seus investimentos e igualmente recebê-los nos seus países vizinhos, frente as constantes oscilações econômicas das potências europeias, justifica-se a relevância do tema. Como consequência, pretendemos demonstrar a compreensão e identificação de eficiência tributária na região, e que também seja instrumento de eficiência tributária das multinacionais. Desta forma, se possibilita a atração de investimentos externos com a sensação de redução da insegurança tributária ainda existente.

A atualidade do tema estaria primeiramente ligada à necessidade recorrente das economias sul-americanas se fortalecerem como um grupo econômico em si mesmo. Ou seja, de forma que a identificação de uma estrutura societária ideal entre as entidades de grupos multinacionais nos países da América do Sul pudesse contribuir significativamente para sucesso econômico de tais grupos e, consequentemente, auxiliar a economia de tais jurisdições.

Além disso, ainda no que tange à atualidade do tema proposto, cabe se levar em consideração que o panorama das políticas tributárias internacionais atualmente experimenta um processo de transformações extremamente relevante especialmente frente às diversas diretrizes estabelecidas pelas iniciativas do BEPS (acrônimo para *Base Erosion and Profit Shifting*), que exigirão das multinacionais com matriz estrangeira a adaptação de suas estruturas a regras globais de *compliance*.

Por outro lado, com grande potencial de debate, seria discutível que não haveria uma jurisdição única ideal para toda sorte de indústrias, que atendesse todas as demandas de propósito negocial. Entretanto, ainda que sem a pretensão de inovação, o objetivo é de elucidar o potencial negocial dos países da América do Sul também pode pautar-se em estruturas tributárias eficientes.

Considerando este cenário, o presente estudo busca incentivar e provocar que os planejamentos tributários devem ser realizados também pelas médias empresas brasileiras que investem nos países vizinhos, pois possuem um papel fundamental para a formação de um bloco econômico mais unido, e utilizar os mecanismos já existentes, exigindo das autoridades fiscais o cumprimento efetivo dos Tratados para Evitar a Dupla Tributação, somente pode elevar a maturidade fiscal do bloco como um todo.

Isso, com a crença de que apesar da alta complexidade e volatilidade das legislações tributárias aplicáveis, ainda assim é possível se identificar alternativas legais, válidas e eficientes para realizar potenciais econômicos, em linha com as novas demandas do cenário tributário internacional.

Assim, o objetivo principal do presente estudo é o de se analisar a rede Brasileira de tratados[2] para evitar a dupla tributação no Cone Sul, para avaliar sua eficiência em termos de evitar a bitributação dos impostos incidentes sobre a renda ou se tal efeito depende de mecanismos unilaterais, tendo em vista a "Lei" que países em desenvolvimento, o princípio de tributação da fonte prevalece.

Jurisdições Selecionadas e motivos

Evidentemente, à luz dos planos de ação do BEPS, este estudo não tem como objetivo servir de base para qualquer tipo de "*treaty shopping*", mas sim para permitir uma melhor compreensão do ambiente fiscal sul-americano que tantos europeus se abstêm de investir, e que, por força da insegurança jurídica e tributária (quando combinadas com a insegurança social) acabam inibindo oportunidades importantes de desenvolvimento para nossa sociedade (em sentido amplo).

[2] No decorrer do presente trabalho os termos "tratado" e "acordo" e "convenção" ao se referir às Convenções para Evitar a Dupla Tributação utilizados como sinônimos, apesar de sua diferença conceitual e jurídica.

Frise-se que a prática do planejamento tributário conhecido como "*treaty shopping*" pode ser compreendida, à luz dos ensinamentos de TORRES (2001, p. 321) e SHOUERI (1995, p.42) como a utilização de acordos internacionais para evitar a bitributação por não residentes dos Estados contratantes, como forma a reduzir ou mesmo mitigar a carga tributária. Tal conceito será mais bem definido durante o estudo.

O termo "evidentemente" foi propositadamente utilizado, pois não podemos olvidar a atualidade e importância que as iniciativas do BEPS terão nos próximos anos, moldando os limites do planejamento tributário internacional que será aceito pelas autoridades fiscais, garantindo por um lado que os contribuintes não paguem tributos mais do que o esperado e por outro, não menos que o rigorosamente devido como bem expõe BORGES em sua obra "Formas de minimização do encargo tributário nas operações internacionais e planejamento tributário internacional".

A título de esclarecimento, como bem sumariza MÉLO (2016, p. 76) em seu artigo o BEPS corresponde a um plano de ação iniciado em 2013 e criado conjuntamente pelo Grupo dos 20 (G-20) e pela Organização para Cooperação e Desenvolvimento Econômico (OCDE), que tem como objetivo a coibição da erosão de bases tributáveis e da transferência de lucros para países com tributação favorecida e que cujo propósito é o de propor soluções para reduzir distorções geradas pelos diversos sistemas fiscais, consistindo numa iniciativa conjunta internacional, com pretensões de inovar as relações tributárias internacionais e que já tem incentivado alterações legislativas tributárias em diversos países, inclusive nos que não são membros da OCDE. Nesse sentido, a análise, ainda que bastante superficial do BEPS é importante pois justamente uma de suas iniciativas diz respeito ao combate ao *treaty shopping*, conforme infere-se do relatório (2013) da OCDE intitulado "Combate à Erosão da Base Tributária e à Transferência de Lucro".

Esclarece-se que somente o Chile é atualmente membro da OCDE (desde 7 de maio de 2010) e o Brasil, apesar de ainda não ser membro, solicitou adesão, sendo um ativo parceiro-chave da OCDE[3]. Feitos estes esclarecimentos, a delimitação das jurisdições é importante, ainda que a maioria das jurisdições não seja membro da OCDE.

Muito embora o Brasil possua tratados assinados com diversas jurisdições do cone sul, somente parte está em vigor. O quadro abaixo sumariza por jurisdição a data de assinatura do Tratado e seu atual *status* de aplicabilidade:

Quadro 1. Tratados assinados pelo Brasil com países da América do Sul

Jurisdição	***Data de Assinatura***	***Aplicabilidade***
Argentina	17 Maio de 1980 e Emenda em 21 de Julho de 2017	Em vigor
Chile	03 de Abril de 2001	Em vigor
Equador	26 de Maio de 1983	Em vigor
Peru	17 de Fevereiro de 2006	Em vigor
Venezuela	14 de Fevereiro de 2005	Em vigor
Uruguai	07 de Julho de 2019	Não vigente
Paraguai	20 de Setembro de 2000	Não vigente

Fonte: MURAKAMI, 2019.

Cabe ressaltar que o processo entre assinatura do tratado e início de sua efetiva fruição pelos contribuintes, é bastante moroso, não somente da perspectiva Brasileira, mas também do Estado contratante, uma vez que depende de diversas formalidades internas para plena recepção.

[3] OECD. Artigo disponível em <http://www.oecd.org/latin-america/countries/brazil/ > Acesso em 06.06.2018.

Os países selecionados como enfoque do presente estudo são a Argentina, o Chile e o Peru. A delimitação destas jurisdições, se deu levando em consideração os seguintes fatores: primeiramente, somente os em vigor, e, destes os três maiores parceiros comerciais, tanto sob a perspectiva de exportações como importações[4].

Escopo e metodologia

Será necessário tecer breves comentários acerca da legislação tributária internacional e sua questão da hierarquia, frente à soberania fiscal, para então conceituar-se o que seria a bitributação quando de transações internacionais e porque deve ser evitada.

O enfoque se dará somente quanto à matéria de impostos sobre a renda e à luz dos Acordos para Evitar a Dupla Tributação celebrados pelo Brasil com as jurisdições acima selecionadas. Em específico, no que se refere às particulares dos referidos acordos quanto aos seguintes conceitos: utilização da convenção Modelo da OCDE e em qual medida adotou-se características do modelo da Organização das Nações Unidas (ONU), alíquotas máximas de retenção na fonte de imposto sobre a renda nas operações de distribuição de dividendos, pagamento de serviços técnicos, juros e royalties, bem como conceito do estabelecimento permanente.

Especialmente sob a perspectiva tributária nacional, o Brasil adota alguns mecanismos domésticos para controlar a dupla

[4] De acordo com a *The Observatory of Economic Complexity*, em 2017 o Brasil exportou para a América do Sul 36 Bilhões de dólares, sendo os principais destinos Argentina com uma fatia de 50%, seguida do Chile com 15% e em sexta posição o Peru, com 8%. Sob a outra perspectiva, do total das importações feitas pelo Brasil em 2017 de origem da América do Sul, no montante de 20.1 bilhões de dólares, 46% são da Argentina, seguidos de 17% do Chile e 8% do Peru. Disponível em: https://oec.world/pt/visualize/tree_map/hs92/export/bra/show/all/2017/ Acesso em 08.set.2019.

tributação, como bem debate Teixeira (2009, p.63) em sua tese de doutorado "Convenções para evitar a dupla-tributação e os princípios dos tratados de comércio internacional"[5] os quais também serão abordados, de forma menos aprofundada no estudo, mas para permitir uma análise comparada das demais jurisdições selecionadas.

Serão também abordados alguns aspectos práticos, quanto à burocracia para aplicar os dispositivos dos tratados ou reconhecimento dos créditos tributários oriundos dos mecanismos unilaterais para evitar a bitributação. Assim, também visará confirmar necessidade de aplicação de regras unilaterais para garantia da não bitributação e por fim, será apresentada a atual conjuntura para exercício, no caso de conflito, dos procedimentos amigáveis (*Mutual Agreement Procedure* "MAP"). Apesar de também ser uma alternativa para solução de conflitos internacionais, o presente trabalho não abordará a arbitragem.

1. A relação entre o direito tributário internacional e doméstico

1.1. Aspectos gerais e fontes

Na atual conjuntura de como as operações transacionais são facilmente escaláveis para o plano estrangeiro e, em especial, a situação econômica recessiva do Brasil, diversificar a carteira de clientes ou fornecedores para o exterior é uma prática comum. Assim, com o mundo conexo e cada vez mais interligado, operações cada vez mais rápidas e inovações constantes, são incontáveis as situações em que uma dada operação da se deparará com a seguinte máxima: que estará sujeita à tributação, por qualquer

[5] Teixeira, Alexandre Antônio Alkmim. Tese. *Convenções para evitar a dupla-tributação e os princípios dos tratados de comércio internacional.* Doutorado. Universidade de São Paulo.2009. 132p. Disponível em <http://www.teses.usp.br/teses/disponiveis/2/2133/tde-04012011-142248/publico/TESE_ALEXANDRE_VERSO_SIMPLIFICADA.pdf> Acesso em 18.03.2018.

de seus elementos de conexão, mas principalmente que estará sujeita a mais do que um ordenamento jurídico tributário soberano, seja pela sua fonte, natureza ou função.

Alberto Xavier bem concluiu que a homogeneidade de um objeto (situação tributária) coexiste com a heterogeneidade de natureza das normas que o regulam, seja por seus aspectos formais ou materiais, bem como heterogeneidade quanto sua fonte ou quanto sua matéria[6].

Por este motivo, é extremamente importante a delimitação, de até onde (não somente sentido físico) um ente tributante pode validamente exercer sua soberania e para tributar e garantir recolhimento e como esta delimitação pode ocorrer, sem que seja ferida a soberania de determinado estado. Pois determinada situação internacional invariavelmente estará sujeita as normas tributárias internas ou doméstica de um ou mais Estados, bem como, potencialmente de normas internacionais.

Acontece que as normas de delimitação de origem interna geralmente não são suficientes para resolver conflitos internacionais, como será apresentado no tópico acerca do fenômeno da dupla tributação internacional, motivo pelo qual, as normas de colisão, via de regra, decorrentes de tratados internacionais, tem então sua relevância reconhecida, como principal fonte internacional de Direito Tributário.

1.2. A questão da hierarquia das normas e da soberania Fiscal

Apesar da Corte Internacional de Justiça já ter se pronunciado[7] de longa data no sentido de que o principal princípio da Lei Internacional deva ser a primazia desta sobre a Lei Nacional,

[6] XAVIER, Alberto. *Direito Tributário Internacional do Brasil*.8ªed. rev.e atual. Rio de Janeiro. Forense, 2015.p.92

[7] *International Court of Justice – ICJ, Rec.1988, p.34, in Nguyen Quoc Dinh, Patrick Daillier, Allain Pellet,* Direito Internacional Público, Trad. Vítor Marques Coelho, 4. ed., Lisboa, Fundação Calouste Gulbenkian,1999, p.88.

em realidade, um dos recorrentes problemas serem lidados em se tratando de aplicabilidade das regras tributárias internacionais, reside ainda na relação hierárquica destas com o sistema normativo da referida jurisdição.

Considerando que na Comunidade Internacional todos os países são soberanamente iguais e independentes, mas sem a intenção de prolongar-se acerca das teorias monista ou dualista, nos ensina Miguel Reale[8] que predominam duas vertentes quanto à compreensão do Direito Internacional, a saber, a primeira, que subordina toda experiência jurídica ao ordenamento internacional e segunda, quanto a existência de dois ordenamentos complementares, o dos Estados e o ordenamento internacional, que possuem fontes de produção e critérios de validade próprios.

Porém, explica Tôrres (2001, p.555) que tal divisão limita-se a uma relação de aplicabilidade e não de validade, o que se mostra relevante aos fins do presente estudo, em especial, para compreender a sistemática de recepção das normas de Direito Internacional por cada jurisdição selecionada.

Independentemente, é uníssono que em uma determinada operação que envolva mais de um Estado, a soberania tributária, como bem ensina Heleno Torres[9], se mostra princípio fundamentador da aplicabilidade das normas internas de um Estado para exercício do poder de tributar. Uma vez que nem em todas as operações as delimitações formais ao poder de tributar de cada Estado são convergentes, haverá conflito e as normas internacionais devem ser incorporadas, buscando estabelecer um comportamento harmonizado.

Por outro lado, devido à natureza altamente descentralizada da comunidade internacional, é imperativo reconhecer o alcance limitado do princípio da supremacia, o qual por si

[8] Reale, Miguel. *Lições Preliminares de Direito*. São Paulo: Saraiva, 2003. p. 348.

[9] Tôrres, Heleno. *Pluritributação internacional sobre as rendas das empresas*. 2 ed., rev., atual. e ampl. São Paulo: Editora Revista dos Tribunais, 2001, p. 68

só não e capaz de anular os conflitos com a regras internas, de modo que consequentemente caberá ao ordenamento nacional e em especial à Constituição de cada jurisdição[10], definir a hierarquia no relacionamento entre as leis internacionais e nacionais, também no que se refere a assuntos tributários.

Em outras palavras, será, via de regra, a Constituição do referido país que irá determinar como e quando uma norma internacional será procedimentalmente introduzida e passará a produzir efeitos em seu ordenamento jurídico. Note-se que a questão não se trata da validade do Tratado firmado entre dois Estados Soberanos, mas sim, de sua aplicabilidade. Conforme ensinamentos de José Souto Maior Borges (1997, p.167):

> Contra a autoridade da doutrina brasileira impõe-se porém argumentação mais consentânea com o texto constitucional e do Direito Internacional dos tratados (autoridade da própria argumentação). Não é correto afirmar-se que o tratado somente adquire existência jurídica (o mesmo é dizer: validade) quando ratificado pelo Congresso Nacional. Concluído o tratado, as suas normas entram em vigor. Desde então ele adquire plena *validade*. A sua existência jurídica preexiste, portanto, ao ato de ratificação pelo Congresso Nacional. Não é simplesmente possível referenda o inexistente. Dizê-lo válido significa afirmar que o tratado desde logo adquire força obrigatória, *i.e*, vinculante para as partes nele envolvidas, porque elas não mais poderão unilateralmente liberar-se do vínculo respectivo. Nesse sentido, a recusa do referendo pelo Congresso somente afeta a aplicabilidade do tratando na ordem interna. Não sua validade."[11]

[10] Em linha com ensinamentos de REZEK, *José Franscisco*. Direito Internacional Público – Curso Elementar, 9. ed., Rio de Janeiro, Forense, 2002, p.96.

[11] *Isenções* em tratados internacionais de impostos dos Estados-membros e municípios. In: MELLO, Celso Antônio Bandeira de (Org.) *Direito tributário*. Estudos em homenagem a Gerlado Ataliba. São Paulo: Malheiros, 1997 p.167.

Assim, é imperativo se compreender primeiramente o processo de recepção das normas de Direito Internacional por cada jurisdição e então, superada a questão de sua aplicabilidade, compreender a hierarquia destas frente ao ordenamento nacional para permitir plena e abrangente compreensão de sua relação com o ordenamento jurídico nacional, o qual em primeira instância comandará a resolução de conflitos.

Pois bem, sucintamente descreve TÔRRES (2001, p. 561) os modelos, tipicamente reconhecidos, para recepção que podem ser adotados por um Estado quanto à formalidade de ratificação dos tratados, podendo ser:

- *Reconhecimento automático* – as convenções internacionais formam, automaticamente, parte do direito nacional ao entrar em vigor, sem necessidade de uma ordem de aplicação ou edição de uma lei com o respectivo conteúdo;
- *Incorporação* – as convenções internacionais, para que venha a produzir efeitos jurídicos válidos sobre um Estado, devem ser recepcionadas por uma ordem legislativa, para respectiva aplicação, somente entrando em vigor com a ratificação;
- *Transformação* – as convenções internacionais convertem-se em direito interno pela edição de uma lei com o mesmo conteúdo. Nos termos desse modelo, as convenções, enquanto tais, não têm a possibilidade de produzir efeitos jurídicos, porque esses efeitos derivam das leis nacionais, editadas com o inteiro teor das mesmas.

Tal caraterística é relevante, pois não basta que o tratado seja firmado pelas autoridades competentes de cada Estado, mas é importante que mesmo possua validade jurídica ao adentrar no sistema nacional. Como consequência, vinculando os Estados-contratantes após seguirem rigorosamente o processo de recepção previsto em suas respectivas constituições e garantindo assim aos interessados, o direto de reivindicar os compromissos assumidos.

1.2.1. Os tratados em matéria tributária no sistema tributário nacional

É imperativo discorrer-se acerca da prevalência das disposições dos Tratados para evitar a dupla tributação em caso de conflitos, seja com a lei interna pátria ou da jurisdição contratante.

Porém, é complexa a temática da hierarquia dos Tratados em matéria tributária no ordenamento jurídico Brasileiro, havendo posições diversas quanto a sua sistemática de recepção, especialmente na questão do processo de promulgação se tratar de garantir validade ou somente aplicabilidade (de algo que já é juridicamente válido) o que invariavelmente decorrerá da corrente seguida pelo estudioso (respectivamente, dualismo e monismo). Não é objeto do estudo analisar as normas de internalização e hierarquia dos tratados.

Havia jurisprudência[12] no sentido de que, tendo em vista o procedimento de recepção dos tratados se dar através de promulgação por Decreto Legislativo, lhe conferiria o status de lei ordinária. Interpretação esta já superada, vejamos senão o julgado – caso inaugural – do Supremo Tribunal Federal ADIn n. 1.480[13], sessão de 4 de Setembro de 1997, pelo relator Min. Celso de Mello:

[12] STF: Min Celso de Mello "os tratados ou convenções internacionais, uma vez regularmente incorporados ao direito interno, situam-se, no sistema jurídico brasileiro, nos mesmos planos de validade, de eficácia e de autoridade em que se posicionam as leis ordinárias".

[13] BRASIL. Supremo Tribunal Federal. Ação Direta de Inconstitucionalidade nº 1.480. Relator: Ministro Celso de Melo. Sessão de 04.09.1997. Disponível em < http://redir.stf.jus.br/paginadorpub/paginador.jsp?docTP=AC&docID=347083 > Acesso em 09.Set.2019

É na Constituição da República – e não na controvérsia doutrinária que antagoniza monistas e dualistas – que se deve buscar a solução normativa para a questão da incorporação dos atos internacionais ao sistema de direito positivo interno brasileiro. O exame da vigente Constituição Federal permite constatar que a execução dos tratados internacionais e a sua incorporação à ordem jurídica interna decorrem, no sistema adotado pelo Brasil, de um ato subjetivamente complexo, resultante da conjugação de duas vontades homogêneas: a do Congresso Nacional, que resolve, definitivamente, mediante decreto legislativo, sobre tratados, acordos ou atos internacionais (CF, art. 49, I) e a do Presidente da República, que, além de poder celebrar esses atos de direito internacional (CF, art. 84, VIII), também dispõe – enquanto Chefe de Estado que é – da competência para promulgá-los mediante decreto. O iter procedimental de incorporação dos tratados internacionais – superadas as fases prévias da celebração da convenção internacional, de sua aprovação congressional e da ratificação pelo Chefe de Estado – conclui-se com a expedição, pelo Presidente da República, de decreto, de cuja edição derivam três efeitos básicos que lhe são inerentes: (a) a promulgação do tratado internacional; (b) a publicação oficial de seu texto; e (c) a executoriedade do ato internacional, que passa, então, e somente então, a vincular e a obrigar no plano do direito positivo interno."

Logo, não se pode dizer que a jurisprudência adota absolutamente a teoria monista ou dualista, mas sim que carrega características de ambas as correntes. Independentemente desta classificação, é certo os Tratados para Evitar a Dupla Tributação, para produzirem efeitos no Brasil, deverão seguir os procedimentos previstos na Constituição Federal.

Desta sorte, os tratados internacionais que não se enquadrarem nos requisitos do parágrafo 3º do artigo 5º da Constituição Federal (matéria de direitos humanos) enquadram-se em uma hierarquia intermediária, sendo, portanto, infraconstitucionais porém, com caráter supralegal. Se não o fosse, esvaziar-se ia o próprio sentido de firmar-se um tratado para evitar a dupla tributação que não pudesse a aplicação de seu conteúdo, ser exigido por quem de interesse, prejudicando a cooperação internacional e ferindo o princípio do *pacta sunt servanda*.

Apesar de ser habitual afirmar-se[14] que a Constituição brasileira não contém nenhum dispositivo explícito para recepcionar o Direito Internacional na ordem jurídica nacional, determinado expressamente sua hierarquia, discorre-se abaixo suscintamente acerca dos principais institutos e previsões de nossa Carta Magna e legislação infraconstitucional quantos aos procedimentos para recepção.

Primeiramente cabe apontar-se que a Constituição Federal[15], em seu o artigo 21, inciso I, concedeu a União a competência para manter relações com Estados estrangeiros e, através de seu artigo 84, inciso VIII, de que o Presidente da República possui competência privativa para celebração de tratados, convecções e atos internacionais, os quais estão sujeitos ainda, à referendo do Congresso Nacional.

Adicionalmente, determina em seu artigo 49, que o Congresso Nacional possui competência exclusiva para resolver de forma definitiva acerca dos tratados, acordos ou atos internacionais que acarretem encargos ou compromissos gravosos ao patrimônio nacional. É um o primeiro indício de que o Brasil não adota a recepção por reconhecimento automático,

[14] Conforme observa Heleno Tôrres, ao se referir a alguns profissionais do direito tributário, como Flavia Piovesan, Albeto Xavier, Sacha Coelho. TÔRRES, Heleno. *Pluritributação internacional sobre as rendas das empresas* 2 ed., rev., atual. e ampl. São Paulo: Editora Revista dos Tribunais, 2001. p.569.

[15] BRASIL. Constituição da República Federativa do Brasil de 1988. Brasília, DF: Presidência da República, 1988 . Disponível em < http://www.planalto.gov.br/ccivil_03/Constituicao/Constituicao.htm> Acesso em 08.09.2019.

sendo, portanto necessários procedimentos de acordo com a lei interna, para recepcionar aos tratados.

Em linha com esta interpretação, e a partir dos ensinamentos de XAVIER (2015, pp.83-85), depreende-se que o procedimento de celebração dos tratados abrange três fases, notadamente: i) preparatória ou das negociações, ii) constitutiva ou de celebração e iii) integrativa de eficácia ou da promulgação.

A primeira inicia-se com as negociações dos agentes do Poder Executivo de cada contratante, definindo-se então o texto do tratado, como uma "*redação do projeto* convencional" e finaliza-se com *autenticação,* geralmente através da assinatura por parte dos respectivos agentes, munidos de Cartas de Plenos Poderes.

Nota-se, porém, que a assinatura do tratado não cria, por si, o vínculo convencional[16], mas trata-se somente de uma intenção, por parte dos Governos, de *assumir o vínculo.*

A fase seguinte, corresponde primeiramente ao *referendo* do Congresso Nacional, cujo objeto é verificar o texto *autenticado* na fase anterior e cujo conteúdo é autorizar, ou não, o Presidente da República a ratificar o tratado, sendo certo que não poderá o Congresso interferir quanto conteúdo do tratado, sendo a forma o de *decreto legislativo.* O segundo passo desta fase constitui ato unilateral e compreende a *ratificação* pelo Presidente da República, a partir do qual os seus devidos efeitos devem ser produzidos. Note-se que o ato de ratificação deve ser expresso e tem caráter formal, notadamente através do *instrumento de ratificação,* assinado pelo Presidente da República e referendado pelo Ministro das Relações Exteriores, o qual exprime, no plano internacional, definitivamente sua vontade de obrigar-se. Nesse sentido, XAVIER (2015, p.84) esclarece que:

[16] REZEK, José Francisco, *Direito Internacional Público,* 2ª ed. São Paulo: Editora Saraiva.1991, p.37.

A troca dos instrumentos de ratificação fixa o momento da entrada em vigor do tratado na ordem jurídica internacional, pois é precisamente nesse momento que se consuma o consensus, vinculando o Estado plenamente.

Nesse sentido, ato de ratificação é irretratável. Caso um dos contratantes deseje ulteriormente afastar-se deste comprometimento, caberá somente a denúncia do tratado.

A última fase compreende a promulgação do tratado, através de *decreto presidencial* (ato meramente interno) e sua publicação em Diário Oficial, estando assim preenchidas as formalidades exigidas para a conclusão do tratado e plena eficácia do mesmo. Note-se, a *promulgação* produzirá efeitos *ex tunc, desde a ratificação,* com relação às datas previstas no tradado para a vigência do mesmo.

Ensina ainda Torres (2001, p.567) que para alguns, o *iter* procedimental de incorporação dos tratados internacionais conclui-se com a expedição do Decreto, do qual decorreriam três consequências distintas: i) a promulgação do tratado internacional; ii) a publicidade oficial de seu texto; e iii) a executoriedade do ato internacional, que passa a ser vinculante no plano do direito interno. Ainda assevera que o tratado não adquire validade na ordem interna, mas que válidos devem ser os atos de recepção. Com o referendo, o tratado adquire vigência e consequente eficácia na ordem interna, para fins de aplicabilidade, não de validade.

É ainda importante compartilhar a legislação interna acerca do Direito Tributário Internacional, senão a mais relevante norma infraconstitucional, o Código Tributário Nacional (CTN) que em seu artigo 28, assim estabelece:

> Os tratados e as convenções internacionais revogam ou modificam a legislação tributária interna, e serão observados pela que lhes sobrevenha[17].

Feitos estes comentários acerca dos dispositivos da Constituição Nacional e fases do procedimento de celebração dos tratados e à luz do CTN, parece então correto afirmar-se que o Brasil adota a sistemática de *incorporação* para recepcionar os tratados internacionais para evitar a dupla tributação e que os mesmos, possuirão superioridade hierárquica, desde que trilhadas adequadamente todas as fases do procedimento de celebração dos tratados previstos em Constituição.

Por outro lado, é importante a contraposição defendida por ANDRE (2013, p.133) no sentido de que não teria a Constituição Federal e tampouco legislação infraconstitucional (uma vez o art. 98 do CTN estaria gravado de incompatibilidade constitucional, por desempenhar limitação ao exercício da competência legislativa, prerrogativa privativa da própria Constituição Federal), estabelecido a primazia dos tratados internacionais, de modo que seria através do critério cronológico ou de especialidade que conflitos entre normas internas e o tratados deveriam ser solucionados. Sob esta perspectiva, conclui ANDRE (2013, p. 136) que em eventual antinomia, prevaleceria a disposição dos tratados, uma vez que as normas previstas nas convenções para evitar a dupla tributação da renda possuem superior especialidade em relação à regra geral de direito interno. Neste sentido, há inclusive jurisprudência[18] refirmada pelo Superior Tribunal de Justiça, cujo trecho da ementa segue abaixo:

17 BRASIL. Lei nº 5.172, de 25 de outubro de 1966. Institui o Código Tributário Nacional. Brasília, DF: Presidência da República, 1966. Disponível em <http://www.planalto.gov.br/ccivil_03/LEIS/L5172.htm> Acesso em 08/07/2019.

18 BRASIL. Superior Tribunal de Justiça. Segunda Turma, Recurso Especial n. 1.161.467 – RS, Relator: Ministro Castro Meira, Data do Julgamento: 17/05/2012, DJE: 01/06/2012.

TRIBUTÁRIO. CONVENÇÕES INTERNACIONAIS CONTRA A BITRIBUTAÇÃO. BRASIL-ALEMANHA E BRASIL-CANADÁ. ARTS. VII E XXI. RENDIMENTOS AUFERIDOS POR EMPRESAS ESTRANGEIRAS PELA PRESTAÇÃO DE SERVIÇOS À EMPRESA BRASILEIRA. PRETENSÃO DA FAZENDA NACIONAL DE TRIBUTAR, NA FONTE, A REMESSA DE RENDIMENTOS. CONCEITO DE "LUCRO DA EMPRESA ESTRANGEIRA" NO ART. VII DAS DUAS CONVENÇÕES. EQUIVALÊNCIA A "LUCRO OPERACIONAL". **PREVALÊNCIA DAS CONVENÇÕES SOBRE O ART. 7º DA LEI 9.779/99. PRINCÍPIO DA ESPECIALIDADE. ART. 98 DO CTN. CORRETA INTERPRETAÇÃO.**

(...)

7. A antinomia supostamente existente entre a norma da convenção e o direito tributário interno **resolve-se pela regra da especialidade, ainda que a normatização interna seja posterior à internacional.** – *grifo nosso.*

Finalmente cabe ainda apontar que a Convenção de Viena sobre o Direito dos Tratados, concluída em Viena em 23 de maio de 1969 e ratificada pelo Brasil somente em 2009[19], determina em seu Artigo 27 que "Uma parte não pode invocar as disposições de seu direito interno para justificar o inadimplemento de um tratado". Vale ressaltar que tal artigo foi aprovado sem reservas, de modo que é acertada a colocação de XAVIER (2015, p.95) no sentido de que tal artigo consagrou "de forma enfática, a supremacia hierárquica dos tratados internacionais sobre o Direito interno".

[19] BRASIL. Decreto 7.030 de 14 de Dezembro de 2009.Promulgou a Convenção de Viena sobre o Direito dos Tratados, com reserva aos Artigos 25 e 66. Brasília, DF: Presidência da República, 2009. Disponível em <http://www.planalto.gov.br/ccivil_03/_Ato2007-2010/2009/Decreto/D7030.htm> Acesso em 08/07/2019.

Quanto ao processo de recepção dos tratados em matéria tributária no sistema tributário das três jurisdições selecionadas, observa-se que o similarmente, para exercerem seus efeitos nos respectivos planos nacionais, dependem de aprovação por seus Congressos Nacionais. Quanto sua hierarquia, possuem caráter infraconstitucional. Para Argentina e o Chile, o acordo tem força de Lei[20].

1.2.2. Conclusão e eficácia dos Tratados Selecionados

Como apresentado, as convenções destinadas a evitar a dupla tributação e a prevenir a evasão fiscal são recepcionadas no ordenamento pátrio, não mediante o ato final Presidente da República, mas pelo Decreto Legislativo do Congresso Nacional. Assim, a vigência da Convenção é momento a partir do qual as partes interessadas poderão exigir o fiel cumprimento dos compromissos previstos na Convenção, não decorre do ato administrativo (que apenas lhe confere publicidade e não execução), mas sim , exclusivamente a partir do ato de ratificação e troca dos instrumentos de ratificação, previstos no próprio tratado.

Geralmente dispõe o artigo que trata da entrada em vigor que a "Convenção entrará em vigor na data de recebimento da última notificação", enquanto que as disposições da convenção somente se aplicam a partir do primeiro dia do mês de janeiro do ano calendário imediatamente seguinte àquele em que a convenção entra em vigor. Nesse sentido, quanto as três jurisdições selecionadas, o quadro abaixo sumariza, por jurisdição contratante, a data e número do ato de promulgação pelo res-

[20] Conforme texto que aprova o ADT Brasil-Argentina, que assim dispõe. ARGENTINA. Presidente da Nação Argentina. Sanciona e Promulga o Protocolo de Emenda, com força de Lei. Lei 27.441 em 09 de Maio de 2018. Publicada em 23.05.2018. Disponível em <https://www.argentina.gob.ar/normativa/nacional/ley-27441-310594/texto>. Acesso em 13.09.2019.

pectivo Congresso Nacional bem como a data do efetivo início de aplicabilidade, previsto no próprio tratado.

Quadro 2. Promulgação dos ADT's e início de sua aplicabilidade

Jurisdição	*Decreto que Promulga o Tratado no Brasil*	*Decreto que Promulga o Tratado no Estado Contratante*	*Data de início de aplicação*
Argentina	Decreto nº 87.976 22 de Dezembro de 1982	Lei 22.675 12 de Novembro de 1982[21]	01/01/1983[22]
Argentina Emenda	Decreto nº 9.482 27 de agosto de 2018	Lei 27.441 09 de Maio de 2018[23]	01/01/ 2019[24]
Chile	Decreto nº 4.852 2 de outubro de 2003	D.M. RR.EE. nº 224 24 de outubro de 2003[24]	01/01/2004[26]
Peru	Decreto nº 7.020 27 de novembro de 2009	Decreto Supremo 019-2008-RE 06 de Junho de 2008[27]	01/01/2010[28]

Fonte: MURAKAMI, 2019.

[21] ARGENTINA. Presidente da Nação Argentina. Sanciona e Promulga o ADT com força de Lei. Lei 22.675 em 12 de Novembro de 1982. Publicada em 17.11.1982. Disponível em < http://servicios.infoleg.gob.ar/infolegInternet/anexos/205000-209999/208184/norma.htm>. Acesso em 13.09.2019.

[22] Nos termos do Art. XXVIII da respectiva Convenção entre a República Federativa do Brasil e a República Argentina Destinada a Evitar a Dupla Tributação e Prevenir a Evasão Fiscal em Matéria de Impostos sobre a Renda.

[23] ARGENTINA. Presidente da Nação Argentina. Sanciona e Promulga o Protocolo de Emenda, com força de Lei. Lei 27.441 em 09 de Maio de 2018. Publicada em 23.05.2018. Disponível em <https://www.argentina.gob.ar/normativa/nacional/ley-27441-310594/texto>. Acesso em 13.09.2019.

24 Nos termos do Art. 28 do respectivo Protocolo de Emenda à Convenção entre a República Federativa do Brasil e a República Argentina Destinada a Evitar a Dupla Tributação e Prevenir a Evasão Fiscal em Matéria de Impostos sobre a Renda.

[25] CHILE. SII. Decreto do Ministério de RR.EE N° 224. Publicado no Diário Oficical do Chile em 24.10.2003. Informação disponível em < http://www.sii.cl/documentos/circulares/2005/circu08.htm> Acesso em 13.09.2019.

Feitas estas análises, parece seguro afirmar que no caso concreto, a rede de tratados selecionada é plenamente eficaz, sendo os tratados validamente incorporados aos respectivos sistemas jurídicos internos, tendo plena aplicabilidade, seja no plano internacional ou nacional, pela perspectiva interna de cada jurisdição.

1.3. Soberania Fiscal e os Elementos de Conexão

Ao eleger determinados elementos de conexão para definir que um dado fato, executado por certa pessoa (física ou jurídica) em um determinado local e a certo tempo como hipótese de indecência de tributação, o Estado estará exercendo sua soberania fiscal. Porém, extrapolará sua soberania, violando os limites do Direito Internacional Público, ao eleger por lei interna elementos artificiais ou frágeis, como equiparação de fatos, pessoas, locais estranhos à sua alçada, como se seus fossem, prática esta, conhecida como "abuso de conexão" ou "*excess of jurisdiction*"[29], como se pode depreender dos ensinamentos de XAVIER (2015, p.12 e 13).

Como defende Louis Cartou, a soberania fiscal está baseada no poder de instituir impostos e de aplicá-los em determinado território onde este exerce sua soberania[30], ou seja, ainda nos ensinamentos de XAVIER (2015, p. 19) trata-se da convergên-

[26] Nos termos do Art. 27 da respectiva Convenção entre a República Federativa do Brasil e a República do Chile, Destinada a Evitar a Dupla Tributação e Prevenir a Evasão Fiscal em Matéria de Impostos sobre a Renda.

[27] PERU.SUNAT Disponível em < https://www.mef.gob.pe/contenidos/tributos/cv_dbl_imp/Convenio_Peru_Brasil.pdf> Acesso em 07.07.2019

[28] Nos termos do Art. 28 da respectiva Convenção entre a República Federativa do Brasil e a República do Peru, Destinada a Evitar a Dupla Tributação e Prevenir a Evasão Fiscal em Matéria de Impostos sobre a Renda.

[29] Crf. Mössner, Der Begriff des internationalen Steuerrecht in der neueren Literatur, Österreichische Zeitschrift für öffentliches Recht 25 (1974),259.

[30] CARTOU Louis. *Droit fiscal international et européen*. Paris: Dalloz, 1981. p. 15-16

cia de poderes para incidir um comando *"jurisdiciton to prescribe taxes"* com âmbito de sua eficácia, para execução coercitiva *"jurisdiction to enforce taxes"*. Assim, o princípio fundamental da legalidade tributária, que, no caso do pátrio, encontra-se previsto no artigo 150 da Constituição Federal[31], prevê que é vedada a cobrança de tributo que não tenha sido instituída por lei.

Simultaneamente à legalidade, destaca-se o princípio da territorialidade, no sentido de que a legislação tributária interna, somente é aplicável dentro do território abrangido pelo poder tributário. Vale ressaltar, que a soberania fiscal de um Estado, não possui, necessariamente correlação com sua soberania territorial[32], sendo aquela resultante do princípio da igualdade dos Estados e como bem ensina VILLEGAS[33] (ano, p.82), pode estender-se além de suas fronteiras físicas, para tributar fatos geradores ocorridos fora de seus territórios.

Para tanto, é necessário que haja um vínculo capaz de fazer exercer-se a soberania fiscal de determinado Estado a situações econômicas, seja através do local de celebração do negócio, suas pessoas, o próprio ato ou sua correlação, como propriedade jurídica. Havendo tal vínculo e sendo o mesmo válido, o Estado restará dotado de competência tributária para legislar e impor o cumprimento de suas regras – para arrecadar – sendo ainda tal *jurisididciton to tax* reconhecida pelos demais Estados.

[31] *"Art. 150. Sem prejuízo de outras garantias asseguradas ao contribuinte, é vedado à União, aos*
Estados, ao Distrito Federal e aos Municípios:
I – exigir ou aumentar tributo sem lei que o estabeleça..."

[32] ROTHMANN, Gerd W. Interpretação e aplicação dos acordos internacionais contra a bitributação. Tese (Doutorado em Direito) – Faculdade de Direito, Universidade de São Paulo, São Paulo p. 39

[33] VILLEGAS, Héctor. Curso de direito tributário. Tradução Roque Antônio Carrazza. São Paulo: Revista dos Tribunais, 1980.

1.3.1. Princípios da Territorialidade e Universalidade

Os princípios de conexão que regem o ordenamento internacional para que dois Estados soberanos reconheçam entre si o alcance de suas respectivas competências tributárias quanto ao referido vínculo, são os princípios da territorialidade e o da universalidade. Tais princípios constituem os elementos de conexão entre contribuinte e Estado, estabelecendo assim a competência tributária, sendo certo que a eleição – por lei interna – de um ou de outro, é decidido de acordo com as políticas fiscais almejadas pelos países bem como sua situação econômica.

O princípio da territorialidade, também conhecido como *source income taxation* é senão o basilar de todo o direito tributário internacional[34] e estabelece como o alcance espacial das normas tributárias de certo Estado, todos os fatos geradores que tenham ocorrido dentro de seu território.

Trata-se da mais pura manifestação de jurisdição, de modo que sua *jurisdiction to enforce*, depende somente da localização territorial da fonte geradora da renda, de tal sorte que todos, e somente estes, fatos jurídicos que originem produção de renda, por sues nacionais ou residentes, localizados dentro do território deste Estado, podem resultar em uma obrigação tributária[35] em favor deste Estado.

Em outras palavras, somente se fato gerador se deu no território nacional, nasce a obrigação tributária, sendo que se a fonte residual produtora estiver localizada em país estrangeiro,

[34] Nesse sentido Torrês (2001, p. 70) ao se referir ao princípio da territorialidade diz "Nenhum conceito pode ter maior interesse no direito tributário internacional do que este,..".

[35] Segundo Nogueira (1990, p. 145) a "Obrigação Tributária é uma relação de Direito Público, prevista na lei descritiva do fato que lhe dá origem, pela qual o Fisco (sujeito ativo) exige do contribuinte (sujeito passivo) uma prestação (objeto)". Nogueira, Rui Barbosa. Curso de Direito Tributário. São Paulo: Saraiva, 1990.

tal fato gerador estaria fora do alcance para impor a legislação tributária nacional. Tendo em vista que o efeito prático da eleição deste princípio implica em limitação do poder de tributar, a adoção do mesmo tem sido afastada pela maioria das jurisdições, sobretudo por se tratar de um princípio que pode estimular a evasão fiscal, pela fuga de investimentos para outras jurisdições onde a alíquota tributária seja menor.

Por outro lado, pelo princípio da universalidade, ou como internacionalmente denominado, *worldwide income taxation*, a totalidade (ou a universalidade) dos rendimentos, lucros e ganhos de capital auferidos pelos nacionais ou residentes fiscais de certo Estado, percebidos tanto no território nacional quanto exterior, serão passíveis de tributação por aquele Estado.

Por conseguinte, o Estado que adota a universalidade deterá competência para tributar os rendimentos obtidos por seus residentes ou nacionais, ainda que obtidos fora de seu território nacional. Em suma, e em específico para fins de aplicação dos impostos sobre a renda, pelo princípio da universalidade, a obrigação tributária existirá sobre a renda obtida, independentemente de onde quer esta venha a ser produzida.

Trata-se, portanto, de um elemento pessoal de conexão, seja pela nacionalidade ou residência do sujeito. Cabe ressaltar que pelo critério da residência, submetem-se à tributação as pessoas que (independentemente de sua nacionalidade) residem no território do Estado, pela totalidade das suas rendas (independentemente de sua origem) e de seus bens (independentemente de sua localização). Já pelo critério da nacionalidade, somente as pessoas que detêm a nacionalidade do Estado serão por este tributadas, independentemente do local da sua residência, da fonte das suas rendas ou da localização dos seus bens.

Como bem assevera TORRES (2001, p.87) o Princípio da Universalidade zela por maior arrecadação fiscal, dada a maximização da sua base fiscal, tendo ainda por principais motivos de sua adoção a manutenção do princípio da isonomia tributária, a efetividade dos princípios da capacidade contributiva e progressividade bem como visa prevenir a evasão fiscal internacional.

Abaixo, segue representação gráfica[36] comparativa entre os princípios de territorialidade e universalidade, evidenciando o alargamento da competência tributária pelo princípio da universalidade, sendo imperativo esclarecer que a adoção do último, não exclui o primeiro, mas o pressupõe:

Quadro 3. Comparativo dos princípios da competência tributária

Posição do Sujeito-passivo	***Alcance abstrato das normas, sob o princípio da Territorialidade***	***Alcance abstrato das normas, sob o princípio da Territorialidade***
Não-residente que produz rendimento no território	Territorialidade (fonte)	Territorialidade (fonte)
Residente que produz rendimento no território	Territorialidade (fonte)	Territorialidade (fonte)
Não-residente que produz rendimento fora do território	Indiferente	Indiferente
Residente que produz rendimento fora do território	Territorialidade (fonte)	Universalidade (elemento de conexão pessoal)

TORRES, 2001, adaptado por MURAKAMI, 2019.

Nesse sentido, o princípio da residência, como vimos, estabelece que todos os rendimentos auferidos pelo sujeito passivo, serão tributados em seu Estado de residência ou domicilio, enquanto que pelo princípio da fonte, os rendimentos percebidos pelo contribuinte serão tributáveis no Estado em que estiverem localizadas sua fonte de produção ou fonte da remessa,

[36] Extraída dos ensinamentos de TORRES (2001, p.88 e 89) de forma sintetizada.

ou seja fonte do pagamento. Serão então conflitantes, enquanto atuarem sobre um mesmo fato gerador. Enquanto os países que elegem o princípio da territorialidade adotam o critério da fonte, os países que elegem o princípio da universalidade podem adotar os critérios da residência ou nacionalidade, como elemento de conexão.

Geralmente as jurisdições exportadoras de capital (países desenvolvidos) tendem a utilizar o princípio da universalidade combinada com o critério da residência, enquanto que as jurisdições preponderantemente importadoras de capital (países em desenvolvimento) tendem a adotar o princípio da territorialidade e consequentemente o critério da fonte, além de também adotarem o critério da residência, para garantir maior arrecadação.

As autoridades tributárias dos países em desenvolvimento, por serem geralmente, prioritariamente importadores de capital, para garantir sua receita tributária, tendem a eleger então o princípio da fonte, para que tenham competência tributária sobre as preponderantes remessas ao exterior, via tributação na fonte do pagamento, sob o argumento de que há identidade entre a fonte de produção ou pagamento com o Estado Fonte.

Já as jurisdições mais desenvolvidas, por serem via de regra exportadoras de capital adotam o critério que melhor garanta arrecadação, ou seja, tributação pela residência fiscal, e por vezes, criam construções jurídicas que podem equiparar (teoria da sede da direção efetiva da empresa) ou atrair residência fiscal (conceito do estabelecimento permanente), como constituidores do elemento de conexão, necessário ao exercício da soberania fiscal.

Assim, é importante mencionar que as diferentes jurisdições podem adotar critérios jurisdicionais diversos, sendo que algumas adotam o critério pessoal para tributar seus nacionais ou residentes em bases mundiais (*worldwide income taxation*), ao passo que outras adotam o critério da territorialidade (*source income taxation*), tributando as rendas obtidas dentro de seus territórios, independentemente da residência ou nacionalidade do beneficiário e que uma determinada pessoa ou situação, pode estar sujeita concomitantemente a estes dois princípios, por dois ou mais Estados competentes. Consequentemente, o potencial efeito desta concomitância de competências tributárias é justamente a dupla tributação.

De tal modo, nota-se que grande a parte dos países, tendem a aplicar uma combinação de tributação na fonte com os critérios de residência[37], a depender da natureza da operação, posição da jurisdição no mercado internacional quanto aquela operação e especialmente seu apetite arrecadatório, se estratégico – que prefere fomentar os negócios internacionais e como consequência, aumentar a base arrecadatória ao aplicar alíquotas atrativas – ou "ganancioso", se mostrando indiferente ao cenário internacional tributário e aplicando alíquotas e critérios desarrazoados, que afastam investimentos ao gerar dupla tributação. Nesse sentido, para o Brasil e tampouco as jurisdições selecionadas seria diferente, de tal sorte que encontrar o equilíbrio entre ganância e estratégia, é a chave para garantir atração de investimentos conjugada com a justa tributação.

O Brasil introduziu a tributação em bases universais com da edição da Lei nº 9.249, publicada em 27 de dezembro de 1995 para fins de incidência do IRPJ, enquanto que para fins da CSLL, somente após a entrada em vigor da Medida Provisória nº 1.858-6/99 (posteriormente Medida Provisória nº 2.158-35/2001, artigo 21279)[38].

[37] NETO, Geraldo Valentim. Título. *In*. PEREIRA, Marco Antônio Chazine (Coord.). Direito tributário internacional: aspectos práticos, 2 vol. São Paulo: LTr, 2014. p.55.

[38] Cf. ROCHA, Sergio Andre. *Política Fiscal Internacional Brasileira*. Lumen Juris.2017 p.108.

No que se refere à Argentina, esta também elegeu o critério da universalidade para tributar seus residentes, de modo que quaisquer lucros, incluindo ganhos de capital, são lá tributáveis. Ressalta-se que empresas constituídas na Argentina bem como as filiais de empresas estrangeiras são consideradas empresas residentes para fins fiscais. Atualmente a alíquota do imposto de renda das pessoas jurídicas é de 30%, sendo que para os exercícios fiscais iniciados em 1º de janeiro de 2020 e seguintes esta alíquota será reduzida para 25%, à luz da reforma tributária ocorrida, com a aprovação da Lei nº 27.430/17[39].

Quanto ao Chile, e nos termos da [40]as empresas residentes no Chile e as filiais de entidades estrangeiras estão sujeitas ao imposto de renda também em bases universais, sendo considerada como uma empresa residente, aquela incorporada no Chile. O imposto de renda corporativo é aplicado sobre lucro líquido acumulado, com exceção do lucro de origem estrangeira, o qual é calculado pelo regime de caixa. O Chile também exige que os resultados tributáveis de filiais estrangeiras e a renda passiva de empresas estrangeiras controladas também sejam incluídas na base tributável. Atualmente a alíquota do imposto de renda das pessoas jurídicas é de 25% ou 27%, dependendo do regime tributário eleito pela empresa.

O Peru por sua vez, igualmente adotou o critério universal, de sorte que as empresas residentes estão sujeitas ao imposto de renda, cuja atual alíquota é de 29,5%, sobre a totalidade mundial de seus rendimentos. Empresas residentes são aquelas incor-

39 ARGENTINA. Congresso Nacional. Lei 27.430 de 27.12.2017, publicada em no Diário Oficial Argentino em 29/12/2017. Disponível em < http://servicios.infoleg.gob.ar/infolegInternet/anexos/305000-309999/305262/norma.htm> Acesso em 12.06.2019.

40 CHILE. Ministério da Fazenda (SII). Lei 824/1974, atualizada pela Lei 21.047/2017 publicada no Diário Oficial do Chile em 23.11.2017. Disponível em < http://www.sii.cl/normativa_legislacion/dl824.pdf> Acesso em 12/06/2019.

poradas no Peru, sendo que as filiais e estabelecimentos permanentes de empresas estrangeiras localizadas no Peru e de entidades não-residentes são tributadas somente sobre a renda proveniente de fontes peruanas, nos termos da Lei interna[41].

1.4. O fenômeno da dupla tributação internacional

Em decorrência da sobreposição de competências tributárias, que por sua vez podem ser dotadas de princípios atração diferentes e multiplicidade de critérios de delimitação da competência tributária internacional, o que é legítimo, favorece-se o concurso de pretensões tributárias entre dois ou mais Estados soberanos, cuja consequência é o fenômeno da dupla tributação internacional.

Tal fenômeno não pode ser evitado por lei interna, ainda que norma constitucional, pois sua limitação, emanada de um Estado soberano, tratar-se-ia de uma violação à soberania do outro Estado. Logo, conclui-se que é da necessidade de se impor uma limitação à competência tributária internacional dos Estados, prevenindo ou atenuando a bitributação em operações transnacionais, que surgiram a convenções para evitar a dupla tributação e evasão fiscal.

A dupla tributação pode não ser tão evidente, pois decorre de princípios fiscais complexos, dado que as legislações emanadas por diferentes entes soberanos comportam a tributação da mesma realidade, de tal sorte que sua identificação e conceituação podem se dar, tanto sob a perspectiva jurídica, como da econômica.

Conforme explica ROTHMANN (pp. 449 e 450), do ponto de vista jurídico, ocorrerá a bitributação internacional quando

[41] PERU. SUNAT. Decreto Supremo 179-2004-EF, publicado em 08/12/2004 e alterações posteriores, Presidente Constitucional da República. Disponível em < http://www.sunat.gob.pe/legislacion/renta/ley/fdetalle.pdf> Acesso em 12/06/2019.

houver a exigência de impostos similares em dois ou mais Estados, do mesmo contribuinte e em relação ao mesmo objeto tributável, num mesmo período tributário[42]. Já sob a perspectiva econômica, a bitributação ocorre quando o mesmo objeto é tributado em relação a diversos sujeitos passivos.

Ainda, sob uma outra perspectiva, haverá bitributação econômica quando, segundo Gérard Coulombe, determinado componente de renda for tributado repetidamente, porém, o imposto recair sobre diferentes contribuintes. Ilustrando-se com a situação de uma subsidiária estrangeira, tributada em seus lucros segundo as leis tributárias do país em que está estabelecida e matriz que o recebe (na natureza de dividendos) é também tributada, e nesse contexto, apesar de se tratar de diferentes contribuintes (personalidade jurídicas diversas), ocorre a situação de bitributação indireta ou econômica[43].

A multiplicidade de critérios, como abordado, gera então a possibilidade de bitributação em diversas hipóteses, tais como os seguintes cenários: a) um sujeito ser tributado num Estado N, pelo no critério da nacionalidade e concomitantemente também sofrer tributação no Estado R, mas pelo critério da residência; b) ou outro contribuinte, tributado ao mesmo tempo pelo Estado R, com base na sua residência mas ser tributado na fonte do pagamento pelo Estado F pois este adota o critério da fonte; c) ou ainda, uma pessoa (nacional do Estado N, residente fiscal no Estado R e que aufere receita do estado F) ser tributada por três Estados, no F pelo critério da fonte, no R por

[42] ROTHMANN, Gerd Willi. Bitributação internacional. In: ENCICLOPÉDIA Saraiva do Direito. São Paulo: Saraiva 1979. v. 11.

[43] COULUMBE, Gerard. O sistema tributário canadense e a eliminação da bitributação da renda.Tradução Brandão Machado. *apud* TAVALORO, Agostinho Toffoli, MACHADO, Brandão, GANDRA, Ives (coord). Princípios tributários no direito brasileiro e comparado: estudos jurídicos em homenagem a Gilberto de Ulhôa Canto. Rio de Janeiro: Forense, 1988. p. 233-252. p. 234.

ali encontrar sua residência (ainda que temporária) e no N, por ser um nacional deste último.

Para facilitar a compreensão, a representação abaixo ilustra as hipóteses acima consideradas:

Ilustração 1. Representação da multiplicidade de critérios de conexão

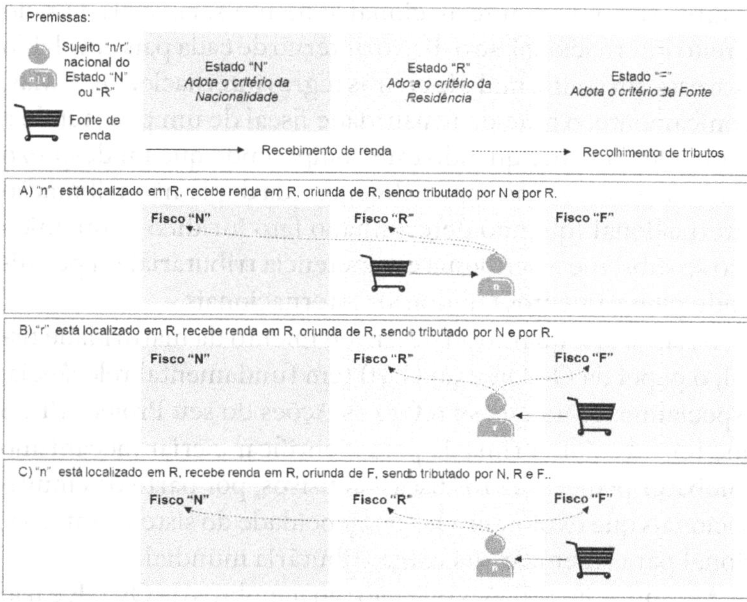

Fonte: Murakami, 2019.

Assim, a diversidade de definição dos elementos de conexão que garantem a competência tributária a um e outro Estado é a principal responsável pela dupla, ou pluritributação.

Outro aspecto que merece atenção, é o fato de que a pluritributação internacional pode ser ou não, intencional, a depender da vontade dos entes que impõe a tributação e seu nível de maturidade fiscal internacional. A dupla bitributação internacional decorre de diversos fatores, mas em última análise, estão especialmente centrados na reciprocidade de independência dos Estados, ou na indiferença por um Estado quanto a competência tributária definida pela lei interna dos outros Estados, sofrendo o contribuinte (bitributado) as consequências deste desprezo.

Remonta ao ensinamento de Klaus Vogel, no sentido de que a dupla tributação internacional somente seria evitada pelo direito internacional, se o direito interno de cada país envolvido estivesse em conformidade com as regras internacionais[44]. Mas, ironicamente, o grau de maturidade fiscal de um país, tende a aumentar somente quando este compreende que tal desprezo também gera lacunas, especialmente o da dupla-não-tributação internacional (quando determinado fato jurídico-econômico não se subsome a nenhuma competência tributária) ou permitindo planejamentos tributários internacionais.

Nesta seara, quanto ao desenvolvimento da maturidade fiscal, o papel da OCDE e do G-20 tem fundamental relevância, especialmente no que se refere às Ações do seu Projeto BEPS que tem absoluta primazia para identificar e criar mecanismo combater planejamentos fiscais abusivos, por parte das multinacionais que exploram a heterogeneidade do sistema internacional para amenizar sua carga tributária mundial.

Mesmo as jurisdições que não são membros da OCDE e não aderiram a todas as ações do BEPS, por certo (ou assim deveriam) as observam e analisam seus relatórios, para se contextualizar e fazer alterações no ordenamento jurídico-tributário interno, para comportar, antecipar e se adequar, à nova realidade dos negócios internacionais decorrentes da frenética internacionalização da economia.

[44] VOGEL, Klaus. *DBA – Doppelbesteuerungsabkommen Kommentar*, 5 ed. Munique, C.H. Beck, 2008. p.23

Frise-se, não é que o Brasil despreza ou seja alheio ao cenário internacional. Muito pelo contrário, como membro do G-20[45], atua ativamente na elaboração das Ações do BEPS, tendo já implementado algumas das medidas previstas[46]. Mas, diferente dos membros da OCDE, o Brasil não é obrigado a adotar as Ações do BEPS, as quais dependem de alterações legislativas internas. O Chile por exemplo, foi o primeiro país sul-americano a se tornar membro da OCDE ainda em 2010[47] e enquanto que o Brasil pleiteia a sua entrada desde meados de 2017[48].

Por outro lado, o Brasil vem acompanhando o cenário tributário internacional e desde a década de noventa introduziu importantes alterações legislativas[49], com base no relatório de *Harmful Tax Competition*, emitido em 1998 pela OCDE, as quais seriam consideradas pela Receita Federal do Brasil como suficientes para controlar os efeitos danosos ao erário nacional dos planejamentos fiscais internacionais, mas que visam prioritaria-

[45] O Grupo dos 20, é um grupo formado pelos ministros de finanças e chefes dos bancos centrais de 19 países mais a União Europeia, tendo sido criado em 1999.

[46] Neste contexto, podemos citar algumas: a Declaração País-a-País, através da Instrução Normativa RFB nº 1.681/16); a troca de informações relativas a *rulings*, através da Instrução Normativa RFB nº 1.689/17 ou ainda quanto à obrigatoriedade de declaração do beneficiário efetivo das pessoas jurídicas brasileiras, através da Instrução Normativa RFB nº 1.634/16.

[47] Conforme própria publicação da OCDE: *"Chile signs up as first OECD member in South America". OCDE. Artigo eletrônico publicado em 11.01.2010. Disponível em* < https://www.oecd.org/chile/chilesignsupasfirstoecdmemberinsouthamerica.htm> Acesso em .13.08.2019.

[48] Nesse sentido, conforme própria publicação da OCDE *"A mutually beneficial relationship". OCDE. Artigo eletrônico. Sem data. Disponível em* < http://www.oecd.org/latin-america/countries/brazil/> Acesso em .13.08.2019.

[49] Por exemplo, nas seguintes matérias i) tributação em bases universais, ii) as regras de preços de transferência, iii) lista de jurisdições com tributação favorecida e de regimes fiscais privilegiados e majoração da alíquota de imposto sobre a renda em pagamentos tais jurisdições iv) regras de subcapitalização, entre outras.

mente arrecadação, não aderindo a recomendações que visam evitar a dupla tributação internacional.

Diante do exposto, é perceptível a urgência de introdução de medidas que busquem uniformizar as regras tributárias brasileiras aos padrões internacionais, com o intuito de conter que os conceitos internacionais sejam aplicados por nossa corte e em procedimentos fiscalizatórios, somente com o objetivo arrecadatório, e não o da justiça fiscal, e um dia, há esperança da aplicação por nossas Cortes, dos conceitos de moralidade fiscal, cujo debate está em ascensão no cenário internacional, também liderado por iniciativas da OCDE[50].

Nesse sentido, o Brasil precisa ainda avançar em áreas específicas que são cruciais para atrair maior investimento e garantir maior competitividade às multinacionais brasileiras no contexto econômico internacional. Assim, devido ao Congresso Nacional não acompanhar tempestivamente os desdobramentos do Projeto BEPS e não promover as necessárias alterações legislativas em matéria tributária destinadas à coerência e à segurança jurídica, isto também dificulta o sucesso no pleito de adesão do Brasil à OCDE.

Acontece que historicamente o Brasil elegeu e deu preferência a critérios de tributação na fonte, transferindo ao contribuinte, além da elevadíssima carga tributária também a custosa responsabilidade informacional[51] e assim, garante sua arrecadação de forma bastante eficiente. Mas ao eleger tais critérios,

[50] Para maiores detalhes, em 25 de Janeiro de 2019 ocorreu a conferência intitulada *"The Role of Tax Morale in Development"* no centro de convenções da OCDE, em Paris. Disponível no website http://www.oecd.org/tax/role-of-tax-morale-in-development-conference-january-2019.htm , acesso em 08 de Setembro de 2019.

[51] Por exemplo, nossas regras de Preços de Transferência, completamente desalinhadas com as diretrizes da OCDE, mas que são de mais fácil revisão pelas autoridades tributárias brasileiras. Sem mencionar a forma de apresentação do cálculo, eletronicamente através dos correspondentes blocos dentro da ECF.

tipicamente de "países em desenvolvimento", prioritariamente importadores de capital – indagamos se é a intenção de permanecer nessa posição.

Bem, feita esta provocação e voltando ao cerne do presente estudo, cabe então avaliar-se a eficiência de se evitar os efeitos da dupla tributação sobre a renda bilateralmente, através das convenções e caráter extrafiscal das mesmas. Em específico o objetivo seria verificar se o Brasil, ao celebrar um acordo observa sua posição na balança comercial com aquele país contratante para, se for prioritariamente importador de capital, garantir clausulas que beneficiam a tributação na fonte e se for exportador, cláusulas que beneficiam a tributação pela residência. Em relação aos três países foco do presente estudo, o Brasil é prioritariamente exportador de capital.

Até a presente data, o Brasil possui acordos assinados com 34 jurisdições, enquanto que a Argentina possui com 23 (entre as quais, também com o Chile), o Chile por sua vez, com 32 (entre as quais, também com o Peru) e Peru somente com 7, mas devido sua participação na Comunidade Andina, possui regras especificas com outras 3 jurisdições, em matéria de impostos sobre a renda. O quadro abaixo relaciona esta rede:

Quadro 4. Rede de Tratados entre as jurisdições selecionadas

Estado Contratante	BRASIL	ARGENTINA	CHILE	PERU
BRASIL	Não Aplicável	Sim	Sim	Sim
ARGENTINA	Sim	Não Aplicável	Sim	Não
CHILE	Sim	Sim	Não Aplicável	Sim
PERU	Sim	Não	Sim	Não Aplicável

Fonte: MURAKAMI, 2019.

A seguir, veremos suscintamente os diversos modelos de acordos e em qual medida foram adotados pelo Brasil.

2. Métodos para evitar a dupla tributação internacional

Como vimos então, para não ferir o princípio da soberania fiscal e sendo inconcebível que todas as nações emitam ordenamentos jurídicos internos uníssonos em matéria tributária, a principal alternativa identificada para evitar ou atenuar os efeitos da dupla tributação internacional, seria a adoção de medidas bilaterais, através da celebração de Acordos para Evitar a Dupla Tributação e Prevenir a Evasão Fiscal (a seguir como "ADT"s) combinada com medidas unilaterais, que geralmente significam uma renúncia fiscal ao Estado que as concede.

MÖSSNER ensina que há duas alternativas, notadamente impedir ou eliminar a dupla tributação internacional[52], no sentido de que esta será impedida quando solucionada antes de ter sido concretizada, ou será eliminada quando, após sua concretização, é resolvida. Reconhece[53] que há dois métodos para prevenir, a saber, isenção ou a divisão do produto, enquanto que quatro métodos para eliminar a dupla tributação internacional: a imputação, a dedução, a redução da alíquota, a redução do tributo.

Independentemente do mecanismo adotado, sendo eficaz para ao menos amenizar a dupla tributação, o emprego de qualquer método necessariamente implicará na redução da arrecadação da tributação por um ou mais Estados[54].

52 MÖSSNER, Jörg Manfred. Die Methoden zur Vermeidung der Doppelbesteuerung. In: VOGEL, Klaus (Coord.). Grundfragen des internationalen Steuerrechts. Köln: O. Schmidt, 1985. p. 135.

53 MÖSSNER, Jörg Manfred. Die Methoden zur Vermeidung der Doppelbesteuerung. In: VOGEL, Klaus (Coord.). Grundfragen des internationalen Steuerrechts. Köln: O. Schmidt, 1985. p. 137.

54 BORGES, Antônio de Moura. *Convenções sobre dupla tributação internacional.* Teresina: EDUFPI, 1992. p. 104.

Apesar de maioria dos países terem adotado, em maior ou menor grau, medidas unilaterais para amenizar os efeitos da dupla tributação sofridos por seus contribuintes, seu caráter unilateral induz a resultados menos efetivos. Com efeito, a concessão de medidas unilaterais, significará ultimamente ao Estado uma renúncia fiscal e o excesso destas concessões, também não é bem aceito pela comunidade internacional, podendo ainda reduzir elementos sensíveis, necessários à negociação de novos ADT's.

Nota-se que que a prática das medidas unilaterais até pode ser positiva para atrair investimentos, porém seu abuso é nocivo ao cenário internacional, e como tal é preterido, por exemplo, ao se enquadrar tais países como regimes fiscais de subtributação (analisando-se a alíquota efetiva e não somente a nominal, vez que as medidas unilaterais podem revestir-se de conceitos de crédito presumido) e taxá-los (as operações com o as mesmos) com alíquotas mais elevada de imposto de renda retido na fonte.

Perde-se o poder de barganha nas negociações de ADT's na medida em que o país contratante tem poucas razões para querer celebrá-lo, dada a "eficiência" em evitar a dupla tributação devido às medidas unilaterais praticadas pelo Estado em questão, e consequentemente o Estado que as concede, perde a oportunidade de repartir a receita tributária com maior equidade. Assim um argumento em favor da solução bilateral para evitar a dupla tributação, está relacionado ao beneficiário efetivo da renúncia fiscal, que nos ADT's sempre se opera em favor do contribuinte – parte legítima para requerer sua aplicação – e não do outro Estado.

Como bem observou Gonzaga (2010, p. 284) em sua tese de doutorado[55], a redução ou eliminação da dupla tributação

[55] Gonzaga, Livia Leite Baron. A Interpretação das Convenções Contra Dupla Tributação Internacional à Luz da Teoria da Argumentação Jurídica.

internacional apresenta os melhores resultados quando obtidos por através da utilização dos métodos bilaterais, ou seja, através das convenções contra a bitributação internacional. Conclui neste sentido, baseada, suscintamente nos argumentos que abaixo seguem.

Primeiramente, devido ao fato de que durante o processo de negociação dos ADT's, serem expostos os interesses comerciais e econômicos de cada Estado, o que permitiria melhores oportunidades para que a renúncia à arrecadação seja mais efetiva, dada a boa-vontade dos Estados em cumprir os compromissos assumidos. Outrossim, está relacionada à prevalência jurídica, dado que, conforme já abordado no presente estudo, as normas introduzidas pelos ADT's possuem caráter específico em relação à legislação interna, de forma que em eventual situação de antinomia, o texto do acordo prevaleceria, por força do critério *lex specialis derrogat generalis*, enquanto que na hipótese de uma isenção por norma interna ser mais facilmente revogada, por ocupar mesma posição hierárquica.

O segundo argumento, consistiria na maior previsibilidade e estabilidade de suas normas, cujo texto não pode ser alterado senão via emendas, que seguem o mesmo rito do ADT para fazerem efeitos. Ainda neste sentido, em razão de sua maior efetividade e eficiência para evitar a dupla tributação, uma das vantagens dos ADT's consiste então no grau de segurança jurídica que possui o contribuinte quanto à sua relação tributária estabelecida com os demais Estados envolvidos.

Outro fator relevante em favor do ADT's diz respeito ao seu efeito corresponder a um estímulo à cooperação internacional entre os Estados contratantes (para troca de informações e tam-

2010. Doutorado. (Doutorado em Direito) – Faculdade de Direito. Universidade de São Paulo, 2010, 469p. Disponível em < http://www.teses.usp.br/teses/disponiveis/2/2133/tde-19112010-084307/pt-br.php> Acesso em 08 set. 2019.

bém com a finalidade de prevenir a evasão fiscal) bem como incentivo ao investimento estrangeiro por partes do residentes ou nacionais nos Estados Contratantes, quando comparados às jurisdições sem ADT celebrado.

Por estas razões, prevalece então uma vantagem significativa ao método bilateral para viabilizar a prevenção da dupla tributação internacional, operando ainda como facilitador ao fluxo de capitais estrangeiros e contribuindo assim para o desenvolvimento econômico dos países contratantes, cujas principais características serão adiante identificados.

2.1. Medidas bilaterais para evitar a dupla tributação

Como já apresentado, os tratados internacionais tributários configuram fonte primária das normas do Direito Tributário Internacional, mas cabe esclarecer que podem se dar em diversas espécies, tais como específicos em certa matéria[56], ou gerais, como no caso dos ADT's em tela. Além dos tratados em matéria de imposto de renda, nota-se que os representantes dos diferentes Estados também celebram acordos e convenções com o intuito primário de fomentar desenvolvimento econômico de determinados setores industriais, o qual, ultimamente se opera através da redução mútua de taxas e impostos, como no caso dos os acordos de livre comércio ou harmonização tributária, como é o caso do MERCOSUL.

Quanto aos gerais, é importante apresentar-se brevíssimo histórico e modelos existentes, pois a definição do texto base dos ADT's costuma ser baseada em um dos modelos internacionais – notadamente, o *OECD Model Tax Convention*, originariamente lançado em 1963, o modelo do Pacto Andino de 1971, o modelo dos Estados Unidos de 1976, ou o modelo da ONU de 1980 – ou ainda em uma combinação destes.

[56] Por exemplo, acordos para evitar a bitributação no transporte marítimo e aéreo.

Ensina TORRES (2001, p. 498- 503) em relação ao modelo da OCDE, que o "Projeto de Convenção de Dupla Tributação concernente à renda e patrimônio" fora apresentado pelo Comitê Fiscal da OCDE em 1963 como resultado dos trabalhos iniciados em 1958, pela então ainda denominada OECD (Organização Europeia de Cooperação Econômica). Iniciou-se então a partir de 1971, pelo Comitê de Assuntos Fiscais[57], a revisão do projeto de 1963, culminando em 1977, como o novo Modelo de Convenção e novos Comentários, sendo que o sucesso do projeto foi evidenciado pelas 179 aplicações do referido projeto às convenções para evitar a dupla tributação entre 1963 e 1977. Em 1992, houve uma revisão da Convenção Modelo, o que se tornou um processo contínuo[58], tendo havido atualizações de tempos em tempos[59] sendo a mais recentemente de 2017.

Nota-se que a preocupação com a plutributação internacional também surgiu no âmbito da América Latina, o que teria impulsionado o Grupo Andino a aprovar em 1971 uma Convenção multilateral e um Modelo de Convenção para evitar a bitributação entre os Estados-membros do Pacto Andino e também com não membros. Ensina DORNELLES[60] que o Modelo

57 Sucessor do Comitê Fiscal da OCDE.

58 Nesse sentido: "*Contrariamente ao Projecto de 1963 e à Convenção Modelo de 1977, o Modelo revisto não constituía o culminar de revisões anteriores, e sim a primeira etapa de um processo de revisão contínua que se traduziria em actualizações periódicas, permitindo deste modo que a Convenção Modelo representasse, em qualquer momento, de forma exacta, as posições dos países membros*". COMITÊ. Modelo de convenção fiscal... p. 12

59 Mais especificamente, nos seguintes anos: 1994, 1995, 1997, 1998, 2000, 2003, 2005, 2008, 2010, 2014, and 2017, conforme publicado pela OCDE. Disponível em < https://www.oecd.org/tax/treaties/model-tax-convention-on-income-and-on-capital-condensed-version-20745419.htm > acesso em 08 de Setembro de 2019.

60 Cf. DORNELLES, Francisco Neves. A dupla tributação internacional da renda. Rio de Janeiro: FGV, 1979.p. 74.

de Convenção do Grupo Andino, estava centrado no princípio da tributação exclusiva na fonte, o que teria sido um grande entrave para sua aceitação pelos Estados desenvolvidos e que a adoção somente do princípio da tributação na fonte, poderia gerar situações intransponíveis para garantir a tributação. Assim, apesar de à época de sua conclusão o Modelo do Pacto Andino ter representado uma alternativa atraente aos países em desenvolvimento, o mesmo perdeu relevância prática quando em negociação com países desenvolvidos.

Já em relação ao modelo dos Estados Unidos elaborado em 1976 pelo Departamento de Tesouro americano, conhecido também como *Draft U.S. Model Income Tax Treaty*, este é bastante similar às disposições do Modelo da OCDE, apesar de ser estritamente direcionado aos interesses norte-americanos, tendo sido revisado três vezes, sendo a última em 2016[61]. Importante destacar algumas de suas particularidades, tais como da proibição da utilização do método do *tax sparing* quando o outro Estado Contratante for uma economia em desenvolvimento, bem como da prevalência do critério de tributação no Estado de residência e em especial de cláusulas específicas para combater práticas de *treaty shopping*. Assim, este modelo indica a política tributária norte-americana e representa somente um conjunto de recomendações que servem como ponto de partida para os Estados que desejam iniciar negociações para celebração de um ADT com os Estados Unidos.

Por sua vez, a primeira versão do modelo da Organização das Nações Unidas (ONU), adotou predominantemente o princípio do domicílio, em detrimento do princípio da fonte e baseou-se nos estudos de seu grupo de Comitê Fiscal (constituído ainda

[61] Revisões em 1981, 1996, 2006 e 2016. Preâmbulo e exposição de motivos da revisão do Modelo Norte-Americano disponível em https://www.treasury.gov/resource-center/tax-policy/treaties/Documents/Preamble-US%20Model-2016.pdf, acesso em 06 de Agosto de 2019.

em 1946). Tendo sido a primeira versão publicada somente em 1980, denominada como *The United Nations Model Double Taxation Convention between Developed and Developing Countries*, esta vem sendo revisada e atualizada periodicamente[62], sendo a última atualização de 2017[63], sobre a versão revisada em 2011. Nota-se, que o modelo da ONU é acompanhado de um Manual para a Negociação do ADT entre Países Desenvolvidos e Países em Desenvolvimento e que tem por objetivo[64]:

> (a) de buscar um modelo de acordo que fosse compatível com a desigualdade de situações existentes entre Estados desenvolvidos e Estados em desenvolvimento, levando em conta a maior vulnerabilidade dos últimos, e (b) de tornar os acordos um instrumento capaz de gerar um fluxo de investimentos útil aos países em desenvolvimento, tanto por meio de isenções fiscais diretas, quanto através de medidas assecuratórias da efetividade dos incentivos concedidos pelos países recipientes do investimento

Feitos estes comentários, discorre-se acerca dos aspectos gerais dos acordos, sendo que o foco do presente estudo engloba porém, somente os acordos em matéria de impostos sobre a renda, e mais especificamente, o modelo da OCDE com adaptações segundo disposições do modelo da ONU, pois este seria o modelo adotado pelo Brasil com os Estados contratantes, objeto

62 Ribes, Aurora Ribes. Convenios para evitar la doble imposición internacional: interpretación, procedimiento amistoso y arbitraje. Madrid: Editoriales de Derecho Reunidas , 2003. p. 208-214.

63 Versão disponível em https://www.un.org/esa/ffd/wp-content/uploads/2018/05/MDT_2017.pdf, acesso em 08 de Setembro de 2019.

64 Cf. Dornelles, Francisco. O modelo da ONU para eliminar a dupla tributação da renda, e os países em desenvolvimento. Tavaloro, Agostinho Toffoli, Machado, Brandão, Martins, Ives Gandra. Princípios tributários no direito brasileiro e comparado: estudos jurídicos em homenagem a Gilberto de Ulhôa Canto. Rio de Janeiro: Forense, 1988. p. 195-252. p. 195-196

do estudo. Neste sentido, observou Luis Flavio Neto em sua tese de doutorado que "*Diversos acordos de dupla tributação celebrados pelo Brasil possuem traços da CM-ONU, embora em geral se alinhem à CM-OCDE, sem repetir qualquer desses modelos em sua integralidade*"[65].

2.1.1. Aspectos Gerais dos tratados

Um dos aspectos de fundamental relevância, refere-se ao objeto dos ADT's, notadamente, de que visam prevenir somente a dupla tributação jurídica, não visando e tampouco sendo eficazes ou eficientes para combater a dupla tributação econômica. Feito este esclarecimento, para fazer jus a aplicação do ADT, é primordial que seja atendida a regra das quatro identidades[66], notadamente identidade de objeto, identidade do sujeito, identidade do período tributário e identidade do imposto ou tributo.

Em relação à identidade do imposto ou tributo, é importante ressaltar que há insegurança jurídica quanto a aplicabilidade dos ADT's celebrados pelo Brasil, no que se refere a proteção tanto do IRPJ como da CSLL, ou se inaplicável para afastar dupla tributação gerada em razão da aplicação da CSLL. É o caso inclusive de precedente envolvendo o ADT firmado com o Chile, conhecido como "*Caso Rexam*"[67], notadamente o Acórdão nº 1201-001.024 de 2014, cujo trecho da ementa segue abaixo transcrito:

[65] Neto, Luis Flavio. *Os "contextos" na interpretação e aplicação de acordos de bitributação.* 2015.514 páginas.Doutorado.Faculade de Direito da Universidade de São Paulo. São Paulo. p.31. Disponível em <http://www.teses.usp.br/teses/disponiveis/2/2133/tde-11122015-075830/publico/Versao_Simplificada_Luis_Flavio_Neto_Tese_FDUSP.pdf> Acesso em 10/09/2019.

[66] Cf. Xavier, Alberto. *Direito Tributário Internacional do Brasil.* Rio de Janeiro. Forense, 2005.p.33.

[67] Cf. Rocha, Sergio Andre. Política Fiscal Internacional Brasileira. Lumen Juris.2017 p.128.

> TRATADOS PARA EVITAR A DUPLA TRIBUTAÇÃO. Segundo o artigo 10 da convenção firmada entre o Brasil e o Chile com vistas a evitar a dupla tributação do imposto sobre a renda, os dividendos distribuídos pela empresa controlada no Chile podem ser tributados em sua controladora no Brasil. ASSUNTO: CONTRIBUIÇÃO SOCIAL SOBRE O LUCRO LÍQUIDO CSLL Ano calendário: 2005, 2006 TRATADOS PARA EVITAR A DUPLA TRIBUTAÇÃO. **A convenção firmada entre o Brasil e o Chile** com vistas a evitar a dupla tributação **não alcança a contribuição social sobre o lucro líquido**[68]. *Grifos nossos.*

No mesmo sentido, há outro precedente desfavorável ao contribuinte quanto à não abrangência do ADT firmado Brasil com a Argentina no que se refere à CSLL:

> LUCROS NO EXTERIOR. ART. 74 DA MP 215835/2001. TRATADO BRASIL ARGENTINA PARA EVITAR A DUPLA TRIBUTAÇÃO. A contribuição social sobre o lucro, apesar de guardar semelhança com o imposto de renda, possui base de cálculo própria, bem como destinação distinta, e **não se encontra abrangida pela Convenção Brasil / Argentina**[69]. *Grifos nossos.*

Outra característica basilar, é de que as convenções não criam nova hipótese de incidência tributária e tampouco alargam a abrangência daquelas já existentes no ordenamento interno de determinado Estado. Em outras palavras, o tratado não cria ou incrementa qualquer obrigação tributária, pois, conforme ensina XAVIER (p.154) os acordos somente dotam de "efeito negativo" e impõe limite à competência tributária de

[68] BRASIL. CARF. 2ª Câmara/1ª Turma Ordinária, Acordão 1201001.024. Sessão de 06 de maio de 2014. Publicado em 25/06/2014.

[69] BRASIL. CARF. 2ª Câmara / 1ª Turma Ordinária, Acordão 1102001.247. Sessão de 25/11/2014. Publicado em 11/12/2014.

um ou de ambos os Estados contratantes[70]. Assim, os ADT's jamais criam, no sentido expresso do termo, obrigações tributárias[71], também em decorrência de não possuírem competência para definir, ou alterar, a regra matriz de incidência de algum tributo.

No que se refere à imposição dos limites, esclarece-se, que os ADT's definem a competência tributária entre os Estados contratantes, mediando a *jurisidiciotn to tax sobre* determinada situação jurídica, ao atribuir tal competência, por vezes de forma exclusiva a um deles (efeito de verdadeira prevenção da dupla tributação, conforme apontado acima) e por outras, simultaneamente a ambos, sendo certo porém, neste caso, a necessidade de mecanismos unilaterais para suavizar o efeito do concurso de imposições daí decorrente (efeito de eliminação da dupla tributação). É desta repartição de competências que decorre o efeito da distribuição proporcional entre os Estados contratantes, da arrecadação tributária e geralmente, devido ao processo de negociação do ADT, é acompanhado da remoção de

[70] TORRES por sua vez ensina que: "*(...) as convenções não podem nem criar novas obrigações tributárias nem tampouco ampliar as já existentes, como não podem derrogar in totum qualquer disposição de direito interno, quer do sistema formar, quer a fortiori das garantias aos contribuintes. Elas buscam, tão-só oferecer uma pauta de critérios para resolver possíveis concursos de pretensões impositivas entre os signatários, uma vez que predispõem um tratamento mais favorável nas relações que envolvam 'residentes' dos respectivos Estados contratantes apenas quanto aos rendimentos e tributos nela discriminados.*" TORRES, Heleno Taveira. Pluritributação Internacional sobre as Rendas de Empresas. 2. ed. rev., ampl. e atual. São Paulo: Revista dos Tribunais, 2001. p. 594)

[71] El interés de la eliminación de la doble imposición, que pudiera derivar, en primer lugar, de las legislaciones nacionales, constituye una finalidad de los TDI limitar las pretensiones fiscales de los Estados titulares de las mismas o suprimirlas totalmente, no ampliarlas o no crear nuevas. Esto hay que entenderlo en el sentido de que un TDI no pueden establecerse nuevas pretensiones." BUHLER, Ottmar. Principios de Derecho Internacional Tributario. Trad. Fernando Cervera Torrejon. Madri: Editorial de Derecho Financiero, 1968. p. 82.

obstáculos fiscais ao comércio, que por sua vez estimulam os negócios jurídicos entre seus contribuintes, os quais também estarão protegidos pelo princípio da não-discriminação[72].

Em razão dos ADT's caracterizarem verdadeiros contratos, em que ambos os Estados soberanos manifestam livremente sua vontade de assumir os compromissos descritos, eventuais disputas oriundas de divergências interpretativas podem vir a ser solucionados por via de arbitragem ou procedimentos amigáveis, seguindo as disposições previstas na Convenção de Viena sobre o Direito dos Tratados, à luz dos Direito Internacional Público nela codificados.

Não raro ocorrem tais conflitos quando os contribuintes buscam a garantia da prevenção da dupla tributação, uma vez as divergências interpretativas emanam da complexidade da aplicação dos tratados. Tal complexidade decorre de diversos fatores, desde os mais simples como questões linguísticas, dado os diferentes idiomas, como a já mencionada ausência de harmonia tributária. Mas prepondera a questão das discrepâncias nas qualificações atribuídas aos diversos rendimentos por cada Estado contratante.

Outro aspecto relevante à questão da interpretação, é o caráter normativo dos ADT's, em razão destes induzirem no ordenamento jurídico interno certos institutos, definições e conceitos, que para serem apropriadamente aplicados pelas autoridades fiscais de cada Estado, dependem de uniformidade no exame da situação fática. Desta sorte, a eficácia[73] das disposições pre-

[72] A vedação à discriminação, também conhecida como "princípio da não discriminação", é expressamente prevista no artigo 24 da Convenção Modelo da OCDE.

[73] No que se refere à eficácia dos ADT's, remeta-se Vogel e Prokisch: "*A double taxation convention can only be effective if it is interpreted and applied in a uniform way in both Contracting States. Therefore, it is obviously necessary to define internationally accepted principles for the interpretation of double taxation conventions.*". VOGEL,

vistas nos ADT's, somente prevalecerá se fundada na adequada interpretação de seus dispositivos e correspondente enquadramento de dada situação fática.

Uma última característica essencial à aplicação dos ADT's, diz respeito ao sujeito a quem se destina, uma vez que somente poderão ser protegidos aqueles contribuintes que sejam efetivamente residentes de um dos Estados contratantes. Desta forma, construções jurídicas para atender meras formalidades, desprovidas de propósito negocial ou substância econômica, geralmente são desconsideradas pelas autoridades fiscais, vez que se transmutam em estruturas que abusam do tratado e cuja finalidade, é senão o da evasão fiscal. Nesse sentido, SCHOUERI ensina que:

> O *treaty shopping* ocorre quando, com a finalidade de obter benefícios de um acordo de bitributação, um contribuinte que, de início, não estaria incluído entre seus beneficiários, estrutura de negócios, interpondo, entre si e a fonte de rendimento, uma pessoa ou um estabelecimento permanente, que faz jus àqueles benefícios.[74]

2.2. Medidas unilaterais para evitar a dupla tributação

As jurisdições que elegem o princípio da universalidade como regime de tributação, dada a maior predisposição a gerar situações de dupla tributação internacional (à luz das considerações já discorridas), precisam adotar mecanismos de autolimitação de sua competência tributária, para atenuar seus efeitos cus-

Klaus. PROKISCH, Rainer G. General Report. Interpretation of Double Taxation Conventions. Cahiers de Droit Fiscal International. 1993. Florence Congress, International Fiscal Association., vol. LXXVIIIa. p. 67-68.

[74] SCHOUERI, Luis Eduardo. *Planejamento Fiscal através dos acordo de bitributação: Treaty Shopping.* São Paulo:Editora Revista dos Tribunais, 1995. p.21.

tosos à competitividade internacional de seus residentes[75] ou nacionais. Autolimitação, pois correspondem a normas no âmbito do direito tributário interno dos Estados que as concedem, cuja única função é de reduzir ou extinguir esse fenômeno, tão danoso às relações econômicas internacionais[76].

Nesta seara, tais mecanismos unilaterais geralmente versam sobre concessão de isenções ou redução de alíquotas internas (ou de sua base de cálculo), acerca de abatimento dos tributos (equivalentes) recolhidos no estrangeiro, ou ainda através da imputação créditos tributários. A eleição de um ou mais métodos está relacionada aos objetivos e política fiscal do Estado, algumas vezes não somente da perspectiva arrecadatória ou econômica, mas também o de resguarda a justiça tributária. Nesse sentido, TAVOLARO afirma que as medidas unilaterais podem ter origem no costume internacional, justamente por "nascerem, na maioria das vezes, como concretização de um ideal de justiça tributária"[77].

75 Esclarece Antonio de Moura Borges a respeito do tema que: "*Os Estados que normalmente estabelecem medidas unilaterais para evitar ou eliminar a dupla tributação internacional são aqueles que adotam o critério da residência. Isso se explica porque o critério da residência, fazendo com que a tributação incida inclusive sobre as rendas que provêm do exterior, apresenta a potencialidade de gerar a dupla tributação internacional. Todavia, também os Estados que adotam o critério da fonte podem colaborar na eliminação da dupla tributação internacional, por meio de ação unilateral, segundo relatório da Comissão de Assuntos Fiscais da Câmara de Comércio Internacional, de 1951, de quatro maneiras diferentes: 'em primeiro lugar, isentando determinadas categorias de rendimento que desempenham papel menos importante na sua vida econômica do que na do país de residência; em segundo lugar, determinando a parte que lhe compete no rendimento cuja produção está ligada ao seu território e ao de outros países; em terceiro lugar, banindo completamente a tributação extraterritorial; em quarto lugar, limitando-se a fazer incidir sobre o rendimento dos não-residentes um imposto proporcional da taxa uniforme.*'" In Borges. Convenções sobre dupla tributação... p. 90.

76 Cf. Rothmann. Bitributação... p. 454

77 Tavalaro, Agostinho Toffoli. A solução dos conflitos de dupla tributação jurídica internacional. In: Tavolaro, Agostinho Toffoli, Machado, Brandão,

Frise-se que apesar de serem instituídas a prevenir a dupla tributação de modo geral, não somente aos países não beneficiados por um ADT, estes mecanismos também são aproveitados, legitimamente, quando se trata de operações com algum Estado-Contratante. Por outro lado, uma limitação da aplicabilidade destes mecanismos decorre da eventualidade de estarem subordinados à reciprocidade de tratamento, para serem exercidos.

Abaixo serão abordados os principais mecanismos unilaterais para amenizar a dupla tributação, que apesar de sua maior aplicabilidade prática, em termos de exequibilidade por parte dos Estado, por significar renúncia fiscal destes, nem sempre eliminam em absoluto o efeito da dupla tributação.

2.2.1. Isenção Tributária (tax exemption)

O *tax exemption* fundamenta-se no tratamento dos rendimentos provenientes do exterior, ou parte deles, como isentos. Este mecanismo compreende tanto a isenção total como a isenção parcial, com progressividade. Em relação à isenção total, as rendas provenientes do exterior não são consideradas, por completo, na composição da base de cálculo dos impostos sobre a renda. Como bem observa DORNELLES, a isenção integral concedida pelo Estado de residência constitui o método que mais convém aos países importadores de capital, na medida em que impede que qualquer benefício fiscal concedido pelo país importador de capital seja anulado pela legislação fiscal de residência do investidor[78]. Notadamente, o Modelo de Convenção da OCDE[79] adota o critério da isenção integral a alguns tipos

MARTINS, Ives Gandra (coord.) Princípios tributários no direito brasileiro e comparado: estudos jurídicos em homenagem a Gilberto de Ulhôa Canto. Rio de Janeiro: Forense, 1988. p. 3-23. p. 13

[78] DORNELLES. A dupla tributação internacional. op.cit. p.12-13

[79] COMITÊ OECD. *"Model Tax Convention on Income and on Capital"*. 2017. Disponível em < https://read.oecd-ilibrary.org/taxation/model-tax-convention-

de rendimento tais como a tributação dos *royalties* (artigo 12, parágrafo 1) e dos ganhos na alienação de determinados bens, como ganho na alienação de ações (artigo 13, parágrafo 4).

2.2.2. Imputação de Crédito Tributário (tax crediting)

O *tax crediting* por sua vez, consiste em o Estado de residência, ao tributar o contribuinte pela totalidade de seus rendimentos, concede um crédito correspondente (ou parcial) aos tributos pagos por ele no exterior. Entretanto, tal crédito pode estar sujeito a limitação, decorrendo daí a imputação integral e a imputação ordinária[80]. Ocorrera a imputação integral quando se considera na dedução interna o valor total do tributo pago no exterior e a parcial (ordinária), quando a dedução do tributo pago no exterior é limitada ao valor do tributo devido internamente, e eventual "excesso de crédito" deve ser desprezada. O excesso de crédito ocorre nas hipóteses em que tributação da referida renda no exterior for maior do que a devida internamente. Outrossim, a OCDE também utiliza o método da imputação ordinária conforme se depreende do texto do artigo 23-B de Convenção Modelo:

> MÉTODO DO CRÉDITO
>
> Quando um residente de um Estado contratante obtiver rendimentos ou for proprietário de património que, de acordo com o disposto nesta Convenção, possam ser tributados no outro Estado

on-income-and-on-capital-condensed-version-2017_mtc_cond-2017-en#page1>. Acesso em 10 de Setembro de 2019.

[80] Segundo Francisco Dornelles: "*Os métodos da imputação, seja ela ordinária ou integral, embora eliminando total ou parcialmente a dupla tributação, apresentam um sério inconveniente para o país importador de capital, na medida em que neutralizam os efeitos de qualquer redução ou eliminação de imposto concedida para a captação de investimentos do exterior*" (DORNELLES. A dupla tributação internacional... p. 15).

contratante (exceto na medida em que essas disposições permitam a tributação pelo outro Estado unicamente porque a renda também é derivada de um residente desse Estado ou porque o capital também é de propriedade de um residente desse Estado) o primeiro Estado mencionado deverá permitir:

a) como dedução do imposto sobre o rendimento desse residente, um montante igual a o imposto de renda pago nesse outro Estado;

b) como dedução do imposto sobre o capital desse residente, um montante igual a o imposto sobre o capital pago nesse outro Estado.

Em ambos os casos, a **importância deduzida não poderá, contudo, exceder a fracção do imposto sobre o rendimento ou do imposto sobre o património**, calculado antes da dedução, correspondente ao rendimento ou ao património **que podem ser tributados nesse outro Estado**[81]. – *tradução livre pelo autor. Grifos nossos.*

2.2.3. Crédito presumido (matching credit)

Por conseguinte, o *matacking credit* representa o mecanismo em que em que Estado de residência reconhece um uma percentagem ou montante de crédito a ser compensado internamente, superior ao imposto estabelecido pelo Estado da fonte. Em outras palavras, o Estado da residência concede um crédito de imposto superior ao que foi efetivamente aplicado no Estado da fonte.

[81] COMITÊ OECD. "*Model Tax Convention on Income and on Capital*". 2017. Disponível em < https://read.oecd-ilibrary.org/taxation/model-tax-convention-on-income-and-on-capital-condensed-version-2017_mtc_cond-2017-en#page1>. Acesso em 10.09.2019.

2.2.4. Crédito Fictício (tax sparing)

Com características muito semelhantes, o *tax sparing*, por sua vez, decorre da concessão pelo Estado da residência de um crédito correspondente ao imposto efetivamente recolhido pelo Estado fonte, cuja alíquota tenha sido reduzida por algum incentivo fiscal[82]. Desta sorte, *o tax sparing* difere do *matching credit* na medida em que o esse se fixa previamente uma alíquota com base na qual se calcula o crédito, enquanto aquele, o seu montante é variável em função de flutuações no nível de tributação no país importador de capital.

3. Aspectos concretos dos Tratados celebrados com as jurisdições selecionadas

Conforme delimitado no início do estudo, serão avaliadas as regras de atribuição e consequente tributação das seguintes operações, à luz dos ADT's efetivamente celebrados, tomando-se por base as disposições da Convenção Modelo da OCDE (CM-OCDE), especificamente quanto aos alíquotas máximas de retenção na fonte de imposto sobre a renda nas operações distribuição de dividendos (art. 10 da CM-OCDE), pagamento de juros (art. 11 da CM-OCDE), pagamento de royalties (art.

[82] Escreveu Alberto Xavier sobre as Convenções firmadas pelo Brasil: "Nas convenções assinadas pelo Brasil, é freqüente a figura do crédito de imposto presumido em matéria de juros, dividendos e royalties. Numerosos Estados o concedem (em proporção variável) quanto a juros e royalties; quanto a dividendos, o regime é mais complexo, pois a par do matching credit há casos de isenção integral, de isenção com progressividade e de imputação ordinária, como já se viu. Em contrapartida, o Brasil apenas em casos raros prevê um matching credit quanto aos juros e royalties: é o que se passa com a Coréia, Equador, Espanha, Filipinas e Índia, porventura atendendo ao grau intermediário do estágio de desenvolvimento econômico destes países. Também a figura do crédito de imposto fictício se encontra consagrada em certas Convenções assinadas pelo Brasil: com o Japão, com a Bélgica, com a Coréia, com as Filipinas e com a Hungria" (XAVIER.Direito tributário internacional... p. 673).

12 da CMOCDE), de pagamento de serviços técnicos (muitas vezes sujeitos ao tratamento de royalties, a depender de eventual protocolo nesse sentido), bem como o conceito do estabelecimento permanente (art. 5 da CM-OCDE). Para tanto, será traçada uma breve introdução dos aspectos tributários domésticos relevantes de cada jurisdição, quanto às normas internas de imposto de renda das pessoas jurídicas de cada jurisdição em apreço e seus critérios de conexão.

3.1. Análise dos Tratados e medidas unilaterais do contratante

3.1.1. Brasil – Argentina

A Argentina é um país federativo e nos termos de sua Constituição Nacional[83], a competência tributária é compartilhada pelo Estado Nacional e pelos Estados Provinciais, embora o primeiro concentre o maior poder tributário, enquanto o segundo receba uma parcela da arrecadação tributária nacional, através de um sistema de alocação de impostos denominado "sistema de compartilhamento de receita tributária federal" (*coparticipación federal* em espanhol). A administração e supervisão tributária são de responsabilidade da Administração Federal da Receita Pública (*AFIP*, acrônimo em espanhol).

O Governo Federal é responsável pela cobrança de imposto de renda, imposto sobre bens pessoais, imposto sobre valor agregado e impostos indiretos em todo o território nacional. Entretanto, a Argentina não possui um código consolidado, sendo que as diversas categorias de impostos são reguladas por leis separadas, as quais, similarmente ao Brasil, são frequentemente alteradas.

[83] ARGENTINA. Congresso Nacional Argentino. Constituição Nacional, promulgada pela Lei 24.430 sancionada em 1853, com as reformas dos anos 1860, 1866, 1898, 1957 e 1994. Disponível em < http://servicios.infoleg.gob.ar/infolegInternet/anexos/0-4999/804/norma.htm>. Acesso em 05.06.2019.

Importante mencionar, que os impostos indiretos, os quais não são cobertos pelo ADT, têm um forte impacto na estrutura tributária Argentina e competitividade de seus negócios internacionais, sendo a alíquota base, geralmente aplicada é de 21%, mas podendo chagar a 27%, para certos serviços, como comunicações e eletricidade.

Válido ressaltar que legislação argentina adotou ao longo dos anos, vários critérios para determinar a competência tributária e elemento de conexão[84], sendo que o critério de fonte ou territorialidade foi utilizado até 1992, quando a situação mudou drasticamente com a introdução do critério de residência na legislação sobre imposto de renda[85].

A Lei de Imposto de Renda Argentino, estabelece em seu artigo primeiro o seguinte:

> ARTIGO 1º – Todos os lucros obtidos por pessoas humanas, pessoas jurídicas ou outros sujeitos indicados nesta lei, são alcançados pela taxa de emergência prevista nesta regra.
>
> Sucessões indivisas são contribuintes de acordo com o disposto no artigo 33.
>
> Os sujeitos mencionados nos parágrafos anteriores, **residentes no país, pagam impostos sobre o valor total de seus lucros obtidos no país ou no exterior**, e **os valores efetivamente pagos** por impostos semelhantes **podem ser contabilizados como pagamento** por conta do imposto desta lei, em suas atividades

[84] Serrani, Esteban. *Double Taxation Agreements in Latin America. Analysis of the Links among Taxes, Trade and Responsible Finance.* LATINDADD. Buenos Aires,2013. p 46.

[85] ARGENTINA. Congresso da Nação Argentina. Lei que modifica os Impostos sobre a Renda. Lei 24.073. Sancionada em 02.04.1992. Promulgada em 08.04.2019. Publicada no Diário Oficial Argentino de 13.04.1992. Disponível em <https://www.argentina.gob.ar/normativa/nacional/ley-24073-472/texto> Acesso em 13.09.2019.

no exterior, até o limite da imputação da obrigação fiscal causada pela incorporação do ganho obtido no exterior.

Os não residentes pagam impostos exclusivamente sobre seus ganhos provenientes da Argentina, conforme disposto no Título V e nos regulamentos complementares desta lei. – *tradução livre pelo autor. Grifos nossos.*

Assim, depreende-se que atualmente na Argentina, empresas e indivíduos residentes estão sujeitos ao pagamento de imposto de renda sobre a renda gerada localmente e no exterior, ou seja, pelo critério da universalidade. Por outro lado, empresas e pessoas físicas não residentes são obrigadas a pagar impostos sobre a renda derivada de suas operações na Argentina e sobre suas transações de comércio exterior realizadas no país.

Com o intuito de apresentar um breve contexto, ressalta-se que quando o ADT Brasil-Argentina foi inicialmente assinado (1980), tanto o Brasil como a Argentina adotavam o princípio da territorialidade, para cobrar os impostos de renda corporativo, diferentemente de quando o ADT foi assinado com Chile ou Peru. Aquele tratado não previa uma limitação ao estado da residência, para tributar dividendos distribuídos.

Em 21 de julho de 2017, Argentina e Brasil assinaram um Protocolo de Emenda ao ADT e seu Protocolo, ambos originariamente assinados em Buenos Aires em 17 de maio de 1980. Nos termos do Protocolo de Emenda, suas disposições entram em vigor em 1º de Janeiro de 2019, para impostos retidos na fonte sobre os rendimentos auferidos a partir de (inclusive) 1 de janeiro de 2019 ou para outros impostos sobre rendimentos e impostos sobre o capital, em relação ao ano fiscal com início em 1 de janeiro 2019 e seguintes.

O Protocolo de Emenda introduziu modificações importantes no ADT que devem ser levadas em consideração pelos contribuintes argentinos e brasileiros, notadamente, as principais modificações a seguir descritas.

Em relação à insegurança jurídica quanto a CSLL, o Protocolo de Emenda não faz sua menção expressa, como também já não fazia o ADT[86], (evidentemente, pois a CSLL foi instituída em 1988, ou seja após o ADT ter sido assinado, mas que permitia a construção da tese de aplicabilidade de suas disposições por força da "*substancial similaridade*" prevista no Artigo II) sendo o seu atual texto o seguinte:

> Artigo II – Impostos Visados
>
> 1. A presente Convenção se aplica a impostos sobre a renda e sobre o capital exigidos por um dos Estados Contratantes, qualquer que seja o sistema usado para sua exação.
>
> 2. Serão considerados impostos sobre a renda e sobre o capital aqueles incidentes sobre a totalidade da renda ou do capital, ou sobre qualquer parte dos mesmos, inclusive os impostos sobre ganhos provenientes da alienação de bens móveis ou imóveis, os impostos sobre o montante total dos salários ou ordenados pagos pelas empresas, bem como os impostos sobre a valorização do capital.
>
> 3. Os impostos atuais aos quais se aplica a presente Convenção são:
>
> a) no Brasil: (i) o **imposto federal sobre a renda** (doravante denominado "imposto brasileiro"); e
>
> b) na Argentina: (i) o imposto sobre a renda; (ii) o imposto sobre a renda mínima presumida; e (iii) o imposto sobre os bens pessoais (doravante denominados "imposto argentino").

[86] Texto anterior, quanto aos impostos visados da perspective brasileira "*o imposto sobre a renda, com exclusão das incidências sobre remessas excedentes e sobre atividades de menor importância (doravante denominado "imposto brasileiro")*". In. BRASIL. Presidente da República. Decreto nº 9.482 de 27.08.2019.

> 4. A Convenção aplicar-se-á **também a quaisquer impostos idênticos ou substancialmente similares** que forem introduzidos **após** a data de sua assinatura, e que venham a acrescer aos impostos atuais ou a substituí-los. As autoridades competentes dos Estados Contratantes notificar-se-ão acerca das modificações significativas ocorridas em suas respectivas legislações tributárias – *grifos nossos.*

Como a CSLL já está introduzida, o que prejudica ainda mais a linha argumentativa, permanecem os contribuintes com a sua incerteza quanto à sua abrangência pelo ADT.

Em relação à retenção na fonte para o pagamento de dividendos, artigo 10 do ADT, onde antes se lia "*Todavia, esses dividendos podem ser tributados no Estado Contratante onde reside a sociedade que os paga e de acordo com a legislação desse Estado*" agora se lê:

> 2. Todavia, esses dividendos poderão também ser tributados no Estado Contratante em que reside a sociedade que os paga e de acordo com a legislação desse Estado, mas, se o beneficiário efetivo dos dividendos for um residente do outro Estado Contratante, o imposto assim exigido não poderá exceder:
>
> a) **10 por cento** do montante bruto dos dividendos, se o beneficiário efetivo for uma sociedade que detiver diretamente **pelo menos 25 por cento do capital da sociedade** que pagar os dividendos ao longo de um período de 365 dias que inclua o dia do pagamento dos dividendos (a fim de calcular esse período, não deverão ser consideradas mudanças de propriedade que resultaram diretamente de uma reorganização societária, tais como uma fusão ou cisão, da sociedade que detém as ações ou que paga os dividendos); ou
>
> b) 15 por cento do montante bruto dos dividendos em todos os demais casos. O presente parágrafo **não afetará a tributação da sociedade com referência aos lucros que derem origem ao pagamento dos dividendos.**"

Com efeito, agora passou existir um limite para retenções na fonte pagadora dos dividendos, de 10% ou 15% conforme o caso (sendo maior benefício – menor a alíquota permitida – quanto maior a relação de controle). Por outro lado, resta claro que o artigo 10 do ADT não abranda a tributação das coligadas e controladas, ou seja, não previne o efeito da tributação pelas regras CFC[87].

Em relação à retenção na fonte do pagamento de juros, prevista no Artigo 11 do ADT Brasil-Argentina, foi introduzida a limitação à alíquota de 15% sobre o montante bruto dos juros, limitação antes inexistente. No texto anterior, previa-se que esses juros poderiam ser tributados no Estado da fonte, "*de acordo com a legislação desse Estado*". Como asseverado no texto acima, quando ADT foi originariamente firmado, tanto Brasil como Argentina, por adotarem o princípio da territorialidade, não teriam competência tributária àquele precisa época, de tributar na fonte do pagamento. Porém, após ambos os Estados alterarem seu critério para o da universalidade, a eficiência deste artigo na prevenção da dupla tributação, ficou prejudicada neste interim.

Quanto à retenção na fonte do pagamento de royalties, prevista no Artigo 12 do ADT Brasil-Argentina. Igualmente foi introduzida uma limitação à alíquota a ser cobrada pelo Estado fonte, no caso do beneficiário efetivo dos "royalties" ser um residente do outro Estado contratante, notadamente de 15% quando os "royalties" sejam provenientes do uso ou da concessão do uso de marcas de indústria ou de comércio ou 10 % nos demais casos. Para transferências de tecnologia, o Protocolo de Emenda esclarece ainda que a retenção na fonte limitada a 10% se aplica na medida em que os respectivos contratos sejam registrados de acordo com os requisitos da lei doméstica[88] ou 15% em todos os outros casos.

[87] Tema por si só, digno de um estudo a parte, que não do presente.

[88] Por exemplo, registro do contrato de transferência de tecnologia, junto ao INPI – Instituto Nacional da Propriedade Industrial.

O Protocolo de Emenda, em seu artigo 20, ainda definiu os termos *"serviços técnicos"* e *"assistência técnica"* para determinar se os pagamentos se qualificam como *"royalties"*, tendo ainda definido o seu conceito, notadamente o seguinte:

> Considera-se prestação de serviços técnicos e de assistência técnica a execução de serviços que dependam de conhecimentos técnicos especializados ou que envolvam assistência administrativa ou prestação de consultoria, realizada por profissionais independentes ou com vínculo empregatício ou, ainda, resultante de estruturas automatizadas com claro conteúdo tecnológico; e a assessoria permanente prestada pelo cedente de processo ou fórmula secreta ao cessionário, mediante técnicos, desenhos, estudos, instruções ou outros serviços similares, os quais possibilitem a efetiva utilização do processo ou fórmula cedidos.

De modo geral, o Protocolo de emenda ainda substituiu ou mecanismo das isenções tributárias existentes pelo de créditos tributários e incluiu diversas medidas propostas no Plano de Ação do BEPS, incluindo aquelas destinadas a impedir o abuso de tratados (Ação 6 do BEPS) ou a evasão artificial do status de estabelecimento permanente (Ação 7 do BEPS), bem como de tornar o mecanismo de resolução de conflitos mais eficaz (Ação 14 do BEPS), em específico para tratar do MAP.

3.1.2. Brasil - Chile

A alíquota do imposto de renda das pessoas jurídicas no Chile é de 25% ou 27%, dependendo do regime tributário eleito pela empresa, nos termos da Legislação em vigor. A Lei do Imposto de Renda do Chile[89], dispõe o seguinte em seu parágrafo 3º:

[89] CHILE. Ministério da Fazenda. Lei 824/1974, atualizada pela Lei 21.047/2017 publicada no Diário Oficial do Chile em 23.11.2017. Disponível em < http://www.sii.cl/normativa_legislacion/dl824.pdf> Acesso em 12.06.2019.

> Artigo 3. – Salvo disposição em contrário desta lei, qualquer pessoa domiciliada ou **residente no Chile pagará impostos sobre seus rendimentos de qualquer origem,** seja sua fonte de ingressos localizada dentro ou fora do país, e **os não-residentes do Chile estarão sujeitos ao imposto de renda cuja fonte esteja situada dentro do país.**
>
> No entanto, o **estrangeiro que constitui domicílio ou residência no país, durante os três primeiros anos após a entrada no Chile, estará sujeito apenas aos impostos incidentes sobre a renda obtida de fontes chilenas.** Este período pode ser prorrogado pelo Diretor Regional em casos qualificados. Desde o vencimento do referido mandato ou de suas prorrogações, o disposto no primeiro parágrafo será aplicável em qualquer caso. – *tradução livre pelo autor. Grifos nossos.*

Diante disto, confirma-se que o Chile também adota o princípio da universalidade para tributar suas as empresas residentes, bem como as filiais de das empresas estrangeiras no Chile incorporadas. O imposto de renda é cobrado sobre o lucro líquido acumulado, sendo que os resultados tributáveis de filiais estrangeiras bem como a renda passiva das controladas no exterior, também são adicionadas à base de cálculo. Nota-se, por outro lado, que o lucro de origem estrangeira segue o regime de caixa.

Conforme se depreende do texto da Lei de Imposto de Renda Chileno, é importante mencionar que é possível eleger o método do cálculo do imposto de renda entre dois regimes tributários, notadamente o Regime de Renda Atribuída (não elegível pelas sociedades anônimas) ou Regime de Renda Distribuída, sendo que as empresas devem eleger um ou outro no momento da abertura de seus negócios e permanecer sob o regime eleito por pelo menos cinco anos. Apesar das alíquotas nominais de 25% ou 27%, respectivamente, como os dividendos também são tributados, presumindo-se sua distribuição no primeiro caso, a alíquota total poder chegar a 35% no primeiro regime ou 44,45% no segundo, quando se tratar de controladores ou acionistas não-residentes domiciliados em um país com o qual o Chile não possua um ADT firmado, situação esta que permitiria que imposto de renda corporativo pago no exterior fosse totalmente creditável.

Em 02 de outubro de 2003, o ADT firmado entre o Brasil e o Chile ainda em abril de 2001, foi promulgado através do Decreto 4.852/2003, cujo texto fora aprovado pelo Congresso Nacional por meio do Decreto Legislativo nº 331, de 22 de julho de 2003 (à seguir como ADT Brasil-Chile). O Chile, à época tinha interesse no seu ingresso como membro da OCDE (tendo obtido êxito em 2010), de modo que já observava com maior atenção as disposições e recomendações da OCDE, bem como sua convenção modelo.

Nessa seara, o ADT Brasil-Chile trouxe, segundo MONGUILOD *dispositivos inovadores*[90], ao se referir às cláusulas de anti abuso (em linha com as melhores práticas internacionais e recomendações da OCDE à época) e apresentou certas peculiaridades frente aos demais tratados tributários celebrados pelo Brasil.

Primeiramente, quanto à abrangência do tratado sobre a CSLL, cabe ressaltar que quando de sua assinatura, a CSLL já estava instituída. Assim, apesar da CSLL possuir características semelhantes às do Imposto de Renda e o ADT mencionar genericamente em seu artigo 2 ao tratar dos impostos abrangidos que este se aplica aos *"impostos sobre a renda exigíveis por cada um dos Estados Contratantes"* e em seguida que se consideram impostos sobre a renda aqueles que *"gravam a totalidade da renda*

[90] MONGUILOD. Ana Carolina Pereira. SILVA, Priscila Stela Mariano. Pinheiro Neto Advogados. *O tratado Brasil-Chile.* Artigo eletrônico. Publicado em 03.09.2003. Disponível em < https://www.migalhas.com.br/dePeso/16,MI2616,71043-O+tratado+Brasil+Chile>. Acesso em 12/08/2019.

ou qualquer parte da mesma", o mesmo não mencionou expressamente a CSLL. Porém, o fez quanto ao IRPJ notadamente no parágrafo 3 do referido Artigo:

> Os **impostos** aos quais se aplica esta Convenção são:
>
> a) na República Federativa do Brasil, **o imposto federal sobre a renda** (doravante denominado "imposto brasileiro"); e
>
> b) na República do Chile, os impostos estabelecidos na Lei sobre Imposto de Renda, Decreto-Lei 824, (doravante denominado "imposto chileno").
>
> na República Federativa do Brasil, o imposto federal sobre a renda (doravante denominado "imposto brasileiro") – *grifos nossos.*

Assim, conclui-se sob uma interpretação literal que não seria possível utilizar as disposições do referido ADT para atenuar a tributação pela CSLL cobrada pelas autoridades Brasileiras. Por outro lado, o Chile reconheceria[91] a CSLL como "*impostos sobre a renda*" para aplicar unilateralmente o mecanismo de *tax crediting* e amenizar os efeitos da dupla tributação com o Brasil. Questiona-se se esta desarmonia, cujo efeito prejudica a arrecadação Chilena em detrimento da maior receita tributária Brasileira, não fere os princípios de reciprocidade, podendo colocar em risco o bom relacionamento dos Estados. Os contribuintes que se virem "bitributados" neste aspecto, teriam então argumentos para incitar o procedimento amigável, previsto no artigo 24 do ADT Brasil-Chile.

[91] Nos termos do Ofício 869, emitido em 5 de abril de 2016 pela Autoridade Tributária Chilena, a contribuição social sobre o lucro líquido deveria ter sido tratada como imposto de renda nos termos do tratado de dupla tributação, uma vez que se enquadraria no âmbito do seu artigo 2º. Deste modo, os residentes chilenos que realizam negócios no Brasil poderiam usar a CSLL paga no Brasil como um crédito contra o pagamento do imposto de renda do Chile, em conformidade com o artigo 22 da Convenção. Disponível em < http://www.sii.cl/pagina/jurisprudencia/adminis/2016/otras/ja869.htm> . Acesso em 12.09.2019.

Dentre as novidades, nota-se a cláusula do beneficiário efetivo, cujo objetivo é de restringir a aplicação do tratado somente aos legítimos residentes, impedido seus efeitos quando da interposição artificial de pessoas que não são o beneficiário efetivo de determinada operação. Vale ressaltar, que esta cláusula abrange os pagamentos a título de dividendos, juros e royalties.

Outra inovação, foi justamente a proteção ao Estado da fonte pagadora de juros ou royalties, observada nos artigos 11 e 12 do ADT Brasil-Chile, cujo dispositivo, de antielisão, permite que o Estado da fonte negue a aplicação do ADT Brasil-Chile, quando ficar demonstrado que a operação que deu origem ao pagamento teria por finalidade única, a utilização dos limites reduzidos. Porém, em termos de aplicabilidade deste dispositivo, MONGUILOD explica que apesar do ADT se sobrepor à legislação interna, os tratados internacionais em matéria tributária estão adstritos aos limites da Constituição Federal e que portanto:

> Suas disposições são inaplicáveis quando incompatíveis com preceitos constitucionais. Tendo em vista o respeito ao princípio da legalidade, entendemos que o Governo Brasileiro não poderia utilizar a cláusula anti-abuso do Tratado Brasil – Chile como fundamento para negar os seus benefícios a negócios bilaterais praticados com o objetivo de planejamento fiscal. Na prática, a nova cláusula anti-abuso introduzida pelo Tratado Brasil – Chile só seria aplicável aos casos de fraude e simulação no pagamento de royalties e de juros, nos moldes já permitidos pela legislação doméstica brasileira[92].

[92] MONGUILOD. Ana Carolina Pereira. SILVA, Priscila Stela Mariano. Pinheiro Neto Advogados. *O tratado Brasil-Chile*. Artigo eletrônico. Publicado em 03.09.2003. Disponível em < https://www.migalhas.com.br/dePeso/16,MI2616,71043-O+tratado+Brasil+Chile>. Acesso em 12/08/2019.

Os juros pagos, nos termos do Artigo 11 do ADT Brasil-Chile, estão limitados à retenção na fonte pelo Estado da fonte, de 15% sobre o montante bruto dos juros.

No que se refere à classificação e o tratamento dos rendimentos de serviços técnicos e de assistência técnica, os mesmos foram equiparados a royalties por força do Protocolo do ADT Brasil-Chile, de forma que a retenção pelo Estado fonte de tais rendimentos é limitado à alíquota máxima de 15%, apesar de sua classificação bastante genérica:

> ARTIGO 12 Royalties
>
> 1. Os "royalties" provenientes de um Estado Contratante e pagos a um residente do outro Estado Contratante podem ser tributados nesse outro Estado.
>
> 2. Todavia, esses "royalties" podem também ser tributados no Estado Contratante de que provêm e de acordo com a legislação desse Estado, mas, se o beneficiário efetivo dos "royalties" for um residente do outro Estado Contratante, o imposto assim exigido **não poderá exceder de 15 por cento** do montante bruto dos "royalties". – *grifos nossos.*

Quanto à dedutibilidade dos royalties e juros pagos por residentes brasileiros a beneficiários residentes no Chile, ou vice-versa, por força das regras de não-discriminação previstas no artigo 23 do ADT, estes ficariam sujeitos aos mesmos requisitos de dedutibilidade aplicáveis aos pagamentos entre empresas brasileiras, notadamente o parágrafo 4:

> 4. A menos que sejam aplicáveis as disposições do Artigo 9, do parágrafo 7 do Artigo 11 ou do parágrafo 6 do Artigo 12, **os juros, "royalties"** e demais gastos pagos por uma empresa de um Estado Contratante a um residente do outro Estado Contratante **são dedutíveis, para determinar os lucros dessa empresa**

sujeitos a tributação, nas mesmas condições que se tivessem sido pagos a um residente do estado mencionado em primeiro lugar. – grifos nossos.

3.1.3. Brasil – Peru

A Lei do Imposto de Renda do Peru[93], recentemente alterada por força do Decreto Legislativo n. 1.424/18 publicado em 13.9.2018, e cuja vigência iniciou-se em 1º de Setembro de 2019[94], prevê o seguinte em seu Capítulo II que trata da base jurisdicional do Imposto:

> Artigo 6. Todos os **rendimentos tributáveis obtidos pelos contribuintes** que, de acordo com as disposições desta Lei, sejam considerados **domiciliados no país, independentemente** da nacionalidade das pessoas físicas, **do local de constituição de pessoas jurídicas**, ou da **localização da fonte produtora**.
>
> No caso de contribuintes **não domiciliados no país**, de filiais, agências ou outros estabelecimentos permanentes de empresas proprietárias, empresas e entidades de qualquer natureza **constituída no exterior**, a que se refere o inciso "e)" do artigo 7, o **imposto incide apenas sobre os rendimentos tributados de origem peruana**.
>
> Artigo 7. **São considerados domiciliados** no país:
>
> a) Pessoas singulares de nacionalidade peruana que residam no país, de acordo com as regras do direito comum.

[93] PERU. SUNAT. Decreto Supremo 179-2004-EF, publicado em 08/12/2004 e alterações posteriores, Presidente Constitucional da República. Disponível em < http://www.sunat.gob.pe/legislacion/renta/ley/fdetalle.pdf> Acesso em 12/06/2019.

[94] Anteriormente o texto dos artigos em referência previa que no caso de contribuintes não domiciliados no país, de suas sucursais, agências ou estabelecimentos permanentes, ao imposto recaia *somente* sobre os rendimentos tributáveis de *origem peruana*.

b) Pessoas singulares estrangeiras que residiram ou permaneceu no país mais de cento e oitenta e três (183) dias corridos durante qualquer período de doze (12) meses.

c) Pessoas que exercem funções de representação estrangeira ou posições oficiais e que foram designadas pelo Setor Público Nacional.

d) **Pessoas jurídicas constituídas no país.**

e) As Filiais, agências ou outros estabelecimentos permanentes no Peru de empresas individuais, sociedades e entidades de qualquer natureza incorporadas no exterior; **nesse caso, o status de domicílio atinge a filial**, agência ou outro estabelecimento permanente, em quanto a sua renda de fonte peruana. – *tradução livre pelo autor. grifos nossos.*

Diante disto, verifica-se que o Peru, em linha com as mudanças legislativas de seus países vizinhos, igualmente passou a adota o princípio da universalidade para tributar seus residentes, bem como as filiais de das empresas estrangeiras incorporadas no Peru.

De modo geral, o Peru firmou poucos acordos para evitar a dupla tributação dentre eles com o Brasil, Canadá, Chile, Coréia do Sul, México, Portugal e Suíça[95]. Por outro lado, também celebrou um acordo multilateral para evitar a dupla tributação com os outros membros da Comunidade Andina, notadamente Bolívia, Colômbia e Equador, cujos termos estabelecem o direito exclusivo de tributação ao país de origem, ou seja, critério da fonte.

O Peru firmou seu ADT com o Brasil em Lima no dia 17 de fevereiro de 2006, tendo sido promulgado no Brasil em 27 de

[95] Conforme orientações do SUNAT. PERU. Site de orientações tributárias *"Instrumentos internacionales para evitar la doble imposición"*. Disponível em < http://orientacion.sunat.gob.pe/index.php/empresas-menu/impuesto-a-la-renta-empresas/fiscalidad-internacional-empresas/no-domiciliados-empresas/3263-04-convenios-para-evitar-doble-imposicion>. Acesso em 13.09.2019.

novembro de 2009, através do Decreto 7.020/2009 e ratificado no Peru em 6 de Junho de 2008, através do D.S. n 019-2008-RE (à seguir como ADT Brasil-Peru), sendo seus efeitos aplicáveis desde 1º de Janeiro de 2010.

De modo geral, o ADT Brasil-Peru seguiu os moldes da Convenção Modelo da OCDE com as atualizações até 2000, sendo algumas de suas principais divergência do modelo da OCDE, quanto à constituição de um estabelecimento permanente (Art. 5 do ADT Brasil-Chile) inclui-se a de um canteiro de obras ou um projeto de construção, montagem ou instalação, que perdurar mais do que somente seis meses, enquanto que o modelo da OCDE prevê o período de doze meses para esta circunstância.

A problemática da abrangência do ADT sobre a CSLL, é idêntica ao tratado com o Chile, exceto que não foram identificados documentos oficiais reconhecendo o crédito quanto à CSLL recolhida no Brasil, para fins de aplicação do mecanismo de *tax credtiing*, por parte das autoridades fiscais Peruanas.

Em relação aos seus artigos 10, 11 e 12, respectivamente sobre dividendos, juros e royalties, também foram inseridas as cláusulas de anti-abuso, segundo as quais as taxas preferenciais reduzidas do imposto retido na fonte não se aplicam se o artigo for exercido com o objetivo principal de, ou tiver como um de seus principais fins, a obtenção de benefícios do tratado.

As alíquotas máximas de retenção na fonte são: i) 15% sobre dividendos em geral e 10% sobre dividendos se o beneficiário efetivo for uma empresa que controla direta ou indiretamente pelo menos 20% das ações com direito a voto da empresa que paga os dividendos. O tratado permite que um estado aplique um imposto sobre lucros de uma filial até uma taxa máxima de 10%; ii) 15% sobre juros[96]; e iii) 15% sobre royalties, sendo que

[96] Contudo, não há limitação na alíquota do imposto retido na fonte, se pago a um estabelecimento permanente em um terceiro estado.

a definição de royalties inclui pagamentos pelo uso ou direito de uso de equipamentos industriais, comerciais ou científicos e quaisquer pagamentos recebidos pela prestação de serviços técnicos e assistência técnica, incluindo serviços digitais, empresariais e de consultoria.

A equiparação dos serviços ao tratamento de royalties se deu através do item 4 do protocolo, que assim dispões:

> 4. Com referência ao Artigo 12 ("Royalties"), parágrafo 3:
>
> As disposições do parágrafo 3 do Artigo 12 se aplicam a qualquer espécie de pagamento recebido pela prestação de serviços técnicos e de assistência técnica. O disposto neste item se aplica **também aos serviços digitais e empresariais, inclusive às consultorias.** – *grifos nossos.*

O Protocolo do ADT Brasil-Peru por sua vez, equiparou o pagamento pelo Brasil de juros sobre capital próprio, definidos pela Lei Federal Brasileira 9.249 / 1995 ao juros nos termos do art. 11 do tratado, o qual limita à 15% a retenção na fonte (que atualmente coincide com alíquota geral, mesmo para pagamento a Estados não-contratantes).

3.2. Conflitos e MAP

Os acordos bilaterais, para exercerem adequadamente sua função como elemento para o estreitamento das relações comerciais entre os países, dependem da sua correta interpretação e aplicação por ambos Estados contratantes, criando-se assim condições de atingir seu propósito fim, notadamente, evitar a dupla tributação jurídica. Como vimos, os ADT's celebrados pelo Brasil com os países em análise preveem um mecanismo próprio para solução de eventuais controvérsias denominado procedimento amigável ("MAP" como acrônimo para *Mutual Agreement Procedure*).

Contudo, este instrumento somente foi regulamentando pela Receita Federal do Brasil nos últimos anos, mais recentemente em de 29 de novembro de 2018[97], quando publicou sua Instrução Normativa 1.846/2018 estabelecendo novos[98] procedimentos para exercício do MAP, sendo ainda pouco exercido pelos contribuintes.

Resumidamente, conforme se depreende do artigo 25 da CM-OCDE e respectivos comentários[99], o MAP consiste em um procedimento que permite que as autoridades competentes dos governos dos Estados contratantes ou seus representantes designados, interajam entre si, com a intenção de tentar resolver disputas fiscais internacionais, decorrentes da aplicação de um artigo específico do respectivo ADT, no sentido mais amplo do termo. De tal modo, o MAP basicamente autoriza as autoridades competentes a se comunicarem diretamente, com o objetivo de resolver os assuntos advindos da interpretação do ADT ou da aplicação do mesmo ao caso concreto, podendo lidar com problemática, inerentes às operações internacionais e globalização, tais como para resolver conflitos na atribuição de lucros de um estabelecimento permanente, efeitos da dupla-

[97] BRASIL. Secretaria da Receita Federal do Brasil. Instrução Normativa nº 1.846 de 28.11.2018. Publicada em 29.11.2018. Disponível em < http://normas.receita.fazenda.gov.br/sijut2consulta/link.action?visao=anotado&idAto=96895> Acesso 08.08.2019.

[98] Novos, pois este ato normativo revogou a anterior Instrução Normativa nº 1.669/2016, alterando algumas das diretrizes do MAP, especialmente para autorizar sua instauração por não-residentes no Brasil bem como eliminou a restrição a seu acesso, nas situações em que a matéria já tivesse sido submetida ao contencioso administrativo ou judicial e sobre a qual já houvesse decisão proferida.

[99] COMITÊ OECD. "Model Tax Convention on Income and on Capital". 2017. Disponível em < https://read.oecd-ilibrary.org/taxation/model-tax-convention-on-income-and-on-capital-condensed-version-2017_mtc_cond-2017-en#page1>. Acesso em 10.09.2019.

-residência de indivíduos e pessoas jurídica, imposto retido na fonte cobrados além do permitido pelo ADT aplicável ou qualquer outro caso em que uma pessoa considere que a tributação sofrida esteja em desacordo ao DTA aplicável.

O procedimento em questão, de acordo com a legislação doméstica[100], inicia-se através de pleito do requerente, antecedido pela sua concordância e das pessoas domiciliadas no exterior que estejam envolvidas na querela, havendo certos requisitos para sua admissibilidade, como a legitimidade do contribuinte e pagamento realizado dentro do período estipulado pelo acordo ou convenção.

O prazo para que o contribuinte possa pleitear a instauração do procedimento amigável pode variar de 2 a 5 anos, de acordo com as disposições do ADT aplicável e na ausência de prazo específico, o contribuinte tem o prazo de cinco anos para apresentar o requerimento. Neste sentido, os contribuintes teriam o seguinte prazo: i) ADT Brasil-Argentina, atualmente de três anos[101], nos termos de seu artigo 25 aditado ii) ADT Brasil-Chile, cinco anos, devido ser silente quanto ao prazo, e iii) ADT Brasil-Peru, também de cinco anos, nos termos de seu artigo 25, que prevê que que "*o caso deverá ser apresentado de acordo com os prazo previstos na respectiva legislação interna*".

As partes do procedimento são as autoridades competentes dos Estados contratantes. Porém, cabe frisar que o MAP não decorre de iniciativa própria das autoridades competentes, mas sim dos próprios contribuintes em caso de antinomia ou desrespeito aos compromissos assumidos no âmbito do

[100] BRASIL. Secretaria da Receita Federal do Brasil. Instrução Normativa nº 1.846 de 28.11.2018. Publicada em 29.11.2018. Disponível em < http://normas.receita.fazenda.gov.br/sijut2consulta/link.action?visao=anotado&idAto=96895> Acesso 08.08.2019.

[101] Por força da Emenda que alterou o ADT Brasil-Argentina, firmado em 1982, o qual previa antes somente o prazo de 2 anos.

ADT. Nesse sentido, poderiam solicitar a abertura de um procedimento amigável, o residente no Brasil ou no outro Estado contratante, conforme definido no ADT aplicável ao caso, que considere que as medidas tomadas pelo Brasil e/ou pelo outro Estado contratante lhe acarretam ou podem lhe acarretar uma tributação divergente da disposta no ADT. Como objeto, tão-somente pode visar o IRPJ, a CSLL ou tributos existentes no outro Estado Contratante, abrangidos pelo ADT.

Em paralelo, a RFB emitiu um Manual do Procedimento Amigável, atendendo as demandas internacionais, com o intuito de melhor divulgar este mecanismo e facilitar sua interpretação e execução, ainda pouco aplicado pelo contribuinte Brasileiro, mas que se acredita tornar-se uma alternativa até mais eficiente do que a arbitragem. Como consequência de uma crescente utilização do MAP pelos contribuintes, nossos operadores, tanto contribuintes como a receita, aproveitarão da experiência obtida, elevando-se assim, o grau de maturidade fiscal das nações envolvidas.

É interessante observar-se que na introdução deste manual, a RFB se posiciona no sentido de que a interpretação e a aplicação do MAP seriam substancialmente corroborados pela prática administrativa internacional bem como pelos entendimentos expressos nos comentários às Convenções Modelo e no âmbito do Fórum MAP/OCDE, indicando que a autoridades competente brasileira caminha para um alinhamento com as melhores práticas internacionais. Entretanto, pondera-se as razões pelas quais não fora estabelecido um prazo limite para que a Receita Federal do Brasil aprecie o requerimento e emita seu parecer, bem como da impossibilidade de postular pedidos de reconsideração ou recursos administrativos.

Ressalta-se, por fim, quanto a eventual suspensão da exigibilidade do crédito tributário através do MAP, de que uma vez que o CTN não prevê expressamente este procedimento como hipótese de suspensão em seu artigo 151, o mesmo não suspenderia, por si só, a exigibilidade do crédito tributário objeto do conflito, o qual tampouco equivaleria a um pedido de restituição de crédito tributário[102].

4. Conclusões e quadros comparativos

Diante de todo o exposto no decorrer do presente estudo, conclui-se que a aplicabilidade dos tratados para evitar a dupla tributação firmados pelo Brasil com as jurisdições selecionadas, decorre primeiramente de seu válido processo de recepção. Isto se deu tanto pela perspectiva Brasileira como pela dos Estados contratantes, quais sejam a Argentina, o Chile e o Peru, os quais obtiveram a aprovação de seus respectivos congressos Nacionais e obedeceram ao trâmite previsto em suas Constituições Nacionais. A aplicabilidade dos tratados, decorre também de que os mesmos, apesar de possuírem caráter infraconstitucional, prevalecem sobre as respectivas leis internas, conforme discorrido no capítulo 2 que tratou da relação entre o direito tributário internacional e doméstico.

Por outro lado, restou claro haverá sobreposição de competências tributárias internacionais sobre uma mesma transação internacional, devido à multiplicidade de critérios de conexão e que estes critérios mudam, de acordo com o objeto ou operação internacional em apreço, sendo este um processo legítimo. Assim, no capítulo 3 discorreu-se acerca dos métodos bilaterais e unilaterais para, respectivamente, evitar ou eliminar a dupla tributação jurídica, sendo certo, porém, que a aplicação de uma ou de outra, ou ambas, resultará em renúncia fiscal para um ou mais Estados.

[102] Conforme depreende-se do Manual do Procedimento Amigável emitido pela RFB, p. 42 Disponível em < http://receita.economia.gov.br/noticias/ascom/2019/janeiro/receita-federal-disponibiliza-manual-de-procedimento-amigavel/manual_de_procedimento_amigavel.pdf > Acesso em 12.09.2019.

Passou-se então a analisar os aspectos concretos dos ADT's selecionados, para avaliar em que medida poderiam gerar uma antinomia frente à legislação interna dos respectivos países. Verificou-se que a interpretação e aplicação das disposições dos ADTs, pode se tornar incerta, à medida em que as operações internacionais adquirem complexidade e mais sujeitos envolvidos, sendo um desafio a qualificação das operações e partes envolvidas. Como medida para antecipar o desenvolvimento econômico e efeitos da globalização acelerada pela digitalização das relações negociais, verificou-se as melhores práticas e o fundamental papel da OCDE, bem como das Ações do BEPS, no desenvolvimento de uma maturidade fiscal interna.

Dado que o desenvolvimento da maturidade fiscal deve ser tratado como um processo contínuo, verificou-se é essencial o alinhamento às melhores práticas internacionais e que o Brasil, bem como as jurisdições selecionados, tem se esforçado nesse sentido. Logo, a possibilidade de adoção do procedimento amigável tem sua relevância reconhecida, dado que a interpretação das disposições dos tratados é parte intrínseca para a eficácia dos ADT's contra a dupla tributação e da evasão fiscal, uma vez que adoção, unicamente, de soluções unilaterais, não é sustentável para o Estado que as concede.

Assim, conclui-se, que o MAP, apesar de recente regulamentação, deve ser mais requisitado pelos contribuintes que sofrerem dupla tributação, em afronta às disposições do ADT aplicável, exigindo o seu cumprimento, mas através de negociações entre as autoridades competentes, que são as causadoras da dupla tributação evitável. Estas negociações, fundamentadas, não somente nos princípios da capacidade contributiva dos sujeitos "bitributados", mas em vista da justiça tributária e sustentabilidade do mercado comum e justo compartilhamento das receitas tributarias, de forma estratégica, com o objetivo de alavancar a economia, e não, meramente arrecadatório. Caso contrário, nas hipóteses em a dupla tributação é evitada somente por seus mecanismos unilaterais, o Estado prejudicado, poderá optar por denunciar o tratado, como foi o caso com a Alemanha[103].

Feitas estas considerações finais, a série de tabelas que seguem tem o condão de sumarizar e comparar as disposições do ADT's selecionados quanto à operações nomeadas, conforme discorrido no capítulo 4. Para compreensão do leitor, as tabelas apresentam na intersecção entre a linha – que indica o Estado de origem (fonte) – e a coluna – que indica o Estado de destino (residência) – a alíquota máxima de retenção na ser aplicada na operação. Já a transversal, é indicada a alíquota do Imposto de Renda aplicada internamente pelo Estado de residência, do qual, se aplicável o *tax crediting*, poderia ser deduzido o montante já retido na fonte. Bastaria ao leitor, comparar ambas.

Assim, em relação à distribuição efetiva de dividendos (art. 10 da CM-OCDE), teríamos o seguinte, considerando a aplicação da lei interna, quando mais benéfica do que a disposição do tratado:

Quadro 5. Alíquotas na Distribuição de Dividendos

Art.10	Destino (Residência)				
ORIGEM (Fonte)	**Estado Contratante**	BRASIL	ARGENTINA	CHILE	PERU
	BRASIL	Isento	Isento	Isento	Isento
	ARGENTINA	10% ou 15%	0 / 7/ 35%	Não analisado	Sem ADT
	CHILE	10% ou 15%	Não analisado	35%	Não analisado
	PERU	10% ou 15%	Sem ADT	Não analisado	5%

Fonte: MURAKAMI, 2019

103 Cabe aqui apontar que o Tratado com a Alemanha foi denunciado pelas autoridades alemãs, exatamente por falta de reciprocidade por parte das autoridades Brasileiras.

Já em relação ao pagamento de juros (art. 11 da CM-OCDE) e de Juros sobre Capital Próprio, uma vez que os três ADT's em apreço equipararam em seus respetivos protocolos que o pagamento de JSCP a Juros, verificar-se o que segue:

Quadro 6. Alíquotas no Pagamento de Juros e JSCP

Art.11	Destino (Residência)			
ORIGEM (Fonte) — **Estado Contratante**	BRASIL	ARGENTINA	CHILE	PERU
BRASIL	15%	15%	15%	15%
ARGENTINA	15%	15.05% / 35%	Não analisado	Sem ADT
CHILE	4% ou 15%	Não analisado	4% ou 35%	Não analisado
PERU	15%	Sem ADT	Não analisado	4.99% ou 30%

Fonte: Murakami, 2019

Por sua vez, o pagamento de *royalties* (art. 12 da CMOCDE) e de serviços técnicos (os três ADT's equipararam serviços técnicos a royalties), têm-se o seguinte:

Quadro 7. Alíquotas no Pagamento de *Royalties* e Serviços Técnicos

Art.12	Destino (Residência)			
ORIGEM (Fonte) — **Estado Contratante**	BRASIL	ARGENTINA	CHILE	PERU
BRASIL	15%	10% ou 15%	15%	15%
ARGENTINA	10% ou 15%	21/ 28 / 31,5%	Não analisado	Sem ADT
CHILE	15%	Não analisado	15% ou 30%	Não analisado
PERU	15%	Sem ADT	Não analisado	30%

Fonte: Murakami, 2019

Em conclusão, provoca-se a reflexão no sentido de que se o Brasil almeja melhores condições no compartilhamento arrecadatório com as nações desenvolvidas com as quais celebra um ADT, não seria o caso de aplicar os mesmos critérios quando negocia, ou cumpre, os ADT's com as nações menos desenvolvidas em que figura como prioritariamente exportados de capital, que é o caso das jurisdições em apreço e com as quais, como exposto, nem sempre adota o princípio de reciprocidade.

Nesse sentido, sugere-se pioneirismo, por parte das autoridades tributarias Brasileira, para aceitação da adoção de critérios de tributação na fonte, baseados em renda líquida, conforme já fazem alguns países desenvolvidos, e não em renda bruta, como é corrente no Brasil. Entretanto, para sua viabilização, é necessário antes, que o conceito de estabelecimento permanente seja adequadamente regulamentado em nosso ordenamento jurídico interno[104].

Lista de abreviaturas e siglas

ADT – Acordo para Evitar a Dupla Tributação e Prevenir a Evasão Fiscal
ADIn – Ação Direta de Inconstitucionalidade
BEPS – *Base Erosion and Profit Shifting*
CARF – Conselho Administrativo de Recursos Fiscais
CFC – *Controllled Foreign Corporation*
CSLL – Contribuição Social sobre o Lucro Líquido
CTN – Código Tributário Nacional
ECF – Escrituração Contábil-Fiscal
G-20 – Grupo dos 20
IRPJ – Imposto sobre a Renda das Pessoas Jurídicas
MAP – *Mutual Agreement Procedure*
MERCOSUL – Mercado Comum do Sul

104 Por analogia à solução adotada pelo Reino Unido, conforme discorre Moreira Junior. In Moreira Junior, Gilbero de Castro. *Direito Tributário Internacional.* São Paulo. MP Editora. São Paulo. 2006, p.34

OCDE – Organização para Cooperação e Desenvolvimento Econômico
ONU – Organização das Nações Unidas
RFB – Receita Federal do Brasil
SII – *Servicio de Impuestos Internos* (Chile)
STF – Supremo Tribunal Federal
STJ – Superior Tribunal de Justiça
SUNAT – *Superintendencia Nacional de Aduanas y de Administración Tributaria* (Peru)

Referências

AFONSO, José Roberto. *Tributação, Reforma e Federalismo: uma visão atual da América Latina.* Tópico apresentado no XX Seminário Regional de Política Fiscal, em Santiago do Chile, entre 28 e 31.1.2008, disponível em <http://www.scielo.org.ar/scielo.php?script=sci_arttext&pid=S1851-37272007000200007 > Acesso em 09.ago.2019.

ARGENTINA. Presidente da Nação Argentina. Sanciona e Promulga o ADT com força de Lei. Lei 22.675 em 12 de Novembro de 1982. Publicada em 17.11.1982. Disponível em < http://servicios.infoleg.gob.ar/infolegInternet/anexos/205000-209999/208184/norma.htm>. Acesso em 13.09.2019.

ARGENTINA. Congresso Nacional. Lei 27.430 de 27.12.2017, publicada em no Diário Oficial Argentino em 29/12/2017. Disponível em < http://servicios.infoleg.gob.ar/infolegInternet/anexos/305000-309999/305262/norma.htm> Acesso em 12.06.2019.

ARGENTINA. Congresso da Nação Argentina. Lei que modifica os Impostos sobre a Renda. Lei 24.073. Sancionada em 02.04.1992. Promulgada em 08.04.2019. Publicada no Diário Oficial Argentino de 13.04.1992. Disponível em <https://www.argentina.gob.ar/normativa/nacional/ley-24073-472/texto> Acesso em 13.09.2019.

ARGENTINA. Presidente da Nação Argentina. Sanciona e Promulga o Protocolo de Emenda, com força de Lei. Lei 27.441 em 09 de Maio de 2018. Publicada em 23.05.2018. Disponível em <https://www.argentina.gob.ar/normativa/nacional/ley-27441-310594/texto>. Acesso em 13.09.2019.

ARGENTINA. Congresso Nacional Argentino. Constituição Nacional, promulgada pela Lei 24.430 sancionada em 1853, com as reformas dos anos 1860, 1866, 1898, 1957 e 1994. Disponível em < http://servicios.infoleg.gob.ar/infolegInternet/anexos/0-4999/804/norma.htm>. Acesso em 05.06.2019.

Borges, Antônio de Moura. Formas de minimização do encargo tributário nas operações internacionais e planejamento tributário internacional. Revista dos Procurador da Fazenda Nacional. Ano 6/7, Brasília: Editora Fortium, 2004/2005.

Borges, Antônio de Moura. *Convenções sobre dupla tributação internacional.* Teresina: EDUFPI, 1992.

BRASIL. CARF. 2ª Câmara/1ª Turma Ordinária, Acordão 1201001.024. Sessão de 06 de maio de 2014. Publicado em 25/06/2014.

BRASIL. CARF. 2ª Câmara / 1ª Turma Ordinária, Acordão 1102001.247. Sessão de 25/11/2014. Publicado em 11/12/2014.

BRASIL. Constituição da República Federativa do Brasil de 1988. Brasília, DF: Presidência da República, 1988. Disponível em < http://www.planalto.gov.br/ccivil_03/Constituicao/Constituicao.htm> Acesso em 08.09.2019.

BRASIL. Lei nº 5.172, de 25 de outubro de 1966. Institui o Código Tributário Nacional. Brasília, DF: Presidência da República, 1966. Disponível em <http://www.planalto.gov.br/ccivil_03/LEIS/L5172.htm> Acesso em 08/07/2019.

BRASIL. Superior Tribunal de Justiça, Segunda Turma, Recurso Especial n. 1.161.467 – RS, Relator: Ministro Castro Meira, Data do Julgamento: 17/05/2012, DJE: 01/06/2012.

BRASIL. Supremo Tribunal Federal. Ação Direta de Inconstitucionalidade nº 1.480. Relator: Ministro Celso de Melo. Sessão de 04.09.1997. Disponível em < http://redir.stf.jus.br/paginadorpub/paginador.jsp?docTP=AC&docID=347083 > Acesso em 09.Set.2019

BRASIL. Secretaria da Receita Federal do Brasil. *Manual do Procedimento Amigável.* Disponível em < http://receita.economia.gov.br/noticias/ascom/2019/janeiro/receita-federal-disponibiliza-manual-de-procedimento-amigavel/manual_de_procedimento_amigavel.pdf > Acesso em 12.09.2019.

BRASIL. Decreto 7.030 de 14 de Dezembro de 2009.Promulgou a Convenção de Viena sobre o Direito dos Tratados, com reserva aos Artigos 25 e 66. Brasília, DF: Presidência da República, 2009. Disponível em <http://www.planalto.gov.br/ccivil_03/_Ato2007-2010/2009/Decreto/D7030.htm> Acesso em 08/07/2019.

BRASIL. Secretaria da Receita Federal do Brasil. Instrução Normativa nº 1.846 de 28.11.2018. Publicada em 29.11.2018. Disponível em < http://normas.receita.fazenda.gov.br/sijut2consulta/link.action?visao=anotado&idAto=96895> Acesso 08.08.2019.

BRASIL. Secretaria da Receita Federal do Brasil. Instrução Normativa nº 1.846 de 28.11.2018. Publicada em 29.11.2018. Disponível em < http://normas.receita.fazenda.gov.br/sijut2consulta/link.action?visao=anotado&idAto=96895> Acesso 08.08.2019.

Castellar de Faria, Bianca. *A recepção dos tratados internacionais em matéria tributária pelo ordenamento jurídico brasileiro*. Tese de Pós-Graduação. Universidade Federal do Rio Grande do Sul. 2006. Disponível em < <http://hdl.handle.net/10183/7500> Acesso em 02.02.2018.

CHILE. Ministério da Fazenda (SII). Decreto do Ministério de RR.EE N° 224. Publicado no Diário Oficical do Chile em 24.10.2003. Informação disponível em < http://www.sii.cl/documentos/circulares/2005/circu08.htm> Acesso em 13.09.2019.

CHILE. Ministério da Fazenda (SII). Lei 824/1974, atualizada pela Lei 21.047/2017 publicada no Diário Oficial do Chile em 23.11.2017. Disponível em < http://www.sii.cl/normativa_legislacion/dl824.pdf> Acesso em 12/06/2019

CHILE. Ministério da Fazenda. Lei 824/1974, atualizada pela Lei 21.047/2017 publicada no Diário Oficial do Chile em 23.11.2017. Disponível em < http://www.sii.cl/normativa_legislacion/dl824.pdf> Acesso em 12.06.2019.

CHILE. Ministério da Fazenda (SII). Ofício 869, emitido em 5 de abril de 2016 pela Autoridade Tributária Chilena,. Disponível em < http://www.sii.cl/pagina/jurisprudencia/adminis/2016/otras/ja869.htm> . Acesso em 12.09.2019.

COMITÊ OCDE. "Model Tax Convention on Income and on Capital". 2017. Disponível em < https://read.oecd-ilibrary.org/taxation/model-tax-convention-on-income-and-on-capital-condensed-version-2017_mtc_cond-2017-en#page1>. Acesso em 10.09.2019.

COMITE OCDE. Action Plan on Base Erosion and Profit Shifting. 2013. Disponível em < http://dx.doi.org/10.1787/9789264202719-en >Base Erosion and Profit Shifting.

Derren, Hayden Joseph. *Latin American Tax Treaties: A Regional Overview*, Artigo eletrônico. Sem paginação. Disponível em < http://www.derren-joseph.com/2016/01/latin-american-tax-treaties-regional.html> Acesso em 02.03.2018.

Dornelles, Francisco Neves. *A dupla tributação internacional da renda*. Rio de Janeiro: FGV, 1979.p. 74.

Gomes, Marcus Lívio. *Tributação Internacional na Era Pós Beps, A* – Vol III – Transparência e Economia Digital, 2016.

Gonzaga, Livia Leite Baron. *A Interpretação das Convenções Contra Dupla Tributação Internacional à Luz da Teoria da Argumentação Jurídica*. 2010. Doutorado. (Doutorado em Direito). Universidade de São Paulo, 2010, 469p. Disponível em < http://www.teses.usp.br/teses/disponiveis/2/2133/tde-19112010-084307/pt-br.php> Acesso em 08 set. 2019.

Mello, Celso D. de Albuquerque. *Curso de direito internacional público*. Rio de Janeiro: Renovar, 1997.

Mello, Celso Antônio Bandeira de (Org.) *Direito tributário*. Estudos em homenagem a Gerlado Ataliba. São Paulo: Malheiros, 1997

Mélo, Luciana Grassano de Gouvêa. *O plano de ação BEPS e as mudanças de paradigma na tributação*. Revista Acadêmica – Faculdade de Direito do Recife, Volume 88, número 2, jul./dez. 2016. Disponível em https://periodicos.ufpe.br/revistas/ACADEMICA/article/viewFile/12099/15787

Monguilod. Ana Carolina Pereira; Silva, Priscila Stela Mariano. Pinheiro Neto Advogados. *O tratado Brasil-Chile*. Artigo eletrônico. Publicado em 03.09.2003. Disponível em < https://www.migalhas.com.br/dePeso/16,MI2616,71043-O+tratado+Brasil+Chile>. Acesso em 12/08/2019.

Moreira Junior, Gilbero de Castro. *Direito Tributário Internacional*. São Paulo. MP Editora. São Paulo. 2006

Mössner, Jörg Manfred. *Die Methoden zur Vermeidung der Doppelbesteuerung*. In: Vogel, Klaus (Coord.). Grundfragen des internationalen Steuerrechts. Köln: O. Schmidt, 1985.

Mössner, Jörg Manfred. *Der Begriff des internationalen Steuerrecht in der neueren Literatur, Österreichische Zeitschrift für öffentliches Recht* 25 (1974),259.

Nazal, Paula Abugattas. Análsis Crítico a las nuevas normas CFC introducidas em la Ley 20.780 Disponível em http://derecho.udp.cl/wp-content/uploads/2016/08/analisis_critico-1.pdf.

Neto, Luis Flavio. *Os "contextos" na interpretação e aplicação de acordos de bitributação*. 2015.514 páginas.Doutorado.Faculade de Direito da Universidade de São Paulo. São Paulo. p.31. Disponível em <http://www.teses.usp.br/teses/disponiveis/2/2133/tde-11122015-075830/publico/Versao_Simplificada_Luis_Flavio_Neto_Tese_FDUSP.pdf> Acesso em 10/09/2019.

Nogueira, Rui Barbosa. *Curso de Direito Tributário*. São Paulo : Saraiva, 1990.

Nguyen, Quoc Dinh, Patrick Daillier, Allain Pellet, *Direito Internacional Público*, Trad. Vítor Marques Coelho, 4. ed., Lisboa, Fundação Calouste Gulbenkian,1999.

OCDE. "*Chile signs up as first OECD member in South America". OCDE. Artigo eletrônico publicado em 11.01.2010. Disponível em* < https://www.oecd.org/

chile/chilesignsupasfirstoecdmemberinsouthamerica.htm> Acesso em .13.08.2019.

OCDE. *"A mutually beneficial relationship". OCDE. Artigo eletrônico. Sem data. Disponível em* < http://www.oecd.org/latin-america/countries/brazil/> Acesso em .13.08.2019.

PEREIRA, Marco Antônio Chazine (Coord.). *Direito tributário internacional: aspectos práticos,* 2 vol. São Paulo : LTr, 2014.

PERU. SUNAT. Acordo para Evitar Dupla Tributação Peru – Brasil. Disponível em < https://www.mef.gob.pe/contenidos/tributos/cv_dbl_imp/Convenio_Peru_Brasil.pdf> Acesso em 07.07.2019

PERU. SUNAT. Decreto Supremo 179-2004-EF, publicado em 08/12/2004 e alterações posteriores, Presidente Constitucional da República. Disponível em < http://www.sunat.gob.pe/legislacion/renta/ley/fdetalle.pdf> Acesso em 12/06/2019.

PERU. SUNAT. Decreto Supremo 179-2004-EF, publicado em 08/12/2004 e alterações posteriores, Presidente Constitucional da República. Disponível em < http://www.sunat.gob.pe/legislacion/renta/ley/fdetalle.pdf> Acesso em 12/06/2019.

PERU. SUNAT *"Instrumentos internacionales para evitar la doble imposición".* Disponível em < http://orientacion.sunat.gob.pe/index.php/empresas-menu/impuesto-a-la-renta-empresas/fiscalidad-internacional-empresas/no-domiciliados-empresas/3263-04-convenios-para-evitar-doble-imposicion>. Acesso em 13.09.2019.

RAJMILOVICH, Darío Marcelo. *Convenios para evitar la doble imposición,* Brazil, South America: Errepar, 2011.

RIBES, Aurora Ribes. *Convenios para evitar la doble imposición internacional: interpretación, procedimiento amistoso y arbitraje.* Madrid: Editoriales de Derecho Reunidas , 2003. p. 208-214.

ROCHA, Sergio Andre. *Política Fiscal Internacional Brasileira.* Lumen Juris.2017

ROCHA, Sérgio André. *Tributação Internacional,* São Paulo: Quatier Latin, 2013.

ROCHA, Sérgio André., *Interpretação dos Tratados para Evitar a Bitributação da Renda,* 2ª. Edição, São Paulo: Quatier Latin, 2013.

REALE, Miguel. *Lições Preliminares de Direito.* São Paulo: Saraiva, 2003

REZEK, José Franscisco. *Direito Internacional Público – Curso Elementar,* 9. ed., Rio de Janeiro, Forense, 2002.

REZEK, José Francisco, *Direito Internacional Público,* 2ª ed. São Paulo: Editora Saraiva.1991.

ROTHMANN, Gerd Willi. *Bitributação internacional.* In: ENCICLOPÉDIA Saraiva do Direito. São Paulo: Saraiva 1979. v. 11

ROTHMANN, Gerd Willi. *Interpretação e aplicação dos acordos internacionais contra a bitributação*. Tese (Doutorado em Direito) – Faculdade de Direito, Universidade de São Paulo, São Paulo.

SERRANI, Esteban. *Double Taxation Agreements in Latin America. Analysis of the Links among Taxes, Trade and Responsible Finance*. LATINDADD. Buenos Aires,2013.

SCHOUERI, Luis Eduardo.*Planejamento Fiscal através de acordos de bitributação: treaty shopping*. São Paulo: Ed. Revista dos Tribunais, 1995.

SCHOUERI, Luis Eduardo. *Direito tributário internacional. Acordos de bitributação*. In: Direito Tributário Atual, n. 16, p.198, São Paulo: IBDT/Dialética, 2011.

TAVALORO, Agostinho Toffoli, MACHADO, Brandão, GANDRA, Ives (coord). *Princípios tributários no direito brasileiro e comparado: estudos jurídicos em homenagem a Gilberto de Ulhôa Canto*. Rio de Janeiro: Forense, 1988.

TEIXEIRA, Alexandre Alkmim. *Cofins e tributação no plano mundial*. Revista Dialética de Direito Tributário, São Paulo, v. 133. 2006.

TEIXEIRA, Alexandre Antônio Alkmim. Tese. *Convenções para evitar a dupla-tributação e os princípios dos tratados de comércio internacional*. Doutorado. Universidade de São Paulo.2009.

TÔRRES, Heleno. (Coord). *Direito tributário internacional aplicado*. São Paulo: Quatier Latin, 2007. v. 4,

TÔRRES, Heleno. *Pluritributação internacional sobre as rendas das empresas*. 2 ed., rev., atual. e ampl. São Paulo: Editora Revista dos Tribunais, 2001.

TÔRRES, Heleno. *Direito tributário internacional: planejamento tributário e operações transnacionais*. São Paulo: Revista dos Tribunais, 2001.

VARELA, Junquera; FÉLIX, Raúl; Diversos autores. *Strengthening Domestic Resource Mobilization : Moving from Theory to Practice in Low- and Middle-Income Countries*. 2017. World Bank. Disponível em < https://openknowledge.worldbank.org/bitstream/handle/10986/27265/9781464810732.pdf?sequence=2&isAllowed=y)>. Acesso em 05.06.2018.

VILLEGAS, Héctor. *Curso de direito tributário*. Tradução Roque Antônio Carrazza. São Paulo: Revista dos Tribunais, 1980.

VOGEL, Klaus. Klaus Vogel on double taxation. Haia: Kluver, 1998. v. 3.

VOGEL, Klaus. The domestic law perspective. In: MAISTRO,Guglielmo (Org.) Tax treaties and domestic law. Amsterdam: IBFD, 2006.

VOGEL, Klaus. *DBA – Doppelbesteuerungsabkommen Kommentar*, 5 ed. Munique, C.H. Beck, 2008.

VOGEL, Klaus. PROKISCH, Rainer G. General Report. *Interpretation of Double Taxation Conventions. Cahiers de Droit Fiscal International*. 1993. Florence Congress, International Fiscal Association., vol. LXXVIIIa. p. 67-68.

XAVIER, Alberto. *Direito tributário internacional do Brasil*. 6. ed. Rio de Janeiro: Forense, 2007.

XAVIER, Alberto. *Direito Tributário Internacional do Brasil*.8ªed. rev.e atual. Rio de Janeiro. Forense, 2015.

YAMASHITA, Douglas. *Elisão e evasão de tributos – planejamento tributário: limites à luz do abuso de direito e da fraude à lei*. São Paulo: Lex, 2005.

ZIMMER, Frederik. *General Report: form and substance in tax law*. In IFA: Cahiers de Droit Fiscal Internacional. Kluwer, 2002 v.87.

Preço de Transferência nas Operações de Importação, sob o viés de evitar a Bitributação Econômica

Marcelo Ferraz Pinheiro

Introdução

Noções introdutórias sobre preços de transferência

Atualmente, com o avanço da globalização e a integração da economia, torna-se cada vez mais atraente aos investidores e empresários estabelecerem empresas no exterior, com intuito de ampliar seus horizontes comerciais e diversificarem seus lucros explorando novos mercados.

Diante desse contexto, as empresas passaram a atuar não só no seu país de origem, mas, também, em diversas outras jurisdições no mundo, por meio de empresas controladas, coligadas, subsidiárias, filiais, distribuidoras ou agências.

Logicamente, por possuir uma estreita relação com a economia, o direito tributário, de modo reflexo, também sofreu alterações significativas no contexto mundial, tendo cada país adequado sua legislação tributária interna com base na sua soberania.

Assim, algumas jurisdições, para atrair investimentos estrangeiros, terminaram por modificar as suas legislações internas, de modo a conceder uma carga tributária favorecida às empresas, o que corroborou *(i)* a concorrência fiscal entre os países e *(ii)* o surgimento de demasiados planejamentos tributários internacionais entre empresas vinculadas com o intuito de reduzir a carga total tributária incidente sobre o Grupo econômico. Afinal, quanto menor a carga tributária suportada, maior será a sua disponibilidade de aumentar seus lucros.

Assim, as empresas – localizadas em jurisdições distintas – passaram a transferir, entre si, os seus ativos, de modo a, justamente, viabilizar as operações mercantis internacionais e, principalmente, aumentar os lucros. No entanto, não raras às vezes, estes ativos não são transferidos pelo preço "justo", ou seja, aquele preço regularmente praticado pelo mercado entre partes independentes[1].

Em outras palavras, em razão da particularidade existente nessas operações, entre empresas relacionadas, o preço praticado pode ser artificialmente estipulado e, consequentemente, divergir do preço de mercado negociado por empresas independentes, em condições semelhantes. Desse modo, o termo "preço de transferência" surgiu para averiguar e fiscalizar as operações comerciais realizadas entre empresas relacionadas, sediadas em jurisdições distintas.

Acerca do tema, confira-se as enriquecedoras lições do jurista Alberto Xavier[2]:

> "(...) a figura da transferência indireta de lucros (transfer pricing), pressupõe uma divergência entre o preço efetivamente estipulado e o preço "justo", "normal" ou objetivo, entendendo-se por este o que seria fixado entre empresas independentes, atuando

1 Nesse sentido, de acordo com o item 09 do Comitê de Pronunciamento Contábeis nº 46, o Valor Justo seria, basicamente, o "preço que seria recebido pela venda de um ativo ou que seria pago pela transferência de um passivo em uma transação não forçada entre participantes do mercado na data de mensuração".

2 Xavier, Alberto. *Direito Tributário Internacional do Brasil – Tributação das Operações Internacionais.* 5º ed., Forense, Rio de Janeiro, 2002, p.301.

em circunstâncias análogas (arm's length price) a chamada clausula dealing at arm's length."

Diante da relevância do assunto abordado, considera-se válido também trazer à vista as considerações do Professor Luis Eduardo Schoueri[3]:

> "(...) O preço de transferência entende-se (como) o valor cobrado por uma empresa na venda ou transferência de bens, serviços ou propriedade intangível, a empresa a ela relacionada. *Tratando-se de preços que não se negociaram em um mercado livre e aberto, podem eles se desviar daqueles que teriam sido acertados entre parceiros comerciais não relacionados, em transações comparáveis nas mesmas circunstâncias.*" (Grifou-se)

Conforme já indicado ainda, o problema reside no fato de que o preço praticado na operação pode ser artificialmente alterado, tendo em vista a evidente vinculação entre as partes contratantes. Se assim acontecer, haverá nítida interferência no lucro – ou no prejuízo – auferido pela empresa e, por consequência lógica, na tributação incidente sobre esta receita. Portanto, em tal situação, a empresa transfere parte do seu lucro à outra empresa sediada em jurisdição que possui regime tributário mais favorável, diminuindo, assim, a carga total tributária incidente.

A título exemplificativo, para fins de melhor elucidar o tema, confira-se o seguinte caso prático: determinada empresa "A", situada no Brasil (jurisdição com maior carga tributária), realizará a venda (exportação) de produtos e/ou serviços a preços menores do que os praticados pelo mercado para empresas do

[3] SCHOUERI, Luis Eduardo. *Preços de Transferência no Direito Tributário Brasileiro.* São Paulo: Dialética. 2006. Página 10.

mesmo grupo, situadas nos Estados Unidos da América (jurisdição com tributação menos onerosa). Assim, o lucro da empresa A é diminuído, uma vez que, quanto menor for o preço de venda, menor será a receita obtida. Logo, o Imposto de Renda das Pessoas Jurídicas e a Contribuição Social sobre o Lucro Líquido incidirão sobre uma base de cálculo (lucro) reduzida.

Utilizando-se essa mesma lógica, a empresa "B", situada nos Estados Unidos (jurisdição de menor carga tributária), também poderá realizar a venda superfaturada de mercadoria ou serviços, de modo a aumentar o seu lucro. Porém, neste caso, a maior parte do lucro estará concentrada na jurisdição de menor carga tributária, o que, consequentemente, ensejará a diminuição do pagamento global de tributos pelo grupo empresarial.

Para fins de melhor compreensão do caso prático exemplificativo citado acima, confira-se, abaixo, a figura meramente ilustrativa que representa a operação em comento:

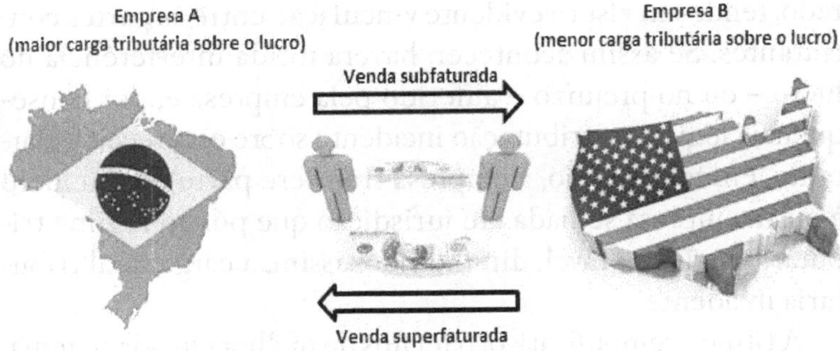

Nesse contexto, a Organização de Cooperação de Desenvolvimento Econômico – OCDE[4] e a Receita Federal do Bra-

[4] A OCDE, com sede em Paris, foi criada em 1961 e reúne atualmente 35 países-membros, tendo como maioria economias desenvolvidas, à exemplo dos Estados Unidos, Japão e países da União Europeia. Esta Organização Internacional dedica-se, primordialmente, ao desenvolvimento econômico, por meio de

sil passaram a analisar as alocações estratégicas dos ativos (e a consequente transferência do lucro e prejuízo), por meio da manipulação dos preços praticados na exportação e na importação de bens, serviços e direitos, entre empresas vinculadas sediadas em jurisdições distintas, com o intuito de coibir este suposto planejamento tributário abusivo.

Ou seja, tais Órgãos, a fim de evitar a transferência do lucro tributável incompatível com os padrões de livre mercado – seja através do superfaturamento das importações ou do subfaturamento das exportações, de forma intencional –, criaram regras para calcular o preço na venda de ativo entre empresas vinculadas com sede em jurisdições distintas e, assim, garantir a "justa tributação".

Ocorre que, aparentemente, as normas internas acerca do tema (preço de transferência) não se coadunam com as regras estipuladas pela OCDE, o que, além de aumentar a possibilidade de incorrer em eventual bitributação econômica (quando o mesmo rendimento auferido é tributado integralmente por mais de um Estado Soberano[5]), também dificulta a entrada do Brasil como membro permanente desta Organização Internacional, em razão, justamente, da suposta incompatibilidade entre tais regras.

Além desse cenário político, econômico e fiscal relacionado ao tema, ainda há, atualmente, litígios existentes (principalmente na esfera administrativa) acerca da aplicação das regras

reuniões em que são discutidas políticas públicas e econômicas que possam orientar as nações.

[5] Ora, considerando que os países possuem plena autonomia para definir a forma de tributação e, também, que os principais países comerciais do mundo aplicam as regras de preço de transferência sugeridas pela OCDE, é bem possível que haja conflito no preço estipulado na importação ou exportação de bens serviços e direitos, o que, certamente, aumentaria a possibilidade do contribuinte a suportar a indevida dupla tributação.

de preços de transferência, contando, inclusive, com valores vultuosos, o que aumenta ainda mais a importância do presente estudo.

Nesse ponto, em que pese as autuações fiscais visarem o aumento na arrecadação, tal procedimento pode gerar efeito negativo na economia brasileira, uma vez que *(i)* proporciona desestímulo na contratação de importação/exportação de bens, serviços, direitos e de empréstimos, por sociedades brasileiras, com partes vinculadas no exterior; *(ii)* estimula a retirada do capital estrangeiro do país; e, ainda, *(iii)* corrobora o fechamento de empresas brasileiras pela perda de competitividade.

Diante de todo esse contexto, a presente pesquisa abrangerá a análise de semelhanças e diferenças entre as normas de preço de transferência comparadas (Brasil x OCDE) no âmbito da importação, sob o viés de afastar a nefasta bitributação econômica.

Em outras palavras, serão investigados os impactos e efeitos – positivos e negativos – em que essas regras de preço de transferência causam nas operações entre empresas vinculadas e sediadas em jurisdições distintas, através da compra ou venda de serviços, mercadorias ou direitos.

Por outro lado, na presente pesquisa, além de não abranger os métodos brasileiros de preço de transferência destinados à exportação, também não será aprofundada determinada especificidade da operação (à exemplo de royalties, commodities, com bens tangíveis ou intangíveis, tipo de serviços, etc.), entre empresas vinculadas, sediadas em jurisdições distintas.

Portanto, o objetivo deste trabalho é a análise crítica sobre as regras aplicáveis pela OCDE e pela legislação brasileira acerca do preço de transferência nas operações de importação – sob o viés de evitar a dupla tributação internacional –, a fim de poder compará-las e indicar qual seria a mais recomendável.

Para dar início à pesquisa, foi utilizado o método indutivo de forma qualitativa, operacionalizando com as técnicas dos conceitos jurídicos, do exame bibliográfico e da análise jurisprudencial nacional sobre o tema, resultando em uma fonte de pesquisa para os estudiosos e operadores do direito, em matéria tributária.

Ante ao exposto, conclui-se ser inevitável e essencial a exploração do tema a fim de contribuir com a melhora da prestação jurisdicional e, também, com a ampliação do estudo do Direito Tributário Internacional no Brasil.

O princípio "Arm's Length" X O princípio da praticidade

Conforme já relatado anteriormente, as normas brasileiras relativas aos métodos de preço de transferência, aparentemente, não se convergem com as normas estabelecidas pela OCDE, o que, além de prejudicar a entrada do Brasil como membro definitivo da aludida Organização Internacional, ainda aumenta, significativamente, as chances de o contribuinte suportar a bitributação econômica, ou seja, quando o mesmo rendimento auferido – nas mãos de contribuintes diversos – é tributado integralmente por mais de um Estado Soberano.

Em termos simples, o modelo aplicado no Brasil prestigia a praticidade com foco na segurança jurídica, utilizando-se de margens pré-fixadas, enquanto que a OCDE privilegia as reais condições das operações realizadas, objetivando a tributação da renda pela efetiva demonstração de capacidade contributiva (*arm's lenght principle*).

Com base nos ensinamentos do Professor Luís Eduardo Schoueri[6], a aplicação do princípio arm`s length pressupõe uma comparação das condições negociais de uma transação internacional (importação ou exportação) entre empresas relacionadas com aquelas prevalecentes entre empresas independentes.

[6] Schoueri, Luís Eduardo, Preços de Transferência no Direito Tributário Brasileiro, São Paulo: Dialética, 2013, p. 49.

Em outras palavras, o princípio "arm's length"[7] – também conhecido como princípio da neutralidade[8] –, prevê que as transações entre entidades relacionadas devem pautar-se pelas mesmas condições em relação as operações de importação ou exportação celebradas entre empresas independentes, de modo a evitar omissão de receita tributável tributária e distorções comerciais.

Para fins de melhor compreensão, confira-se, abaixo, o teor do artigo 9º, §1º, da Convenção Modelo da OCDE (modelo OCDE nº 2000/2005), que dispõe sobre o princípio em comento:

> "Artigo 9º
> Empresas associadas.
>
> 1. Quando:
>
> a) uma empresa de um Estado contratante participar, direta ou indiretamente, na direção, no controle ou no capital de uma empresa do outro Estado contratante; ou
>
> b) as mesmas pessoas participarem direta ou indiretamente, na direção, no controle ou no capital de uma empresa de um Estado contratante e de uma empresa do outro Estado contratante, e, em ambos os casos, *as duas empresas, nas suas relações comerciais ou financeiras, estiverem ligadas por condições aceitas ou impostas que difiram das que seriam estabelecidas entre empresas independentes, os lucros que, se não existissem essas condições, teriam sido obtidos por uma das empresas, mas não foram por causa dessas condições, podem ser incluídos nos lucros dessa empresa e, consequentemente, tributados.*

[7] O significado literal da expressão "arm's length" em português é a "distância de um braço", insinuando que as operações entre empresas vinculadas sediadas em jurisdições distintas devem ser tratadas da mesma forma que aquelas envolvendo partes independentes (condições normais de mercado).

[8] Tendo em vista que proporciona um preço de transferência "neutro", negociado livre da interferência de vínculos econômicos e/ou societários.

2. Quando um Estado contratante incluir nos lucros de uma empresa deste Estado – e tributar nessa conformidade – os lucros pelos quais uma empresa do outro Estado contratante foi tributada neste outro Estado, e os lucros incluídos pela empresa do primeiro Estado, se as condições impostas entre as duas empresas fossem aquelas que teriam sido estabelecidas entre empresas independentes, o outro Estado procederá ao ajustamento adequado do montante do imposto aí cobrado sobre os lucros referidos. Na determinação deste ajustamento, serão tomadas em consideração as outras disposições desta Convenção e as autoridades competentes dos Estados contratantes consultar-se-ão se necessário.[9]" (Grifou-se)

Para afastar a bitributação econômica – ou seja, quando o mesmo rendimento auferido é tributado integralmente por

[9] Texto original em inglês:
"Article 9 – Associated Enterprises
1. Where:
a) an enterprise of a Contracting State participates directly or indirectly in the management, control or capital of an enterprise of the other Contracting State, or
b) the same persons participate directly or indirectly in the management, control or capital of an enterprise of the other Contracting State, and in either case conditions are made or imposed between the two enterprises in their commercial or financial relations which differ from those which would be made between independent enterprises, then any profits which would, but for those conditions, have accrued to one of the enterprises, but, by reason of those conditions, have not so accrued, may be included in the profits of that enterprise and taxed accordingly.
2. Where a Contracting State includes in the profits of an enterprise of that State – and taxes accordingly – profits on which an enterprise of the other Contracting State has been charged to tax in that other State and the profits so included are profits which would have accrued to the enterprise of the first-mentioned State if the conditions made between the two enterprises had been those which would have been made between independent enterprises, then that other State shall make an appropriate adjustment to the amount of the tax charged therein on those profits. In determining such adjustment, due regard shall be had to the other provisions of this Convention and the competent authorities of the Contracting State shall if necessary consult each other.

mais de um Estado Soberano –, o parágrafo 2º do aludido artigo 9º do modelo da OCDE impõe ao Estado tributante (o qual tributou lucros que, em condições normais de mercado, seriam tributados pelo outro Estado) a obrigação de realizar os ajustes necessários, podendo, se for necessário, a comunicação entre as autoridades fiscais dos Estados envolvidos[10].

O fenômeno da bitributação econômica decorre em dupla incidência do tributo incidente sobre receita, no Brasil e no exterior, em virtude de uma mesma operação. A título exemplificativo, no âmbito das regras de preço de transferência, imagine-se uma operação de importação de uma mercadoria dos Estados Unidos por R$ 1.000.000,00 (um milhão de reais) – sendo este montante integralmente tributado nos EUA –, porém, a legislação brasileira apenas permite a despesa dedutível de R$ 800.000,00 (oitocentos mil reais).

Esta despesa não dedutível remanescente, no montante de R$ 200.000,00 (duzentos mil reais), resulta em flagrante distorção comercial pela bitributação econômica, uma vez que este valor foi tributado por ambos os Estados soberanos (Brasil e EUA)[11].

Nesse caso, de acordo com o parágrafo 2º do supracitado artigo 9º do modelo da OCDE, o Brasil poderia *(i)* realizar os ajustes necessários para evitar esta bitributação; ou, então, *(ii)* comunicar esta distorção às autoridades fiscais americanas para que os EUA realize tal ajuste, passando a considerar como receita tributável, apenas, a importância de R$ 800.000,00 (oitocentos mil reais).

[10] Xavier, Alberto. "Direito tributário internacional do Brasil". Forense. Rio de Janeiro, 2010, p. 330.

[11] De igual modo acontece nas operações de exportação do Brasil para o exterior, quando a legislação brasileira de preços de transferência exige um valor mínimo tributável superior à dedutibilidade dos custos de exportação no exterior, ocasionando, assim, nova bitributação econômica.

Assim, a ideia ao adotar o princípio Arm's Length é que haja uma maior paridade de tratamento fiscal entre empresas independentes, evitando vantagens tributárias às entidades vinculadas e, por conseguinte, distorções comerciais geradas pela bitributação econômica. Este, inclusive, é o ponto fulcral de tal princípio, conforme evidencia o "Guidelines" emitido pela própria OCDE:

> "There are several reasons why OECD member countries and other countries have adopted the arm's length principle. *A major reason is that the arm's length principle provides broad parity of tax treatment for members of MNE groups and independent enterprises* Because the arm's length principle puts associated and independent enterprises on a more equal footing for tax purposes, it avoids the creation of tax advantages or disadvantages that would otherwise distort the relative competitive positions of either type of entity. In so removing these tax considerations from economic decisions, the arm's length principle promotes the growth of international trade and investment."[12] (Grifou-se)

Por outro lado, no Brasil, para se definir as regras de preço de transferência foram adotadas margens pré-fixadas de lucros que, em princípio, visam reproduzir as reais condições de mercado de forma prática, de modo a evitar a manipulação dos preços pactuados e, por conseguinte, a transferência indevida do lucro.

Eis, exatamente, o que se constata pela exposição de motivos da Lei nº 9.430/96, que regulamentou e definiu métodos de cálculo para efetuar a apuração do Preço de Transferência e, consequentemente, o limite de dedutibilidade no Imposto de Renda:

[12] https://www.oecd.org/ctp/transfer-pricing/45763692.pdf <acesso em 13.09.2019>

"12. As normas contidas nos arts. 18 e 24 representam significativo avanço na legislação nacional face ao ingente processo de globalização, experimentado pelas economias contemporâneas. No caso específico, em conformidade com as regras adotadas nos países integrantes da OCDE, são propostas normas que possibilitam o controle dos denominados "Preços de transferência", *de forma a evitar a prática, lesiva aos interesses nacionais de transferência de resultados para o exterior, mediante a manipulação dos preços pactuados nas importações ou exportações de bens, serviços ou direitos, em operações com pessoas vinculadas, residentes ou domiciliadas no exterior.*" (Grifou-se)

No entanto, não obstante os métodos previstos na legislação interna[13] – os quais serão melhor relatados adiante – tentarem aproximar o preço realizado na operação entre empresas vinculadas com o preço efetivamente praticado pelo mercado[14], há significativas diferenças em relação ao modelo recomendado pela OCDE, o que não significa que o modelo brasileira seja incompatível com o princípio Arm's Length, ao revés.

Aliás, conforme será demonstrado adiante, os próprios métodos previstos na legislação brasileira foram inspirados no princípio Arm's Length. Ora, pela própria exposição de motivos da Lei nº 9.430/96 é possível verificar que o Brasil utilizou dos conceitos e diretrizes da própria OECD – no limite de sua conveniência –, internalizando em seu ordenamento jurídico o conceito do Preço de Transferência adotado internacionalmente.

Assim, o modelo brasileiro pretende, antes de tudo, reprimir a transferência de lucros tributáveis do Brasil para o exterior, garantindo, assim, receita tributável mínima ao país por meio da

13 Principalmente na Lei nº 9.430/1996 e suas alterações posteriores.

14 Ou seja, o preço acordado em operações entre partes não vinculadas, em que se processam normalmente as condições de livre mercado.

adoção de margens fixas predeterminadas, em atenção aos princípios da praticidade, da simplicidade e da segurança jurídica.

Por outro lado, os demais objetivos do modelo OCDE, à exemplo do propósito de obstar a bitributação econômica, não são abordados de forma privilegiada pela legislação brasileira, o que, aparentemente, pode gerar certa incompatibilidade entre os dois modelos (Brasil x OCDE).

Assim, diante desse contexto, conforme será melhor detalhado nos capítulos seguintes, vislumbra-se a necessidade de conciliação entre os modelos adotado pela OCDE e pelo Brasil. O objetivo é garantir a praticabilidade do modelo brasileiro por meio da flexibilização da metodologia de margens fixas (não a supressão da metodologia), mas com limites (*safe-harbours*) impostos à sua aplicação[15], de modo a corroborar a efetiva implementação das diretrizes do artigo 9º das *Guidelines* da OCDE, evitando situações de bitributação econômica.

Do atual cenário político, econômico e fiscal

Conforme amplamente divulgado pela Receita Federal[16], o Brasil, desde 2012, é um dos cinco Parceiros Chave da OCDE[17], juntamente com a China, Índia, Indonésia e África do Sul. No entanto, 05 (cinco) anos após a sua adesão, o Brasil, em 2017, evidenciou explicitamente o seu interesse em se tornar mem-

[15] Ao permitir que o contribuinte produza evidências de que sua situação particular é diferente caso as margens predeterminadas não se ajustem aos seus fatos e circunstâncias específicos.

[16] http://www.fazenda.gov.br/assuntos/atuacao-internacional/cooperacao-internacional/ocde

[17] Os Parceiros Chave contribuem para o trabalho da OCDE de uma maneira sustentada e abrangente. Um elemento central do programa dos Parceiros Chave é a promoção da participação direta e ativa no trabalho dos órgãos substantivos da Organização. Isto inclui parcerias nos Órgãos da OCDE, adesão aos instrumentos da e integração nos relatórios estatísticos e nos sistemas de informação.

bro definitivo da Organização de Cooperação de Desenvolvimento Econômico – OCDE[18], o que, para tanto, seria necessária a adequação da legislação interna com as normas indicadas pela aludida Organização Internacional, principalmente aquelas que versam sobre o preço de transferência.

Diante desse contexto, considera-se oportuno, desde já, realizar as seguintes indagações: por que seria tão importante para o Brasil se tornar membro definitivo da OCDE? A legislação interna sobre preço de transferência na importação, em comparação com as "sugeridas" pela OCDE, seria considerada "injusta" para fins fiscais e econômicos? Os métodos de preço de transferência adotados pelo Brasil são compatíveis com o princípio "Arm's Length"?

Inicialmente, considera-se válido frisar que estes 2 (dois) últimos questionamentos correspondem, exatamente, a problemática que será desenvolvida na presente pesquisa, de modo que elas serão devidamente respondidas na conclusão deste trabalho.

Todavia, em relação ao primeiro questionamento, pode-se destacar que a adesão do Brasil à OCDE pode ser vantajosa, economicamente falando, uma vez que, além de aumentar a confiança dos investidores e das empresas, melhorar a imagem do país no exterior – o que favorece o diálogo com economias desenvolvidas –, ainda possibilita a captação de recursos no exterior com taxa de juros mais atrativas.

Ou seja, a adesão como membro definitivo na Organização Internacional poderá proporcionar maior credibilidade ao Brasil – que, em qualquer relação econômica ou política, faz total

[18] Em maio de 2017, o país formalizou o pedido e enviou projeto formal à Organização de Cooperação de Desenvolvimento Econômico – OCDE para virar membro desta Organização Internacional. Porém, tal projeto ainda resta pendente de aprovação.

diferença –, favorecendo investimentos internacionais e fomentando a economia.

Nesse contexto, em 11 de julho de 2019 a Receita Federal do Brasil e a OCDE emitiram Declaração em conjunta para "examinar as semelhanças e divergências entre a abordagem brasileira e a abordagem da OCDE com relação à avaliação para efeitos tributários das transações internacionais entre empresas vinculadas".

Diante da importância do tema, considera-se válido transcrever, abaixo, trechos da Declaração em que a OCDE reconhece, expressamente, a simplicidade e praticidade do sistema de preço de transferência adotado no Brasil. Veja-se:

> "O sistema brasileiro de preços de transferência é muitas vezes caracterizado por sua praticidade, previsibilidade e segurança jurídica (apenas no plano interno). Algumas das características das atuais regras de preços de transferência podem ser consideradas como qualidades atrativas no que diz respeito à simplicidade, como a ausência de uma detalhada análise comparativa (incluindo uma análise funcional e de risco), a liberdade de seleção do método, a utilização da abordagem de margens fixas, entre outros.
>
> No entanto, emergiu da avaliação que essas percepções de simplicidade são relativas, de modo que outras características existentes levam a uma complexidade, principalmente a abordagem item por item, o padrão rígido de comparabilidade e a documentação em determinadas situações.
>
> Não obstante as consequências não intencionais de certos aspectos da legislação de preços de transferência no Brasil, conforme exposto na avaliação realizada como parte da Fase 2, que afetam negativamente a capacidade do país de atrair investimento, *o sistema brasileiro é caracterizado por sua capacidade de trazer simplicidade e praticidade ao processo de realização de uma análise de preços de transferência.*

A metodologia aplicada no Brasil permite superar desafios relacionados à falta de informação disponível em transações comparáveis e requer apenas recursos administrativos e financeiros limitados, e reduz os custos e o tempo envolvidos no litígio de casos de preços de transferência. O Brasil implementou um sistema que tem o benefício de proteger a base tributária brasileira até certo ponto, garantindo previsibilidade e certeza em alguns aspectos, e de ser prático, conforme demonstrado por áreas onde a simplicidade de administração e conformidade tributária foi observada.

No entanto, em alguns casos, os principais recursos que contribuem para a simplicidade podem minar os objetivos principais das regras de preços de transferência, levando a potenciais riscos de dupla tributação e erosão da base e transferência de lucros." [19] (Grifou-se)

Por outro lado, a Declaração emitida em conjunto também fez críticas negativas acerca das margens predeterminadas adotada pelo modelo brasileiro, concluindo que a manutenção do sistema atual poderia gerar falhas significativas, dificultando o ingresso do Brasil em cadeias produtivas globais e a própria adesão à OCDE.

No total, foram analisadas 30 questões nas regras brasileiras de preços de transferência que, dentre elas, 27 poderiam aumentar o risco de dupla tributação e, portanto, prejudicar o comércio internacional e os investimentos.

Basicamente, a avaliação conjunta constatou "deficiências significativas no sistema brasileiro de preços de transferência", em razão da ausência de considerações especiais para transações mais complexas, principalmente nas transações ***(i)*** envolvendo o uso ou transferência de intangíveis; ***(ii)*** de serviços intragrupo; ***(iii)*** que envolvem reestruturações societárias.

[19] http://www.oecd.org/tax/transfer-pricing/declaracao-conjunta-projeto-precos-de-transferencia-ocde-brasil-julho-2019.pdf

Em que peses as deficiências acima apontadas pela OCDE, o trabalho divulgado foi, sem dúvidas, um grande avanço que, certamente, deverá contribuir com o aperfeiçoamento da legislação interna, principalmente neste momento em que se discute a reforma tributária no país[20].

Tanto é assim que, no dia 18 de julho de 2019 (poucos dias após a publicação da Declaração ora comentada), o Governo Federal editou o Decreto nº 9.920 com a finalidade de, justamente, instituir o "Conselho para a Preparação e o Acompanhamento do Processo de Acessão da República Federativa do Brasil à Organização para a Cooperação e Desenvolvimento Econômico - OCDE"[21].

Além disso, diante das recentes notícias divulgadas nos principais jornais do país[22], os Estados Unidos da América (EUA) modificou o seu posicionamento anterior e decidiu apoiar a entrada do Brasil como membro definitivo da OCDE, o que, considerando a sua força política, possivelmente poderá influenciar na decisão dos demais países membros.

Assim, diante de todo esse contexto político, econômico e fiscal, espera-se que, em um futuro próximo, o Brasil logre êxito em aprimorar[23] a sua legislação interna sobre preço de transferência – com base na análise que será realizada adiante –,

[20] Recentemente, no dia 02 de setembro de 2019, foi instituído o Conselho Consultivo sobre Reforma Tributária, por meio da Portaria nº 1.507/2019.

[21] O aludido órgão é composto pelos Ministros Chefe da Casa Civil, das Relações Exteriores, da Economia e Chefe da Secretaria-Geral da Presidência, tendo como principal atribuição aprovar a estratégia de governo e política de comunicação integrada de seus órgãos no processo de acessão do Brasil à OCDE.

[22] https://g1.globo.com/mundo/noticia/2019/05/23/em-reuniao-eua-apoiam-entrada-de-brasil-na-ocde.ghtml; https://exame.abril.com.br/economia/eua-passa-a-apoiar-oficialmente-adesao-do-brasil-a-ocde/; https://www.poder360.com.br/governo/estados-unidos-mudam-posicao-e-passam-a-apoiar-entrada-do-brasil-na-ocde/

[23] Aprimorar e não revogar.

de modo a possibilitar a sua entrada como membro definitivo da OCDE.

1. Panorama geral das regras de preço de transferência adotadas no Brasil

1.1. Conceito de pessoa vinculada.

De acordo com o artigo 2°, Seção I da Instrução Normativa 1.312/2002, toda operação com empresas vinculadas, sediadas no exterior (importação ou exportação) – ou qualquer operação com países situados em paraísos fiscais –, estará sujeito aos cálculos e controles do preço de transferência, de modo a garantir uma receita tributável mínima aos Estados soberanos.

Isso porque, conforme dispõe a OCDE, quando empresas independentes negociam entre elas, as condições de suas relações são determinadas por forças de mercado, enquanto que, quando as empresas vinculadas negociam entre elas, suas relações podem não ser as de livre mercado, uma vez que o preço pode ser facilmente manipulado.

Assim, conforme evidenciado no capítulo anterior, as operações sujeitas ao controle de preços de transferência envolvem, necessariamente, partes vinculadas que estejam sediadas em jurisdições tributárias distintas. Porém, quais seriam os critérios aptos a definir tal vínculo?

Para responder tal questionamento deve-se observar as diretrizes estabelecidas no artigo 23 da Lei nº 9.430/1996 e no artigo 2º da Instrução Normativa da Receita Federal do Brasil nº 1.312/2012.

Em termos objetivos, será considerada vinculada à Pessoa Jurídica domiciliada no Brasil a:

(i) matriz, quando domiciliada no exterior;
(ii) a sua filial ou sucursal, domiciliada no exterior;

(iii) a pessoa física ou jurídica, residente ou domiciliada no exterior, que seja caracterizada como sua controladora ou coligada[24];

(iv) pessoa jurídica domiciliada no exterior, quando esta e a empresa domiciliada no Brasil estiverem sob controle societário ou administrativo comum ou quando pela menos 10% (dez por cento) do capital social de cada uma pertencer a uma mesma pessoa física ou jurídica[25];

(v) a pessoa física ou jurídica, residente ou domiciliada no exterior, que seja sua associada, na forma de consórcio ou condomínio, conforme definido na legislação brasileira, em qualquer empreendimento[26];

[24] Será *(i)* coligada, quando a investidora for titular de 20% (vinte por cento) ou mais do capital votante da investida, sem controlá-la; e, *(ii)* controlada, quando a sociedade na qual a controladora, diretamente ou através de outras controladas, é titular de direitos de sócio que lhe assegurem, de modo permanente, preponderância nas deliberações sociais e o poder de eleger a maioria dos administradores.

[25] Nesse ponto, considera-se que a pessoa jurídica domiciliada no Brasil e a domiciliada no exterior estão sob controle:
I – societário comum, quando uma mesma pessoa física ou jurídica, independentemente da localidade de sua residência ou domicílio, seja titular de direitos de sócio em cada uma das referidas pessoas jurídicas, que lhe assegurem, de modo permanente, preponderância nas deliberações sociais daquelas e o poder de eleger a maioria dos seus administradores;
II – administrativo comum, quando:
a) o cargo de presidente do conselho de administração ou de diretor-presidente de ambas tenha por titular a mesma pessoa;
b) o cargo de presidente do conselho de administração de uma e o de diretor-presidente de outra sejam exercidos pela mesma pessoa;
c) uma mesma pessoa exercer cargo de direção, com poder de decisão, em ambas as pessoas jurídicas.

[26] De acordo com o §2º da Instrução normativa da RFB nº 1.312/2012, as pessoas jurídicas serão consideradas vinculadas somente durante o período de duração do consórcio ou condomínio no qual ocorrer a associação.

(vi) a pessoa física residente no exterior que for parente ou afim até o terceiro grau, cônjuge ou companheiro de qualquer de seus diretores ou de seu sócio ou acionista controlador em participação direta ou indireta[27];

(vii) a pessoa física ou jurídica, residente ou domiciliada no exterior, que goze de exclusividade, como seu agente, distribuidor ou concessionário, para a compra e venda de bens, serviços ou direitos[28];

(viii) a pessoa física ou jurídica, residente ou domiciliada no exterior, em relação à qual a pessoa jurídica domiciliada no Brasil goze de exclusividade, como agente, distribuidora ou concessionária, para a compra e venda de bens, serviços ou direitos.

Como se vê, os critérios previstos na legislação interna para configurar o "vínculo" existente entre a empresa sediada no Brasil e aquela localizada no exterior são demasiadamente abrangentes, prevendo (ou melhor, presumindo) a relação de interdependência pela *(i)* estrutura societária dos estabelecimentos; *(ii)* relação de dependência comercial; ou, até mesmo, *(iii)* relação familiar entre os sócios, diretores e acionistas.

Ocorre que este suposto (e abrangente) "vínculo" entre as partes contratantes gera uma presunção – equivocada – de que o preço praticado (seja na exportação ou na importação) foi manipulado ou distorcido para fins de obter vantagens fiscais.

[27] Considera-se companheiro de diretor, sócio ou acionista controlador da pessoa jurídica domiciliada no Brasil, a pessoa que com ele conviva em caráter conjugal, conforme o disposto na Lei nº 9.278, de 10 de maio de 1996.

[28] Será considerado distribuidor ou concessionário exclusivo, a pessoa física ou jurídica titular desse direito relativamente a uma parte ou a todo o território do país, inclusive do Brasil. Nesse ponto, a exclusividade será constatada por meio de contrato escrito ou, na inexistência deste, pela prática de operações comerciais, relacionadas a um tipo de bem, serviço ou direito, efetuadas exclusivamente entre as duas pessoas jurídicas ou exclusivamente por intermédio de uma delas.

Por oportuno, confira-se abaixo a crítica realizada pelo Professor Alberto Xavier[29], de forma bastante lúcida, sobre o assunto:

> "O círculo de pessoas vinculadas deveria restringir-se a reais relações de influência dominante, suscetíveis de afetar a subjetividade do negócio que não se verificam necessariamente nos casos de simples coligação de empresas, participação em conjunto de relação de coligação, de consórcios ou condomínios temporários."

Portanto, com base na leitura do rol taxativo previsto no artigo 23 da Lei nº 9.430/06[30], o qual disciplina as hipóteses de vinculação entre as empresas para fins de aplicação das regras de preço de transferência, constata-se que a legislação brasileira prevê certa subjetividade nos critérios ali definidos (a exemplo do "vínculo familiar"[31]), uma vez que não lograram êxito em configurar a relação de interdependência entre as sociedades empresárias.

1.2. Autonomia do contribuinte de poder escolher o método *versus* a base tributável mínima

Antes de adentrar nos métodos de preço de transferência previstos na legislação brasileira, considera-se válido destacar o direito de o Contribuinte escolher, dentre os métodos cabíveis ao caso concreto, aquele que representar a menor carga tributária, dentro, obviamente, dos limites *(i)* máximos de custos dedutíveis e *(ii)* mínimos de receita tributável previstos na legislação[32].

[29] Xavier, Alberto. Direito Tributário Internacional do Brasil. Rio de Janeiro: Forense, 2010, p. 310.

[30] Em conjunto com a Instrução Normativa nº 1.312/12.

[31] Em relação aos cônjuges, parentes ou afins até o 3º grau, de qualquer um dos diretores, sócios ou acionista controlador das empresas contratantes.

[32] Tais limitações são simplesmente impostas ao contribuinte sem sequer dar oportunidade do direito ao contraditório.

Como se vê, os limites impostos pela Lei nº 9.430/1996 e pela Instrução Normativa nº 1.312/2012 aos casos de preços de transferência visam, justamente, proteger os interesses arrecadatórios, uma vez que, independente da situação (importação superfaturada ou exportação subfaturada), o Fisco irá sempre obter resultado favorável. Isso porque, conforme explica, de forma simples e objetiva, o tributarista Ricardo Mariz de Oliveira[33]:

> "*se o contribuinte pratica preço de importação maior do que o limite legal* determinado pelos métodos do art. 18, *o excesso a este não é dedutível (tal como se não o tivesse praticado)*, mas, se pratica preço inferior ao que seria permitido pelos métodos, não pode deduzir o valor que não praticou, mas poderia ter praticado (parágrafo 5º do art. 18);
>
> – *se o contribuinte pratica preço de exportação inferior ao limite legal* determinado pelos métodos do art.19, *o excesso (insuficiência) a este deve ser oferecido à tributação (tal como se o tivesse praticado)*, mas, se pratica preço maior do que seria permitido pelos métodos, não pode deixar de oferecer à tributação o valor que praticou, embora pudesse ter praticado valor menor (parágrafo 6º do art. 19)". (Grifou-se)

Ora, no caso das importações celebradas entre pessoas vinculadas, quando o preço praticado for maior do que o preço parâmetro, há, neste caso, um custo maior do que o efetivamente devido. Esta diferença a maior (entre o preço praticado e o preço parâmetro) será indedutível para fins de apuração do Imposto de Renda e da Contribuição Social sobre o

33 Texto elaborado pelo tributarista Ricardo Mariz de Oliveira para o livro "Tributos e Preços de Transferências – 3º Volume", Editora Dialética, 2009, p. 155, disponível em: https://www.marizadvogados.com.br/wp-content/uploads/2018/04/NArt.03-2009.pdf

Lucro Líquido (CSLL) sob a sistemática do Lucro Real[34], conforme determina o §1º do artigo 5º da Instrução Normativa nº 1312/2012[35].

Em outras palavras, a empresa importadora sediada no Brasil apenas poderá deduzir o montante máximo previsto na legislação[36], de modo que a parcela do preço excedente ao limite estipulado pela legislação interna deverá ser desconsiderada na apuração do Importo de Renda, por meio de um ajuste realizado na parte A do Livro de Apuração do Lucro Real.

A título exemplificativo, suponha-se que determinada importação fora realizada pelo preço total de R$ 50.000.000,00 (cinquenta milhões de reais) e integralmente revendida no mercado interno no mesmo exercício. Porém, realizados os cálculos previstos no método escolhido, o contribuinte contatou que apenas poderia deduzir, na apuração do Imposto de Renda, o montante total de R$ 30.000.000,00 (trinta milhões).

Desse modo, para evitar eventual atuação fiscal, ele deverá adicionar a parcela excedente (R$ 20.000.000,00) no LALUR para contrapor o valor total da importação (R$ 50.000.000,00), de modo a respeitar o limite do montante dedutível previsto neste exemplo didático. Para melhor facilitar a compreensão,

[34] Neste ponto, considera-se válido destacar que no Lucro Presumido não há deduções de despesas e custos incorridos no regular exercício mercantil da empresa.

[35] Art. 5º Depois de apurados por um dos métodos de importação, os preços a serem utilizados como parâmetro, nos casos de importação de pessoas jurídicas vinculadas, serão comparados com os preços praticados na aquisição.
§ 1º Se o preço praticado na aquisição for superior àquele utilizado como parâmetro, o valor resultante do excesso de custo, despesa ou encargos será considerado indedutível na determinação do lucro real e da base de cálculo da CSLL e deverá ser adicionado às bases de cálculo no ano-calendário em que o bem, serviço ou direito tiver sido realizado, por alienação ou baixa a qualquer título.

[36] De acordo, obviamente, com o método utilizado.

confira-se, abaixo, a contabilização do exemplo tendo como base um resultado antes do Imposto de Renda de R$ 100.000.000,00 (cem milhões):

LALUR – parte A	
Descrição	Valores em R$
Resultado antes do Imposto de Renda	R$ 100.000.000,00
Adições:	
Ajustes às regras de preço de transferência (parcela excedente)	R$ 20.000.000,00
Deduções:	
Importação	-R$ 50.000.000,00
Lucro Real (base de cálculo do IR):	R$ 70.000.000,00

De igual modo, na exportação entre partes vinculadas, ainda que a empresa exportadora sediada no Brasil realize a venda pelo montante inferior ao limite legal, o valor da receita tributável, para fins de Imposto de Renda, não será o preço da venda, mas sim o montante mínimo indicado na legislação com base no método escolhido pelo Contribuinte.

Afinal, quando o preço efetivamente praticado na exportação for menor do que o preço parâmetro apurado, há, neste caso, o reconhecimento de uma receita tributável menor. Assim sendo, a diferença entre os preços (parâmetro x praticado) deverá ser adicionada ao lucro líquido, compondo, portanto, a base de cálculo da Contribuição Social Lucro Líquido (CSLL) e do Imposto de Renda Pessoa Jurídica (IRPJ).

Nesse exato sentido são os ensinamentos do Professor Edilson Carlos Fernandes[37], veja-se:

[37] FERNANDES, Edison Carlos. Constitucionalidade *in thesi* e *in concreto* do controle fiscal dos preços de transferência. In: FERNANDES, Edison Carlos (Coord.). *Preços de transferência*. São Paulo: Quartier Latin, 2007. p. 25.

"Com respeito à importação, o fundamento para o ajuste da base de cálculo dos tributos referidos reside na estrutura de adição de custos (e despesas) considerados indedutíveis pela legislação fiscal. Nesse sentido, o controle fiscal dos preços de transferência, pertinente à importação, representa a apuração de limite de dedutibilidade do custo de bens, serviços e direitos adquiridos de pessoa jurídica vinculada (operações controladas) domiciliada no exterior. Assim, no que tange à importação, somente haverá o controle quando o contribuinte calcular os tributos com base no lucro real: a diferença entre o custo praticado nas operações controladas e o preço de mercado dos mesmos bens, serviços ou direitos – isto é, o deslocamento de receitas – será adicionada ao lucro líquido para efeito de composição do lucro real.

Já na exportação, o fundamento é a previsão legal de inclusão, na base de cálculo do IRPJ e da CSLL, das receitas omitidas. Nesse caso, a diferença entre o preço de exportação praticado nas exportações controladas e o preço de mercado dos mesmos bens, serviços ou direito, considerada como receita omitida, será adicionada à base de cálculo dos tributos acima referidos. Portanto, com o respeito à exportação, o ajuste provocado pelo controle fiscal dos preços de transferência será obrigatório para as pessoas jurídicas que adotem tanto o lucro real quanto o lucro presumido."

Portanto, diante de tais esclarecimentos, dúvidas não restam de que os limites foram impostos para preservar uma receita tributável mínima em favor do Estado Soberano. Todavia, caso sejam observados tais limites, o Contribuinte possui o Direito de escolher o método que melhor lhe convém.

Em outras palavras, nas importações e exportações realizadas entre empresas vinculadas sediadas em jurisdições distintas prevalece o método (ou, ao menos, deveria prevalecer) escolhido pela Pessoa Jurídica[38], com exceção de determinadas operações previstas na legislação tributária pátria.

Inclusive, o contribuinte não só possui a autonomia de escolher o método que lhe garanta o resultado mais favorável, como também poderá atribuir margens de lucros diversas das estabelecidas na legislação para os vários métodos relacionados às importações e às exportações, desde que comprove as margens adotadas com base em publicações, pesquisas ou relatórios elaborados, nos termos previstos no artigo 21, §2º da Lei nº 9.430/96[39].

No entanto, mesmo diante deste inequívoco direito do Contribuinte, não raras às vezes, a Autoridade Fiscal brasileira – em sua insaciável sede arrecadatória – desconsidera os negócios jurídicos celebrados entre as empresas e, em seguida, realiza diversas autuações milionárias em face das empresas sediadas em território brasileiro[40].

Basicamente, tais autuações decorrem do fato de o Contribuinte não ter aplicado, sob a óptica da Autoridade Fiscal, o método de preço de transferência que seria adequado para o caso concreto, apenas porque ele escolheu a opção menos onerosa.

Ao julgar tais casos, o Conselho Administrativo de Recursos Fiscais (CARF), sensível à tamanha ilegalidade, firmou o seu entendimento no sentido de que o sujeito passivo possui o pleno direito de escolher o método que lhe seja mais favorável dentre

38 A escolha do método ocorre de maneira irretratável por todo o ano-calendário.

39 Art. 21. Os custos e preços médios a que se referem os arts. 18 e 19 deverão ser apurados com base em:
(...)
§ 2º Admitir-se-ão margens de lucro diversas das estabelecidas nos arts. 18 e 19, desde que o contribuinte as comprove, com base em publicações, pesquisas ou relatórios elaborados de conformidade com o disposto neste artigo.

40 O que enseja carga tributária maior do que a efetivamente devida e, até mesmo, a indesejada e perversa bitributação econômica.

os aplicáveis à natureza da operação realizada. Eis, exatamente, o que dispõe os hodiernos Acórdãos do CARF, confira-se:

> **Ementa(s)**
> Assunto: Imposto sobre a Renda de Pessoa Jurídica – IRPJ
> Ano-calendário: 2007
> PREÇOS DE TRANSFERÊNCIA. PROCEDIMENTO FISCAL. ALTERAÇÃO DO MÉTODO. IMPOSSIBILIDADE.
> *Na apuração do preço de transferência o sujeito passivo pode escolher o método que lhe seja mais favorável dentre os aplicáveis à natureza das operações realizadas.* À faculdade conferida pela Lei ao contribuinte se contrapõe apenas o dever da fiscalização de aceitar a opção por ele regularmente exercida e que pode ser alterada desde que antes de iniciado o procedimento fiscal.
> (CARF. Processo administrativo nº 16561.000171/2008-89. Relator Lucas Bevilacqua Cabianca Vieira. Acórdão nº 1402-003.739. Data da sessão: 19/02/2019) (Grifou-se)
>
> * * *
>
> Assunto: Imposto sobre a Renda de Pessoa Jurídica – IRPJ
> Ano-calendário: 2009
> PREÇO DE TRANSFERÊNCIA. MÉTODO DE CÁLCULO MAIS FAVORÁVEL.
> *A norma contida no § 4º do art. 18 da Lei nº 9.430, de 1996, tem como destinatário o contribuinte, pois lhe confere o direito de realizar os cálculos do ajuste pelos vários métodos previstos nessa Lei e a adotar aquele que lhe assegurar a maior dedutibilidade. Tal norma não é direcionada à autoridade fiscal, o qual deve respeitar a opção feita pelo contribuinte.* Discordando a autoridade fiscal do método adotado pelo contribuinte deverá justificar e aplicar o método cabível, não se lhe impondo a aplicação de vários.
> (CARF. Processo administrativo nº 16682.720595/2015-16. Relator Lucas Bevilacqua Cabianca Vieira. Acórdão nº 1402-003.687. Data da sessão: 22/01/2019) (Grifou-se)

Assim sendo, a Autoridade não pode exigir, de forma arbitrária, o tributo com base no método mais oneroso, ao revés, deve – inicialmente – observar os preços praticados nas importações e exportações entre pessoas (físicas ou jurídicas) vinculadas e, em seguida, confrontá-los com os parâmetros[41] máximos e mínimos de incidência fiscal decorrentes da natureza da operação realizada.

De fato, somente após adotar esse procedimento é que a Autoridade Fiscal terá condições de averiguar se o valor praticado na operação está dentro, ou não, dos limites previstos pela Lei nº 9.430/1996 e pela Instrução Normativa nº 1.312/2012.

2. Métodos de preço de transferência na importação previstos na legislação brasileira

2.1. Métodos de preço de transferência aplicáveis à Importação

Conforme já ressaltado no capítulo anterior, o Contribuinte, ao realizar o controle de preços de transferência, poderá escolher, dentre os métodos aplicáveis ao caso concerto, a opção menos onerosa. Como consequência direta desta escolha, ele realizará um menor valor de ajuste possível (na parte A do LALUR) – por produto importado – para contrapor o limite da despesa dedutível previsto na legislação interna.

No entanto, considera-se importante frisar que essa escolha não afetará todos os contribuintes importadores, mas, apenas, aqueles submetidos à tributação pelo Lucro Real. Isso porque somente neste regime é possível realizar deduções de despesas, decorrentes da atividade mercantil desempenhada pela empresa importadora sediada no Brasil, na apuração do Imposto

[41] Em outras palavras, os parâmetros derivados dos métodos de preços de transferência são, justamente, os limites legais atrelados aos ajustes ao lucro líquido para determinação do lucro tributável.

de Renda sobre Pessoa Jurídica (IRPJ) e da Contribuição Social sobre o Lucro Líquido (CSLL).

Assim, as empresas importadoras optantes pela sistemática de tributação do Lucro Real, sediadas no Brasil, poderão optar por um, dentre os seguintes métodos possíveis destinados ao cálculo do preço de transferência: *(i)* Método dos Preços Independentes Comparados (PIC); *(ii)* Método do Preço de Revenda menos o Lucro (PRL); *(iii)* Método do custo de Produção mais Lucro (CPL); e *(iv)* Preço sob Cotação na Importação (PCI)[42], os quais serão melhor detalhados a seguir:

2.2. Método dos Preços Independentes Comparados (PIC). De acordo com o inciso I, do artigo 18 da Lei nº 9.430/1996, o Método dos Preços Independentes Comparados é definido como:

> "a média aritmética ponderada dos preços de bens, serviços ou direitos, idênticos ou similares, apurados no mercado brasileiro ou de outros países em operação de compra e venda empreendidas pela própria interessada ou por terceiros, em condições de pagamento semelhantes".

Para realizar tal média aritmética e, portanto, obter o preço parâmetro[43], somente deverá ser considerado as operações entre partes independentes (compradores e vendedores) não vinculadas entre si. Assim sendo, serão comparados os preços de bens, serviços ou direitos, idênticos ou similares[44]:

[42] Métodos de utilização obrigatória pelo contribuinte nas operações com commodities, previsto na Lei nº 12.715/2012.

[43] Nos termos autorizados pelo parágrafo único do artigo 8º da IN 1.312/2012.

[44] Nesse ponto, de acordo com o artigo 42 da Instrução Normativa nº 1312/2012, serão considerado similares quando 02 (dois) ou mais bens, em condições de uso na finalidade a que se destinam, *(i)* tiverem a mesma natureza, a mesa função e

(i) vendidos pela mesma pessoa jurídica exportadora para ouras pessoas jurídicas não vinculadas, residentes ou não residentes;
(ii) adquiridos pela mesma importadora, de pessoas jurídicas não vinculadas, residentes ou não residentes;
(iii) em operações de compra e venda praticadas entre terceiros não vinculados entre si, residentes ou não residentes.

Como se vê, a legislação interna permite que as próprias operações de importação – realizadas pela empresa sediada no Brasil – sejam utilizadas como parâmetro para auferir o Método de Preços Independentes Comparados (PIC). Para tanto, tais operações devem *(i)* representar, ao menos, 5% (cinco por cento) do valor das importações que se sujeitam ao controle de preço de transferência; e *(ii)* ser realizados no mesmo ano-calendário[45].

Além disso, nos termos autorizados pelo artigo 9º da Instrução Normativa nº 1.312/2012, há também a possibilidade de a empresa sediada no Brasil realizar os ajustes dos valores dos bens, serviços e direitos importados, de modo a minimizar os efeitos provocados sobre os preços a serem comparados, em razão das diferenças nas condições de negócio, de natureza física e de conteúdo.

Note-se, desde já, a finalidade intrínseca deste Método de aproximar, ao máximo, o preço parâmetro ao efetivo preço praticado em condições reais de mercado, o que, por si só, já demonstra a sua perfeita compatibilidade com o princípio Arm's Lenght.

especificações equivalentes; *(ii)* puderem substituir-se mutuamente, na função a que se destinem;

[45] Conforme determina o § 10º do artigo 18 da Lei nº 9.430/1996. Caso não haja preço independente no ano-calendário da importação, a empresa sediada no Brasil poderá utilizar o valor relativo ao ano-calendário anterior ao da importação, nos termos autorizados pelo §11º do mesmo artigo 18 da Lei nº 9.430/1996.

De fato, este Método é bastante eficaz para neutralizar os efeitos da possível manipulação de preços na compra e venda realizado entre empresas vinculadas, sediadas em jurisdições distintas, porém, nem sempre é possível utilizá-lo, tendo em vista a considerável dificuldade de apurar as informações para calcular o preço parâmetro.

Ora, em regra geral, visando obter vantagens comerciais, as empresas optam por não divulgar ou compartilhar os resultados e custos operacionais incorridos nas operações realizadas, prejudicando, de sobremaneira, a análise comparatista[46].

Além disso, não raras às vezes, diante das especificidades dos atuais modelos de negócios, há também a problemática da falta de operação com produtos idênticos ou similares a determinada importação, o que, praticamente, inviabiliza a utilizado do Método dos Preços Independentes Comparados, conforme defende o Professor Luís Eduardo Schoueri[47].

2.3. Método do Preço de Revenda menos o Lucro (PRL).

Nos termos do artigo 12 da Instrução normativa nº 1.312/2012, a determinação do custo de bens, serviços ou direitos, adquiridos no exterior, dedutível da determinação do lucro real e da base de cálculo da CSLL, poderá, também, ser efetuada pelo método do Preço de Revenda menos Lucro (PRL).

Para realizar o cálculo do preço parâmetro por este método[48] é necessário analisar duas operações distintas e, consequentemente, três partes, também diferentes.

[46] A viabilidade, neste caso, fica limitada à comparação das importações realizadas pela própria empresa domiciliada no Brasil com a importação dos mesmos produtos, serviços e direitos de outras pessoas jurídicas vinculadas.

[47] SCHOUERI, Luís Eduardo. ***Preços de Transferência no Direito Tributário Brasileiro.*** São Paulo: Dialética, 2013. p. 192.

[48] Que, por sua vez, é um dos mais utilizados pelos Contribuintes.

A primeira operação é a importação – realizada por empresa sediada no Brasil –, de determinado produto ou serviço de empresa não vinculada no exterior. Em seguida, há a segunda operação, que seria justamente a revenda, deste mesmo produto ou serviço importado, para terceiro independente dentro do mercado interno brasileiro.

Note-se que, em ambas as operações, há a legítima presunção de que o princípio Arm's Length foi devidamente aplicado, devido à inexistência de qualquer vinculação entre as partes contratantes.

Assim, a partir de 1º de janeiro de 2013, o aludido método deve ser calculado pela diferença entre o valor da *(i)* participação do bem importado no respectivo preço líquido de venda; e *(ii)* margem de lucro apurada. Para fins de melhor compreensão, confira-se, abaixo, fórmula do preço parâmetro e, em seguida, a respectiva metodologia de cálculo:

Preço Parâmetro = Participação do bem importado no respectivo preço líquido de venda interna - Margem de Lucro

A metodologia de cálculo se inicia a partir da segunda operação supracitada, por meio da venda interna (dentro do território brasileiro) realizada pela empresa importadora aos estabelecimentos varejistas e atacadistas não vinculados[49].

Neste caso, deve-se considerar o "preço líquido de venda", deduzidos *(i)* os descontos incondicionais concedidos[50]; *(ii)* os

[49] Na hipótese de um mesmo bem, serviço ou direito importado ser destinado à venda no mercado interno e externo, o preço parâmetro médio ponderado será aplicado para a totalidade dos itens vendidos no ano-calendário, independentemente do seu mercado de destino.

[50] Serão considerados como incondicionais, os descontos concedidos que não dependam de eventos futuros, ou seja, os que forem concedidos no ato de cada revenda e constarem da respectiva nota fiscal.

impostos e contribuições sobre as vendas; e *(iii)* as comissões e corretagens pagas[51]. Ou seja, sem considerar o "valor agregado no Brasil".

Em seguida, deve-se apurar o percentual de participação entre o custo médio líquido do bem importado e o custo médio bruto do bem vendido[52] – ou seja, em termos simples, o quanto o insumo importado representou no custo total do produto vendido no Brasil –, representado pela seguinte fórmula:

$$\textbf{Percentual de participação} = \frac{\text{Custo médio líquido do bem importado}}{\text{Custo médio bruto do bem vendido no mercado interno}}$$

Nesse ponto, considera-se válido destacar que, no custo médio líquido do bem importado (numerador), não deve ser considerado *(i)* o valor do frete e do seguro, cujo ônus tenha sido do importador, desde que contratados com pessoas não vinculadas e que não sejam residentes ou domiciliadas em países de tributação favorecida; *(ii)* os tributos incidentes na importação; e *(iii)* os gastos com desembaraço aduaneiro[53].

Como se vê, há nitidamente a aplicação dos critérios da cláusula FOB (*free on board*)[54].

Por outro lado, no custo médio bruto do bem vendido no mercado interno (denominador), devem ser incluídos todos os encargos necessários a sua composição, inclusive o valor do

[51] São os valores pagos e os que constituírem obrigação a pagar, a esse título, relativamente às vendas dos bens, serviços ou direitos objetos de analise.

[52] nos termos do Inciso II, do artigo 12 da Instrução Normativa nº 1.312/2012.

[53] Caso a operação de importação seja enquadrada nas condições de compra e venda do Incoterm (International Commercial Terms), tais valores deverão ser considerados no custo da importação.

[54] Como consequência, a responsabilidade do vendedor (exportador) é de, apenas, entregar a mercadoria abordo pelo preço estabelecido, de modo que as despesas decorrentes do transporte (frete e seguro) são suportadas pelo estabelecimento importador.

frete, do seguro, dos tributos incidentes na importação e os gastos com desembaraço aduaneiro.

A partir daí, é necessário aplicar o percentual de participação apurado acima sobre o "preço líquido de venda" (na revenda interna do produto pelo estabelecimento importador para terceiro não vinculado). O resultado desta operação matemática corresponderá, justamente, a "Participação do bem importado no respectivo preço líquido da venda interna":

Participação do bem importado no respectivo preço líquido da venda interna	= Percentual de participação * Preço Líquido de venda

Por fim, para se chegar a Margem de Lucro (indicado na fórmula do preço parâmetro), deve-se aplicar os percentuais previstos na legislação – de acordo com o setor da atividade econômica da pessoa jurídica brasileira sujeita aos controles de preços de transferência – sobre o valor da "Participação do bem importado no respectivo preço líquido da venda interna" apurado acima.

Por oportuno, confira-se, abaixo, os percentuais previstos no parágrafo 12 do artigo 18 da Lei nº 9.430/1996 e, após, a fórmula de cálculo da Margem de Lucro:

Setores da atividade econômica	**Percentual**
Produtos farmoquímicos e farmacêuticos	40%
Produtos do fumo	
Equipamentos e instrumentos ópticos, fotográficos e cinematográficos.	
Máquinas, aparelhos e equipamentos para uso odontomédico-hospitalar	
Extração de petróleo e gás natural	
Produtos derivados do petróleo	

Vidros e de produtos do vidro	30%
Celulose, papel e produtos de papel.	
Metalurgia	
Demais setores da economia	20%

Margem de Lucro	=	Participação do bem importado no respectivo preço líquido da venda interna	*	Percentual indicado conforme setor econômico

Para fins de melhor compreensão acerca da metodologia de cálculo do preço parâmetro, confira-se, abaixo, exemplo prático de uma importação realizada por empresa de vidro sediada no Brasil, no valor de R$ 250.000,00 (duzentos e cinquenta mil reais), tendo como custo dedutível a importância de R$ 210.000,00 (duzentos e dez mil reais), calculado com base nos dados abaixo:

Dados:	**Valores**
Custo médio líquido do bem importado:	R$ 250.000,00
Custo médio bruto do produto acabado vendido no mercado interno	R$ 500.000,00
Percentual de participação:	50%
"Preço Líquido de venda" no mercado interna:	R$ 600.000,00
Participação do bem importado no respectivo preço líquido da venda interna:	R$ 300.000,00
Margem de lucro prevista para o setor na Lei nº 9.430/1996:	30%
Margem de lucro	R$ 90.000,00
Preço parâmetro do bem importado:	**R$ 210.000,00**

Preço da importação X Preço Parâmetro:	
Preço efetivo da Importação:	R$ 250.000,00
Preço parâmetro do bem importado:	R$ 210.000,00
Parcela indedutível:	**R$ 40.000,00**

Note-se que, neste exemplo, a receita líquida tributável no exterior será o efetivo valor da importação (R$ 250.000,00). Enquanto que a empresa sediada no Brasil apenas poderá deduzir da base de cálculo do Imposto de Renda e da CSLL a importância de R$ 210.00,00 (preço parâmetro), de modo que a parcela restante (R$ 40.000,00) – em comparação ao preço efetivo de importação – será indedutível.

Como consequência, esta parcela indedutível será acrescentada na base de cálculo do Imposto de Renda por meio do ajuste realizado na parte A do LALUR, ensejando a bitributação econômica, uma vez que tal montante será tributada por 2 (dois) Estados soberanos distintos, por meio de duas empresas vinculadas também distintas (uma sediada no Brasil e a outra no exterior).

Em que pese este método adotar margens pré-fixadas do valor parâmetro da importação, para fins de dedutibilidade de custos na base de cálculo do Imposto de Renda e da CSLL, há, nitidamente, a finalidade de reproduzir as reais condições de mercado, reduzindo, então, os efeitos e riscos de eventual bitributação econômica (que, neste exemplo específico, ocorreu).

Assim, mesmo diante de tais riscos, constata-se a perfeita compatibilidade do Método do Preço de Revenda menos o Lucro (PRL) ao princípio Arm's Length.

2.4. Método do custo de Produção mais Lucro (CPL):

De acordo com o inciso III do artigo 18 da Lei nº 9.430/1996, o Método do Custo de Produção mais Lucro (CPL), pode ser definido como:

"o custo médio ponderado de produção de bens, serviços ou direitos, idênticos ou similares, acrescido dos impostos e taxas cobrados na exportação no país onde tiverem sido originariamente produzidos, e de margem de lucro de 20% (vinte por cento), calculada sobre o custo apurado."

Como se vê, neste método há uma presunção de margem de lucro no percentual de 20% (vinte por cento) sobre o custo de produção do bem a ser importado pela empresa brasileiro.

Nesse sentido, conforme esclarece o § 8º do artigo 15 da Instrução Normativa nº 1.312/2012, tal percentual será aplicado sobre os custos de produção apurados antes da incidência dos impostos e taxas cobrados no país de origem (no exterior), sobre o valor dos bens, serviços e direitos adquiridos pela pessoa jurídica no Brasil[55].

Assim, a fórmula de cálculo do preço parâmetro, no método do Custo de Produção mais Lucro (CPL) pode ser representado de seguinte forma:

Preço Parâmetro = Custo de produção + (20% X custo de produção) + Impostos e Taxas

No entanto, quais seriam os itens que integrariam o Custo de produção da mercadoria adquirida no exterior?

Nesse sentido, com base no § 5º do artigo 15 da Instrução Normativa nº 1.312/2012, serão considerados, exclusivamente, os seguintes custos incorridos na produção do bem no exterior[56]:

I – o custo de aquisição das matérias-primas, dos produtos intermediários e dos materiais de embalagem utilizados na produção do bem, serviço ou direito;

[55] Note-se que o custo de produção do bem é definido pela empresa exportadora.

[56] Excluídos quaisquer outros, ainda que se refiram à margem de lucro de distribuidor atacadista (que, geralmente, praticam margens menores em comparação aos estabelecimentos varejistas).

II – o custo de quaisquer outros bens, serviços ou direitos aplicados ou consumidos na produção;

III – o custo do pessoal, aplicado na produção, inclusive de supervisão direta, manutenção e guarda das instalações de produção e os respectivos encargos sociais incorridos, exigidos ou admitidos pela legislação do país de origem;

IV – os custos de locação, manutenção e reparo e os encargos de depreciação, amortização ou exaustão dos bens, serviços ou direitos aplicados na produção;

V – os valores das quebras e perdas razoáveis, ocorridas no processo produtivo, admitidas pela legislação fiscal do país de origem do bem, serviço ou direito.

Note-se que, neste método, o custo de aquisição da mercadoria importada é, praticamente, irrelevante para fins de cálculo do preço parâmetro. Isso porque o preço parâmetro é calculado com base no valor do custo de produção disponibilizado pelo fornecedor vinculado, sediado no exterior[57].

Ocorre que, conforme explica o Professor Luís Eduardo Schoueri[58], nem sempre o fornecedor, pessoa vinculada, é o próprio fabricante do produto importado. Portanto, em tais situações, o contribuinte importador, sediado no Brasil, deverá calcular o preço parâmetro com base no custo do produto pelo fabricante, no país de origem do bem importado, nos termos permitidos pelo § 4º do artigo 15 supracitado.

Em que pese a aparente praticidade e simplicidade de apurar o método de Custo de Produção mais o Lucro (CPL), na prática,

57 A ideia é, basicamente, produzir uma análise detalhada dos custos incorridos na produção, incluindo individualização dos custos de matérias-primas e componentes utilizados, critério de alocação do custo de mão de obra, fórmula de alocação, outras alocações.

58 SCHOUERI, Luís Eduardo. *Preços de Transferência no Direito Tributário Brasileiro.* São Paulo: Dialética, 2013. p. 315.

há bastante dificuldade de aplicação, tendo em vista depende do fornecimento de dados pela empresa exportadora (localizada no exterior) que, em regra geral, não são disponibilizados, seja pelo sigilo comercial ou, ainda, pela confidencialidade de certas informações[59].

2.5. Preço sob Cotação na Importação (PCI):

De acordo com o artigo 18-A da Lei nº 9.430/1996, este método pode ser definido como "os valores médios diários da cotação de bens ou direitos sujeitos a preços públicos em bolsas de mercadorias e futuros internacionalmente reconhecidas".

Assim, desde 1º de janeiro de 2013, o método de Preço sob Cotação na Importação (PIC) deve ser obrigatoriamente aplicado na hipótese de importação de commodities. Nesse ponto, considera-se oportuno trazer à vista o conceito de commodities definido pelo jurista Felipe Cerrutti Balsimelli[60]

> "*Commodities* são produtos básicos, bens comerciáveis, homogêneos e de amplo consumo, que podem ser produzidos e negociados por uma ampla gama de empresas. Podem ser produtos agropecuários, minerais, industriais e até mesmo financeiros. O que torna as *commodities* importantes na economia é o fato de que, embora sejam mercadorias primárias, ou minimamente industrializadas, podem ser negociadas em nível global."

[59] O que, consequentemente, prejudica a comprovação desses dados para a dedutibilidade dos custos de importação de bens, direitos e serviços, para a Receita Federal do Brasil (RFB).

[60] BALSIMELLI, Felipe Cerrutti. *Preços de Transferência e Margens de Lucro Alternativas*. 2016. Dissertação (Mestrado em Direito Tributário) – Fundação Getúlio Vargas, São Paulo, 2016. p. 59. Disponível em: <http://bibliotecadigital.fgv.br/dspace/handle/10438/17543>. Acesso em: 13 set. 2019.

Assim, na importação de tais produtos, os preços declarados por pessoas jurídicas, residentes ou domiciliadas no País, serão comparados com os preços de cotação desses bens – constantes em bolsas de mercadorias e futuros internacionalmente reconhecidas[61] –, ajustados para mais ou para menos do prêmio médio de mercado, na data da transação[62].

Caso não seja possível realizar a cotação dos bens importados em bolsas de mercadorias e futuros, a comparação dos preços poderá ser realizada a partir de fontes de dados fornecidas por instituições de pesquisa setoriais internacionalmente reconhecidas, que, por força do artigo 19 da Instrução Normativa nº 1.312/2012, está taxativamente elencado no Anexo III.

Além disso, note-se ainda que, neste método, o preço parâmetro poderá ser ajustado com base no "prêmio médio de mercado". Ocorre que nem a Lei nº 9.430/96 e a tampouco Instrução Normativa nº 1.312/12 definem tal conceito.

Não obstante este fato, por mais que não haja uma definição formal de "prêmio", entende-se que tal montante corresponderia a diferença paga em razão da qualidade ou da procedência do bem. Inclusive, este é o exato entendimento do Professor Luís Eduardo Shoueri[63]:

> Prêmio é uma expressão corrente nos mercados de mercadorias e futuros. São descontos ou sobrepreços, cobrados em função das peculiaridades de uma transação, que justificam seja ela distanciada da cotação média. Podem explicar-se em virtude da região onde está o comprador ou o vendedor, ou do ano (safra) de produção, ou da quantidade negociada, dentre outros fatores.

61 Elencadas no Art. 17, parágrafo único, e Anexo II da IN RFB 1312/2012.

62 Não havendo cotação disponível para o dia da transação, deverá ser utilizada a última cotação conhecida.

63 SCHOUERI, Luís Eduardo. *Preços de Transferência no Direito Tributário Brasileiro.* São Paulo: Dialética, 2013. p. 197.

São, enfim, valores que pela sua própria natureza, não podem ser padronizados.

Além do montante do prêmio, o valor da commodity poderá sofrer ajustes correspondentes às diferenças entre o valor do preço praticado na importação e as especificações do contrato padrão estabelecidas pela bolsa de mercadorias e futuros, ou pelas instituições de pesquisa setoriais internacionalmente reconhecidas, tendo em vista as condições específicas de negócios, condições de venda – *International Commercial Terms* (Incoterm) –, de conteúdo e de natureza física.

2.6. Considerações finais sobre os métodos aplicáveis na Importação

De acordo com os artigos 51 e 51-A da Instrução Normativa nº 1.312/2012, será considerada satisfatória a comprovação, nas operações com pessoas jurídicas vinculadas, a divergência de até 5% (cinco por cento), para mais ou para menos, entre o preço parâmetro e o preço praticado.

Excepcionalmente, nas operações com commodities – que atraem a necessidade de aplicar o método do Preço sob Cotação na Importação (PCI) –, a margem de divergência é de 3% (três por cento).

Assim, em tais casos, em que a diferença entre tais preços está dentro da margem de divergência[64], não será necessário, à pessoa jurídica importadora sediada no Brasil, realizar qualquer ajuste na apuração do Imposto sobre a Renda e na base de cálculo da CSLL. De igual modo ocorre nos casos em que o preço da importação é inferior ao preço parâmetro apurado.

[64] De acordo com a Solução de Consulta Interna COSIT nº 17, de 12 de dezembro de 2018, "o cálculo da margem de divergência deve ser efetuado de tal forma que, na fração utilizada para sua apuração, utilize-se em seu denominador o preço praticado pelo contribuinte e não o preço parâmetro".

Por outro lado, se o preço da importação for superior ao preço parâmetro apurado, a diferença computada no resultado do exercício será adicionada na apuração do Lucro Real do ano-calendário.

Diante desse cenário, para fins de melhor didática, confira-se, abaixo, exemplo de importação, por empresa brasileira, de determinado produto por R$ 100,00, com a consequente apuração do preço parâmetro pelos métodos Preços Independentes Comparados (PIC), Preço de Revenda menos o Lucro (PRL) e Custo de Produção mais Lucro (CPL):

Importações em R$					
Método	Preço da importação	Preço parâmetro	Ajuste unitário	Margem de Divergência	Há necessidade de tributação do ajuste?
PIC	R$ 100,00	R$ 96,00	R$ 4,00	4%	Não
PRL	R$ 100,00	R$ 102,50	R$ -	0%	Não
CPL	R$ 100,00	R$ 80,00	R$ 20,00	8%	Sim

No exemplo acima, considerando o direito de a empresa, sediada no Brasil, escolher qualquer um dos métodos previstos na legislação dos preços de transferência[65], ela, certamente, irá escolher por aquele que for menos oneroso. No caso em tela seria o método PRL ou, então, o PIC, pois não haveria a necessidade de realizar qualquer ajuste tributário.

Além disso, é importante ressaltar que o contribuinte possui, ainda, a opção de atribuir margens de lucros alternativas (diversas das estabelecidas na legislação) para os vários métodos relacionados às importações e às exportações, desde que comprove as margens adotadas com base em publicações, pesquisas ou relatórios elaborados, conforme determinado pelo artigo 21, §2º da Lei nº 9.430/96[66].

65 Com a ressalva do caso de importação de *commodities*, haja vista que, nesse caso, o uso do método PCI é obrigatório, e não mais uma faculdade.

66 Art. 21. Os custos e preços médios a que se referem os arts. 18 e 19 deverão ser apurados com base em:

No entanto, para evitar distorções comerciais, em nenhuma hipótese será admitido o uso, como parâmetro, de preços de bens, serviços e direitos praticados em operações de compra e venda atípicas, à exemplo das liquidações de estoque, nos encerramentos de atividades ou nas vendas realizadas com subsídios governamentais, nos termos do artigo 44 da Instrução Normativa nº 1312/2012.

Assim, a solicitação de alteração de percentuais das margens de lucro, efetuada pelas empresas importadoras e exportadoras sediadas no Brasil, deverá observar as diretrizes previstas na Portaria nº 222/2008 e ser instruída com toda documentação indicada no artigo 47 da Instrução Normativa nº 1312/2012[67].

Conforme se constata pelo artigo 2º da aludida Portaria, a análise dos pedidos de alteração das margens é de competência da Secretaria da Receita Federal do Brasil e, para cada caso, deve apresentar proposta de solução ao Ministro da Fazenda.

Assim, se o pedido formulado for admitido, ainda que parcialmente, a proposta de solução supracitada será formalizada através de Portaria Ministerial, publicada no Diário Oficial da União.

Se, entretanto, a proposta de solução for denegatória, a resposta será externada em despacho no próprio processo de pedido. Neste caso de indeferimento, a Contribuinte não poderá interpor qualquer recurso perante a Administração Pública Federal.

(...)

§ 2º Admitir-se-ão margens de lucro diversas das estabelecidas nos arts. 18 e 19, desde que o contribuinte as comprove, com base em publicações, pesquisas ou relatórios elaborados de conformidade com o disposto neste artigo.

[67] De fato, lograr êxito na modificação das margens fixas não é algo tão simples, tendo em vista que as legislações em comento demandam grandes exigências.

3. Métodos de preço de transferência na importação "sugeridos" pela OCDE

Conforme já relatado no capítulo introdutório, a OCDE adota o princípio arm`s length, cujo objetivo é proporcionar maior equidade fiscal e comercial, evitando, assim, ***(i)*** distorções no preço da operação de importação ou de exportação realizada entre empresas vinculadas; e, também, ***(ii)*** a ocorrência da bitributação econômica.

A ideia, em suma, é que tais operações sejam realizadas pelo real valor de mercado, sem serem afetas pela natural relação comercial e financeira que há entre as empresas relacionadas.

Nesse contexto, a aludida Organização Internacional elaborou um breve manual (*Guidelines*[68]) sobre preço de transferência e a aplicação do princípio ***arm`s length***, de modo a incentivar (ou, até mesmo, impor[69]) os países membros a utilizarem os métodos que serão relatados no decorrer deste capítulo.

Neste ponto, é possível adiantar que, nos cinco métodos recomendados pela OCDE, não há aplicação de margens fixas (em contradição com a legislação interna) para obter o preço comparável (preço parâmetro).

De acordo com a Organização Internacional, há ***(i)*** métodos de transação tradicionais (*Traditional transaction methods*); e ***(ii)*** métodos transacionais de lucro (*transactional profit methods*), baseados no lucro das operações.

[68] OECD. *Transfer Pricing Guidelines for Multinational Enterprises and Tax Administrations*. Paris: OECD Publishing, 2017, p. 33. Tradução realizada pelo autor. p. 33. Disponível em: <https://read.oecd- ilibrary.org/taxation/oecd-transfer-pricing-guidelines-for-multinational-enterprises-and-tax- administrations-2017_tpg-2017-en#>. Acesso em: 13 de setembro de 2019.

[69] O Brasil, por exemplo, caso não modifique a sua legislação interna para adequar às "sugestões" da OCDE, certamente, estará impossibilitado de integrar esta Organização, como membro definitivo. Assim, nota-se que há, na verdade, uma verdadeira imposição.

Os métodos pertencentes à categoria dos "transacionais tradicionais" são os que mais se identificam aos métodos aplicáveis pelo Brasil[70], uma vez que, para apurar o preço parâmetro, eles também observam o preço praticado por terceiros independentes.

Por oportuno, confira-se, abaixo, os três métodos transacionais tradicionais "sugeridos" pela OCDE:

- Comparable Uncontrolled Price (CUP);
- The Resale Price Method (RPM);
- The Cost Plus Method (CPM).

Por outro lado, os métodos transacionais de lucro – os quais não são utilizados no Brasil –, analisam os lucros operacionais líquidos globais decorrentes das operações (de importação e de exportação) entre partes relacionadas. Os métodos transacionais de lucro sugeridos pela OCDE são:

- Transaction Net Margin Method (TNMM); e
- Profit Split Method (PSM).

Nesse sentido, quando for possível aplicar as duas categorias de métodos supracitadas, a OCDE dispõe que a classe dos métodos transacionais tradicionais deve prevalecer sobre a os métodos tradicionais baseados em lucros, tendo em vista que, no primeiro, há, em tese, maior confiabilidade.

Assim, apenas na hipótese de impossibilidade de utilizar os métodos Comparable *Uncontrolled Price, The Resale Price Method* e *The Cost Plus Method* é que deverá ser aplicado os métodos *Transaction Net Margin Method* e *Profit Split Method.*

[70] Praticamente, a diferença reside na determinação de margens fixas pela legislação brasileira.

De todo modo, conforme será evidenciado adiante, para aplicar qualquer um dos cinco métodos sugeridos pela OCDE, há a necessidade de elaborar, antes, um estudo de "*benchmark*", a fim de viabilizar a apuração do preço parâmetro por meio da análise comparativa (de preços, margens e lucros) das atividades similares.

Nesse ponto, a Organização Internacional determina cinco fatores de comparabilidade, quais sejam: ***(i)*** características dos produtos e serviços; ***(ii)*** análise funcional; ***(iii)*** condições contratuais; ***(iv)*** circunstâncias econômicas e ***(v)*** estratégias de negócios.

Feitos tais esclarecimentos, passar-se-á análise individualizada dos 5 (cinco) métodos sugeridos pela OCDE.

3.1. Métodos transacionais tradicionais

3.1.1. Comparable Uncontrolled Price[71] (CUP)

Nos termos das diretrizes da OCDE, método *CUP* visa a comparação do preço praticado na operação de importação ou exportação de bens ou serviços transferidos entre empresas vinculadas com outras operações de bens ou serviços transferidos entre empresas independentes, em circunstâncias comparáveis.

Assim, os bens ou serviços comercializados devem ser idênticos ou, ao menos, similares e as condições do negócio, também, devem ser equivalentes. Eis, exatamente, o que dispõe a OCDE em seu *Guidelines* sobre o tema:

> The CUP method compares the price charged for property or service transferred in a controlled transaction to the price charged for property or services transferred in a comparable uncontrolled transaction in comparable circumstances. If there is any difference between the two prices, this may indicate that the con-

[71] Método do Preço Comparável não controlado.

> ditions of the commercial and financial relations of the associated enterprises are not arm's length, and that the price in the uncontrolled transaction may need to be substituted for the price in the controlled transaction.[72]

Desse modo, para possibilitar tal comparação, os eventuais efeitos que possam alterar o preço da operação, em decorrência de condições comerciais e financeiras, devem ser mitigados.

Nota-se, por tal definição, que o método Preço Independentes Comparados (PIC), adotado pela legislação brasileira, é o que mais se aproxima do método *CUP*, sugerido pela OCDE, tendo em vista que não há discussão sobre aplicação de margens, mas, sim, sobre a comparação entre preços.

Nesse sentido, de acordo com a OCDE, para realizar tal comparação pelo método CUP, deve-se observar uma das duas condições a seguir: *(i)* inexistência de diferenças entre o preço realizado e o preço parâmetro, apurado no mercado aberto; ou então, no caso de divergência, *(ii)* realização de ajustes que elimine os efeitos materiais que ensejaram a diferença no preço comparado.

Assim, nos casos em que há transações comparáveis não controladas possíveis de serem comparadas, o método CUP é o mais confiável e recomendável para evitar distorções comerciais e, por conseguinte, a bitributação econômica.

Além disso, o método *CUP* também é recomendado, pelas Organização Internacional, para a transferência de *commodities* entre empresas relacionadas. Logo, para que este método seja aplicado da maneira mais confiável possível, é preciso que algu-

[72] OECD. *Transfer Pricing Guidelines for Multinational Enterprises and Tax Administrations.* Paris: OECD Publishing, 2017, p. 104. Disponível em: <https://read.oecd- ilibrary.org/taxation/oecd-transfer-pricing-guidelines-for-multinational-enterprises-and-tax- administrations-2017_tpg-2017-en#>. Acesso em: 13 de setembro de 2019.

mas características econômicas relevantes sejam observadas ao comparar uma transação controlada com uma independente.

Por exemplo, as características físicas, a qualidade da *commodity*, os termos contratuais das operações controladas – como quantidades negociadas, o tempo e termos de entrega, transporte e seguro –, podem influenciar no preço pactuado, independentemente se a operação for realizada entre empresas vinculadas ou não.

Nesse ponto, é possível também observar certa similaridade entre o método CUP (sugerido pela OCDE) e o método do Preço sob Cotação na Importação (PCI), previsto na legislação brasileira às operações com commodities, uma vez que ambos adotam o preço de cotação para apurar o preço arm's length.

3.1.2. The Resale Price Method[73] (RPM)

De acordo com a OCDE, o preço parâmetro deste método é calculado com base em uma "margem bruta"[74] redutora que será obtida no preço da operação de revenda do bem importado. Assim, a segunda operação realizada (revenda do bem importado) fornece as diretrizes para apurar o preço parâmetro que, por sua vez, será comparado com o preço da importação realizada entre partes relacionadas.

O objetivo primordial é que esta "margem" aplicada sobre o preço de revenda do bem importado, em operações realizadas entre empresas vinculadas, seja idêntica ou similar a margem que este mesmo revendedor pratica na operação de revenda para empresas independentes.

Por oportuno, confira-se, abaixo, as diretrizes formuladas pela OCDE acerca do método Preço de Revenda (*Resale Price Method*):

[73] Método Preço de Revenda.

[74] De valor agregado utilizada em média pelos operadores do setor (denominado *resale price margin*).

> The resale price method begins with the price at which a product that has been purchased from an associated enterprise is resold to an independent enterprise. This price (the "resale price") is then reduced by an appropriate gross margin (the "resale price margin"), determined by reference to gross margins in comparable uncontrolled transactions, representing the amount out of which the reseller would seek to cover its selling and other opera-ting expenses and, in light of the functions performed (taking into account assets used and risks assumed), make an appropriate profit.
>
> What is left after subtracting the gross margin can be regarded, after adjustment for other costs associated with the purchase of the product (e.g. customs duties), as an arm's length price for the original transfer of property between the associated enterprises. This method is probably most useful where it is applied to marketing operations.[75]

Como se vê, para apurar o preço parâmetro e, consequentemente, o lucro tributável, deve-se aplicar margem bruta redutora adequada – obtida com base no valor de revenda do produto importado, considerando as despesas operacionais incorridas entre a importação e a futura venda – no próprio preço da importação.

Diante de suas características, a OCDE aconselha que o método *Resale Price* seja adotado para estabelecimentos atacadistas ou varejistas que revendem produtos prontos.

Além disso, como se pode perceber, há uma considerável semelhança do método *Resale Price* (sugerido pela OCDE) e o

[75] OECD. *Transfer Pricing Guidelines for Multinational Enterprises and Tax Administrations.* Paris: OECD Publishing, 2017, p. 108-109. Disponível em: <https://read.oecd- ilibrary.org/taxation/oecd-transfer-pricing-guidelines-for-multinational-enterprises-and-tax- administrations-2017_tpg-2017-en#>. Acesso em: 13 de setembro de 2019.

método Preço de Revenda menos o Lucro (PRL), utilizado no Brasil às operações de importação, tendo em vista que ambos utilizam uma margem redutora apurada no preço de revenda do produto importado para calcular o preço parâmetro.

Por outro lado, em que pese a evidente semelhança, há também uma divergência considerável entre os métodos que seria, justamente, a questão da margem fixa, aplicada pelo Brasil.

3.1.3. The Cost Plus Method[76] (CPM)

Este método, de igual modo, também é calculado com base na aplicação de uma margem adequada, porém, ao invés de aplicá-la na revenda do produto às empresas independentes (no método *Resale Price*), tal margem deverá incidir sobre o custo do produto importado (na operação celebrada entre partes relacionadas)[77].

Em outras palavras, o método *Cost Plus* calcula o preço parâmetro com base na margem adequada de lucro (*Cost plus mark up*) que, por sua vez, incidirá sobre o custo dos bens e serviços empregados na produção do produto importado. Nesse sentido, o resultado deste cálculo (incidência da margem de lucro sobre o custo do produto) será, justamente, o preço *arm's length* utilizado como parâmetro.

No entanto, considera-se válido destacar que a margem de lucro comparável deve ser aplicada a um custo também comparável. Assim, para utilizar este método, é necessário realizar a comparação da margem de lucro obtida em uma operação entre partes vinculadas com a margem de lucro apurada na operação entre empresas independentes.

Diante da importância do tema, considera-se válido trazer à vista trechos do *Guidelines* disponibilizado pela OCDE sobre este método:

[76] Método do Custo Majorado.

[77] Este método é empregado especialmente em relação a bens semi-elaborados e às prestações de serviços.

> The cost plus method begins with the costs incurred by the supplier of property (or services) in a controlled transaction for property transferred or services provided to a related purchaser. An appropriate cost plus markup is then added to this cost, to make an appropriate profit in light of the functions performed and the market conditions. What is arrived at after adding the cost plus mark up to the above cost may be regarded as an arm's length price of the original controlled transaction. This method probably is most useful where semi-finished goods are sold between related parties, where related parties have concluded joint facility agreements or long-term buy an-supply arrangements, or where the controlled transaction is the provision of services.[78]

Note-se que, neste método, a margem de lucro é obtida através das informações disponibilizadas pelo fornecedor/vendedor, na operação realizada entre empresas vinculadas, tendo como parâmetro a venda deste mesmo produto para empresas independentes. A ideia é que tais valores sejam idênticos ou, então, simulares, em atenção ao princípio arm's length.

Nesse ponto, para obter a margem "*cost plus*", a OCDE recomenda que as eventuais condições de mercado, as quais possam a alterar o preço parâmetro, devem ser mitigadas, de movo a obter uma comparação mais confiável. Eis, exatamente, o que se constata no trecho abaixo do *Guidelines*:

> The cost plus markup of the supplier in the controlled transaction should ideally established by reference to the cost plus markup that the same supplier earns in comparable uncontrolled

[78] OECD. *Transfer Pricing Guidelines for Multinational Enterprises and Tax Administrations.* Paris: OECD Publishing, 2017, p. 111. Disponível em: <https://read.oecd- ilibrary.org/taxation/oecd-transfer-pricing-guidelines-for-multinational-enterprises-and-tax- administrations-2017_tpg-2017-en#>. Acesso em: 13 de setembro de 2019.

transactions ("internal comparable"). In addition, the cost plus mark-up that would have been earned in comparable transactions by an independent enterprise may serve as guide ("external comparable).[79]

Como se vê, o método em comento é bastante semelhante ao método brasileiro do Custo de Produção mais Lucro (CPL), utilizado nas operações de importação, uma vez que ambos aplicam uma margem de lucro sobre o custo de produção do bem importado. No entanto, a diferença primordial entre tais métodos reside no fato de que o brasileiro adota margens fixas de lucro, no percentual de 20% (vinte por cento), enquanto que a OCDE aplica a margem com base no preço parâmetro de mercado.

3.2. Métodos transacionais de lucro

Conforme já relatado no início do capítulo, os métodos transacionais baseados em lucros, sugeridos pela OCDE, são: *Transaction Net Margin Method (TNMM)* e *Profit Split Method (PSM)*.

Para apurar o preço parâmetro, os métodos supramencionados partem da análise dos lucros nas operações de importação e exportação realizadas por empresas relacionadas, de modo a avaliar se tais operações foram, de fato, realizadas pelo valor justo de mercado.

Ou seja, através no lucro das operações é possível averiguar se o negócio jurídico (compra e venda de mercadorias ou serviços no exterior) celebrado entre as partes vinculadas foi realizado nas mesmas condições daquele pactuado entre empresas independentes em circunstâncias comparáveis.

[79] OECD. *Transfer Pricing Guidelines for Multinational Enterprises and Tax Administrations.* Paris: OECD Publishing, 2017, p. 111. Disponível em: <https://read.oecd- ilibrary.org/taxation/oecd-transfer-pricing-guidelines-for-multinational-enterprises-and-tax- administrations-2017_tpg-2017-en#>. Acesso em: 13 de setembro de 2019.

3.2.1. Transaction Net Margin Method[80] (TNMM)

No *Transactional Net Margin Method*, a margem de lucratividade obtida na operação (de importação e exportação) entre empresas vinculadas é comparada à margem apurada na mesma operação realizada entre empresas independentes, em atenção ao princípio arm`s length.

Nesse sentido, a OCDE destaca que tal método é aplicado de forma similar aos métodos *Cost Plus* e *Resale Price*, com a diferença de que no *Transctional Net Margin* a comparação decorre do lucro líquido, após a dedução de gastos operacionais da mercadoria vendida. Enquanto que a comparação *(i)* no *Resale Price*, ocorre a partir da margem bruta de Lucro; e *(ii)* no *Cost Plus* decorre de uma margem de lucro sobre o custo. Acerca do tema, confira-se as diretrizes formuladas pela Organização Internacional:

> The transactional net margin method examines the net profit margin relative to an appropriate base (e.g. costs, sales, assets) that a taxpayer realizes form a controlled transaction (or transactions that are appropriate to aggregate under the principles of paragraphs 3.9-3.12). Thus, a transactional net margin method operates in a manner similar to the cost plus and resale price methods. This similarity means the in order to be applied reliably, the transactional net margin method must be applied in a manner consistent with the manner in which the resale price or cost plus method is applied.[81]

[80] Método da Margem Líquida.

[81] OECD. *Transfer Pricing Guidelines for Multinational Enterprises and Tax Administrations.* Paris: OECD Publishing, 2017, p. 111. Disponível em: <https://read.oecd- ilibrary.org/taxation/oecd-transfer-pricing-guidelines-for-multinational-enterprises-and-tax- administrations-2017_tpg-2017-en#>. Acesso em: 13 de setembro de 2019.

Note-se que, neste método, apenas uma das partes envolvidas na operação submetida a controle de preço de transferência tem seus dados verificados que seria, justamente, a pessoa que realiza a venda da mercadoria ou do serviço.

Um dos fatores positivos deste método é que as margens líquidas, geralmente, a margem de lucratividade líquida é mais estável[82] do que o próprio preço do produto ou serviço vendido.

No entanto, há a possibilidade de o lucro líquido de um contribuinte ser alterado por fatores que não representam o efetivo valor do preço ou da margem lucrativa (a título exemplificativo, o surgimento de novas empresas e o consequente aumento da concorrência comercial), o que dificulta a apuração precisa e consistente do preço parâmetro.

Não obstante a sua considerável importância, não há, na legislação brasileira, qualquer método que se equipare ao *Transaction Net Margin*.

3.2.2. *Profit Split Method*[83] (PSM)

De igual modo, o método *Transactional Profit Split* também realiza uma apuração sobre a margem lucrativa, porém, neste caso, o objetivo é calcular o valor do lucro nas operações em que seja impossível realizar análise individualizada, diante do íntimo relacionamento entre as partes.

Em termos simples, este método é destinadado às operações conjuntas e específicas – estreinando ainda mais a relação – que não seja mais possível analisá-las separadamente.

De acordo com o *Guidelines* emitido pela OCDE, tal método objetiva eliminar os efeitos produzidos sobre os lucros incorridos na operação controlada, uma vez que, caso agissem de forma independente, provavelmente desejariam dividir os lucros da

[82] Logo, possui menor variação.

[83] Método do Fracionamento dos Lucros.

transação na proporção do que efetivamente tivessem contribuído.

Diante da importância do tema, considera-se válido trazer à vista trechos do *Guidelines* emitido pela Organização Internacional:

> the transactional profit split method seeks to eliminate the effect on profits of special conditions made or imposed in a controlled transaction (or in controlled transactions that are appropriate to aggregate under the principles of paragraphs 3.9-3.12) by determining the division profits that independent enterprises would have expected to realize from engaging in the transaction or transactions[84].

Como se vê, para utilizar o método *Profit Split*, é imprescindível identificar o total dos lucros apurados nas operações relacionadas para, a partir daí, segregar a parcela do lucro às empresas, na proporção do seu investimento e do risco assumido. Afinal, esse seria o provável procedimento a ser adotado caso as mesmas operações fossem realizadas por partes independentes.

Note-se que, neste método, ambas as partes na transação são avaliadas, o que diminui consideradamente a concentração do lucro, na operação relacionada, em apenas uma empresa.

Por fim, considera-se válido destacar que não há, na legislação brasileira, qualquer método comparável ao *Profit Split*.

[84] OECD. *Transfer Pricing Guidelines for Multinational Enterprises and Tax Administrations*. Paris: OECD Publishing, 2017, p. 136. Disponível em: <https://read.oecd- ilibrary.org/taxation/oecd-transfer-pricing-guidelines-for-multinational-enterprises-and-tax- administrations-2017_tpg-2017-en#>. Acesso em: 13 de setembro de 2019.

3. Considerações finais

No presente trabalho, buscou-se realizar análise comparativa dos métodos de preço de transferência previsto na legislação brasileira – no âmbito da importação – e aqueles "sugeridos" (ou melhor, impostos) pela OCDE, sob o viés de evitar a bitributação econômica.

De fato, os métodos previstos na legislação brasileira conseguem, de forma prática e sem despender um alto custo em fiscalização, arrecadar uma receita tributável mínima nas operações realizadas entre empresas vinculadas sediadas em jurisdições distantas ou, então, nas operação entre empresas independentes quando uma delas está localizada em "paraíso fiscal"[85].

Inclusive, este ponto (praticidade junto ao baixo custo de fiscalização) foi reconhecido pela própria OCDE como fator positivo nos métodos brasileiros, na Declaração em conjunta emitida pela aludida Organização e a Receita Federal do Brasil no dia 11 de julho de 2019.

No entanto, na mesma oportunidade, a OCDE criticou a adoção de margens pré-fixadas pela legislação brasileira para definir o preço parâmetro, de modo que, com isso, os métodos pátrios seriam supostamente incompatíveis com o princípio arm's length, uma vez que ensejariam, dentre outros fatores, a bitributação econômica. Ou seja, quando o mesmo rendimento auferido – nas mãos de contribuintes diversos – é tributado integralmente por mais de um Estado Soberano.

Em que pese o máximo respeito existente pela Organização, ousa-se discordar de tal entendimento. De fato, na operação de importação entre empresas vinculadas, a legislação brasileira não privilegia o combate à bitributação econômica.

85 A lei presume que tais transações estariam sujeitas às práticas de preços diferentes do mercado, justamente pela condição de estarem sendo realizadas entre partes vinculadas (e com países com tributação favorecida).

Porém, esse fato – decorrente da adoção de margens pré-fixadas –, por si só, não gera incompatibilidade com o princípio arm's length, ao revés.

Inclusive, os próprios métodos brasileiros de preço de transferência, na importação, foram inspirados no princípio arm's length, porém com adaptações pontuais à realidade do país, criando fórmulas matemáticas e técnicas de controles, a fim de obter resultados idênticos (ou, ao menos, similares) aos obtidos com o preço efetivo de mercado.

Basicamente, a diferença primordial entre os métodos brasileiros e os sugeridos pela aludida Organização Internacional reside na adoção de margens prefixadas pela legislação brasileira[86], o que, repita-se, de forma alguma a torna incompatível com o princípio *arm's length*.

Tanto é assim que é possível constatar certa similaridade entre os métodos brasileiros e os método transacionais tradicionais recomendados pela OCDE, conforme se constata pela tabela abaixo:

Tipo da Operação	OCDE	Brasil
Métodos transacionais tradicionais		
Importação	CUP	PIC
	RPM	PRL
	COM	CPL
Métodos transacionais baseados no lucro das operações		
Importação	TNMM	Sem semelhantes
	PSM	Sem semelhantes

86 que, na importação, objetiva limitar a dedutibilidade do valor do custo da mercadoria ou serviço importado na base de cálculo do Imposto de Renda e da Contribuição Social sobre o Lucro Líquido.

Nesse ponto, a Receita Federal do Brasil, órgão responsável pela fiscalização e controle dos preços de transferência, considera que, nas operações de importação entre empresas vinculadas, o preço parâmetro deverá ser calculado com base na aplicação do princípio *arm's length*[87].

Além disso, os métodos brasileiros de preço de transferência, ao analisar, as transações entre entidades relacionadas, visam adotar as mesmas condições em relação as mesmas operações de importação celebradas entre empresas independentes, de modo a evitar omissão de receita tributável tributária e distorções comerciais.

Ou seja, a intenção é que o preço parâmetro seja o mais próximo possível do real valor de mercado, evitando a alocação de lucro para países com tributação favorecida.

Além disso, para corroborar ainda mais a compatibilidade dos métodos brasileiros com o princípio arm's length, considera-se válido ressaltar que a Lei nº 9.430/96 prevê, ainda, a possibilidade de o Importador sediado no Brasil adotar margens alternativas para calcular o preço parâmetro, desde que, obviamente, sejam cumpridos os requisitos previstos na legislação[88].

Assim, as margens préfixadas pela legislação brasileira no preço de transferência não são absulutas, mas sim relativas, de modo que possibilita ao contribuinte afastar tal presunção, trazendo evidências de que, em um determinado caso, terceiros independentes adotariam de outros critérios, que não os fixados pelo legislador, para a determinação do preço parâmetro.

No entanto, é certo que o sistema brasileiro necessita aprimorar os métodos atuais[89] e, também, incorporar métodos

[87] RECEITA FEDERAL. *Preço de transferência*. Disponível em: <http://www.receita.fazenda.gov.br/pessoajuridica/dipj/2005/pergresp2005/pr672a733.htm>.

[88] Que são restritos e complexos.

[89] Por exemplo, o método de importação (PCI) para intangíveis é insuficiente e incapaz de dar respostas adequadas aos desafios da economia moderna.

novos, conquanto que seja mantido o direito de o Contribuinte poder escolher aquele que melhor lhe convém.

Diante desse contexto, entende-se que seria bastante benéfico a manutenção da adoção de margens pré-fixadas pela legislação brasileira[90], desde que haja um efetivo aprimoramento na legislação brasileira acerca das regras de preço de transferência para evitar a bitributação econômica nas operações de importação entre empresas vincualdas[91]. E tal aprimoramento poderá, certamente, ser alcançado com a conjunção de esforços entre a Receita Federal do Brasil e a OCDE.

Referências

______________General Anti-Avoidance Rules for Major Developing Countries. 1. ed. Roterdam: Kluwer Law International, 2015.

______________O problema do (ou a ausência de) método no uso do Direito Tributário Comparado pelo STF. In Revista Dialética de Direito Tributário, v. 222, p. 80-92, 2014.

ANDRADE FILHO, Edmar Oliveira. **Imposto de Renda das Empresas.** 10. ed. São Paulo: Atlas, 2013.

ARGENTINO, Lúcio Breno Pravatta. **Soberania Tributária e Preço de Transferência.** Trabalho de Conclusão de Curso (Bacharel em Direito) – Faculdade de Ciências Humanas e Sociais, Universidade Estadual Paulista "Júlio de Mesquita Filho", Franca, 2012.

ASHIKAGA, Carlos Eduardo Garcia. **Análise da tributação na importação e na exportação de bens e serviços.** São Paulo: Aduaneiras, 2014.

BARBOSA, Demétrio Gomes. **Preços de Transferência no Brasil**: uma abordagem prática. 2. ed. São Paulo: FISCOSoft Editora, 2012.

[90] Afinal, entre um ambiente com regras tributárias justas ou certas, investidores internacionais não hesitam em escolher a segunda opção. Afinal, se a tributação for alta, poderão ajustar seus negócios. Por outro lado, a incerteza leva a distorções comerciais, tendo em vista que cada contribuinte recolhe seus tributos da forma como bem entende, com desajustes nos preços relativos, incrementando o risco de autuações.

[91] Atualmente, praticamente não há preocupação do Governo brasileiro em evitar a bitributação econômica nas operações de importação.

BACCARO, Renato Fernandes. **Manual de Preços de Transferência**: uma aplicação prática ante as margens de lucro predeterminadas. São Paulo: Hipótese, 2002.

BALSIMELLI, Felipe Cerrutti. *Preços de Transferência e Margens de Lucro Alternativas*. 2016. Dissertação (Mestrado em Direito Tributário) – Fundação Getúlio Vargas, São Paulo, 2016.

BARRETO, Paulo Ayres. **O Imposto sobre a Renda e os Preços de Transferência**. São Paulo: Dialética, 2001.

FERNANDES, Edison Carlos. **Constitucionalidade *in thesi* e *in concreto* do controle fiscal dos preços de transferência.** In: FERNANDES, Edison Carlos (Coord.). *Preços de transferência*. São Paulo: Quartier Latin, 2007.

FERNANDES, Edison Carlos. O Controle de Preços de Transferência nas Exportações. In: BORGES, Alexandre Siciliano; FERNANDES, Edison Carlos; PEIXOTO, Marcelo Magalhães (coords.). **Manual dos Preços de Transferência no Brasil:** celebração dos dez anos de vigência da lei. São Paulo: MP, 2007.

FUSO, Rafael. **Da Tributação Sobre os Lucros no Exterior no Direito Brasileiro. Direito Tributário Internacional**: Teoria e Prática. São Paulo: Revista dos Tribunais, 2015.

YAMASHITA, Douglas. **Elisão e Evasão de Tributos**. São Paulo: Lex Editora, 2005.

MARIZ DE OLIVEIRA, Ricardo. **Tributos e Preços de Transferência – 3º volume**. Editora Dialética, 2009.

OLIVEIRA, Ricardo Mariz de. **Preços de Transferencia** – o método do Custo mais Lucro – o conceito de custo – o método do Custo mais Lucro e as indústrias de alta tecnologia – como conciliar dispêndios intensivos, com pesquisas e desenvolvimento, com esse método. In: SCHOURI, Luis Eduardo. ROCHA, Valdir de Oliveira. Tributos e Preço de Transferencia. São Paulo: Dialética, 1999.

PASSOS, Carlos Roberto Martins; NOGAMI, Otto. **Princípios de Economia**. 6. ed. São Paulo: Cengage Learning, 2013.

PINHEIRO, Jurandi Borges. **Direito tributário e globalização**: ensaio crítico sobre preços de transferência. Rio de Janeiro: Renovar, 2001.

ROCHA, Sérgio André. Tributação de Lucros Auferidos no Exterior (Lei nº 12.973/14). São Paulo: Dialética, 2014.

ROCHA, Sérgio André. **Tributação Internacional**. São Paulo: Quartier Latin, 2013.

ROCHA, Valdir de Oliveira. **A Consulta Fiscal.** São Paulo: Dialética, 1996. – (coordenador). O Planejamento Tributário e a Lei Complementar 104. São Paulo: Dialética, 2001.

SCHAUER, Frederick. **Authority and Authorities.** In: Virginia Law Review, vol. 94, 2008.

SCHOUERI, Luis Eduardo. Preços de Transferência no Direito Tributário Brasileiro. São Paulo: Dialética. 2006.

SCHOUERI, Luís Eduardo. **Preços de Transferência no Direito Tributário Brasileiro.** São Paulo: Dialética, 2013.

SCHOUERI, Luiz Eduardo. **Preços de transferência no direito tributário brasileiro.** São Paulo: Dialética, 2006.

SCHOUERI, Luiz Eduardo. **Preços de transferência no direito tributário brasileiro.** São Paulo: Dialética, 2006.

SILVEIRA, Paulo Caliendo V. da. Do conceito de estabelecimentos permanentes e sua aplicação no direito tributário internacional. In: TÔRRES, Heleno Taveira (coord.). **Direito Tributário Internacional Aplicado.** São Paulo: Quartier Latin, 2003.

SILVEIRA, Rodrigo Maito da. O controle de preços de transferência nas exportações. In: BORGES, Alexandre Siciliano; FERNANDES, Edison Carlos; PEIXOTO, Marcelo Magalhães (coords.). **Manual dos Preços de Transferência no Brasil:** celebração dos dez anos de vigência da lei. São Paulo: MP, 2007.

SLAUGHTER, Anne-Marie. **A Global Community of Courts.** In: Harvard International Law Review, vol. 44, n. 1, 2003.

TORRES, Ricardo Lobo. **Curso de Direito Financeiro e Tributário.** 5. ed. Rio de Janeiro: Renovar, 1998.

VERGOTTINI, Giuseppe de. Más allá del diálogo entre tribunales. **Comparación y relación entre jurisdicciones.** Madrid: Civitas, Thomson Reuters; 2011.

XANTHAKI, Helen. **Legal Transplants in Legislation: Defunsing the Trap.** In International and Comparative Law Quarterly, v. 57, 2008.

XAVIER, Alberto. ***Direito Tributário Internacional do Brasil*** *– Tributação das Operações Internacionais.* 5º ed., Forense, Rio de Janeiro, 2002.

XAVIER, Alberto. **Direito Tributário Internacional do Brasil.** Rio de Janeiro: Forense, 2010.

XAVIER, Alberto. **Direito tributário internacional do Brasil.** Rio de Janeiro: Forense, 2005.

XAVIER, Alberto. Direito tributário Internacional do Brasil. Tributação das Operações Internacionais. 5 ed. São Paulo: Forense, 1998.

ZILVETI, Fernando Aurélio; TORO, Carlos Eduardo Costa e DE BRITO, Bianca Maia. Preços de transferência. *In:* **Direito Tributário:** Tributação Internacional. DE SANTI, Eurico Marcos Diniz e ZILVETI, Fernando Aurélio (coord.). São Paulo: Saraiva, 2007.

Legislação e jurisprudência

_______. Decreto nº 9.580 de 22 de novembro de 2018. Regulamenta a tributação, fiscalização, arrecadação e administração do imposto sobre a renda e proventos de qualquer natureza. **Diário Oficial da União**, Poder Executivo, Brasília, DF, 22 de novembro 2018.

_______. Lei no 6.404 de 15 de dezembro de 1976. Dispõe sobre as sociedades por ações. **Diário Oficial da União**, Poder Legislativo, Brasília, DF, 17 dez. 1976.

_______. Lei no 9.430 de 27 de dezembro de 1996. Dispõe sobre a legislação tributária federal, as contribuições para a seguridade social, o processo administrativo de consulta e dá outras providências. **Diário Oficial da União**, Poder Legislativo, Brasília, DF, 30 dez. 1996.

BRASIL. CARF. Processo administrativo nº 16561.000171/2008-89. Relator Lucas Bevilacquia Cabianca Vieira. Acórdão nº 1402-003.739. Data da sessão: 19/02/2019.

BRASIL. CARF. Processo administrativo nº 16682.720595/2015-16. Relator Lucas Bevilacquia Cabianca Vieira. Acórdão nº 1402-003.687. Data da sessão: 22/01/2019.

BRASIL. Constituição (1988). **Constituição da República Federativa do Brasil de 1988. Palácio do Planalto Presidência da República, Brasília**, DF, 05 out. 1988 Disponível em: <http://www.planalto.gov.br/ccivil_03/constituicao/constituicao.htm> Acesso em: 13 de setembro de 2019.

BRASIL. Lei nº 13.105 de 16 de março de 2015. Código de Processo Civil. **Palácio do Planalto Presidência da República, Brasília**, DF, 16 mar. 2015. Disponível em: <http://www.planalto.gov.br/ccivil_03/leis/l6830.htm> Acesso em: 13 de setembro de 2019.

BRASIL. Lei nº 5.172 de 25 de outubro de 1966. Dispõe sobre o Sistema Tributário Nacional e institui normas gerais de direito tributário aplicáveis à União, Estados e Municípios. **Palácio do Planalto Presidência da República, Brasília**, DF, 25 out. 1966. Disponível em: <http://www.planalto.gov.br/ccivil_03/leis/l5172.htm> Acesso em: 13 set. 2019.

BRASIL. Lei nº 6.830 de 22 de setembro de 1980. Dispõe sobre a cobrança judicial da Dívida Ativa da Fazenda Pública, e dá outras providências. **Palácio do Planalto Presidência da República, Brasília**, DF, 22 set. 1980. Disponível em: <http://www.planalto.gov.br/ccivil_03/leis/l6830.htm> Acesso em: 13 set. 2019.

OECD. **About BEPS and the inclusive framework.** Disponível em: <http://www.oecd.org/tax/beps-about.htm>. Acesso em: 13 de setembro de 2019.

OECD. ***Transfer Pricing Guidelines for Multinational Enterprises and Tax Administrations.*** Paris: OECD Publishing, 2017. Disponível em: <https://read.oecd-ilibrary.org/taxation/oecd-transfer-pricing-guidelines-for-multinational-enterprises-and-tax-administrations-2017_tpg-2017-en#>. Acesso em: 13 de setembro de 2019.

SECRETARIA DA RECEITA FEDERAL DO BRASIL. **Perguntas e respostas**: pessoa jurídica. Disponível em: <http://www.receita.fazenda.gov.br/pessoajuridica/dipj/2002/pergresp2002/pr650a712.htm>. Acesso em: setembro de 2019.

SOBRE OS AUTORES

Alexandre Levinzon

Graduado em Direito pela Pontifícia Universidade Católica de São Paulo (PUC-SP), é especialista em Administração pela Fundação Getúlio Vargas (FGV-SP) e pós-graduando do Insper (Direito Tributário LL.M. – Master of Laws). Membro da Comissão de Direito Tributário da OAB/SP. Atuou como assistente de juízes do Tribunal de Impostos e Taxas da Secretaria da Fazenda do Estado de São Paulo. Advogado com ampla experiência em todos os ramos do Direito Tributário, nas áreas contenciosa e consultiva e no Planejamento Tributário.

Carla de Matos Assunção

Especialista em impostos indiretos (VAT) e compliance, com conhecimento em Diretos e experiência em planejamento tributário.

Formação em Ciências Contábeis, possui mais de 15 anos de atuação na área tributária. É pós-graduada em Gestão Tributária pela FECAP e também formada no curso de LLM Tributário pelo Insper.

Sua trajetória profissional iniciou-se na Deloitte onde permaneceu seus primeiros anos da carreira, começando como Trainee. Seguiu como profissional da área de impostos por mais 10 anos na General Electric do Brasil, evoluindo gradativamente pelos cargos de Analista, Supervisora e Gerente de Impostos. Em 2017, decidiu dar um novo passo e iniciar uma história no setor automotivo pela Ford Motor Company Brasil, empresa na qual está atuando, também como Gerente de Impostos, há aproximadamente 3 anos.

Ilion Fleury Neto

Advogado, sócio do escritório Fleury Neto e Koth Advogados. Especialista em Direito Tributário pelo Insper/SP. Especialista em Direito Empresarial pela FGV/RJ. Membro do Instituto Brasileiro de Direito Tributário – IBDT, e do Instituto Brasileiro de Direito Empresarial – IBRADEMP.

Karen Steuer Costa Murakami

Formada em Direto pela Pontifícia Universidade Católica de São Paulo (2012) e em Contabilidade pela Universidade Presbiteriana Mackenzie (2015

Marcelo Ferraz Pinheiro

Advogado inscrito na OAB/PE sob o nº 44.794 com atuação na área tributária, diplomado pela Universidade Católica de Pernambuco, Pós-graduado em Direito Tributário (L.L.M.) pelo INSPER/SP, aluno da graduação em Ciências Contábeis pela FIPECAFI.